中国名城掌故丛书　本书编委会/编

重庆掌故
CHONGQING ZHANGGU

◎ 章创生 范时勇 何 洋/著

重庆出版集团
重庆出版社

图书在版编目(CIP)数据

重庆掌故/章创生, 范时勇, 何洋著. —重庆:重庆出版社, 2013.3
(2024.11重印)
ISBN 978-7-299-06309-2

Ⅰ.①重… Ⅱ.①章… ②范… ③何… Ⅲ.①重庆市-地方史-掌故 Ⅳ.①K297.19

中国版本图书馆CIP数据核字(2013)第033364号

图片说明:少量图片未能找到出处,请相关著作权人与本书作者联系。

重庆掌故
CHONGQING ZHANGGU
章创生 范时勇 何 洋 著

策　　划:杨希之
责任编辑:连　果
责任校对:何建云
封面设计:重庆出版社艺术设计有限公司·黄　杨

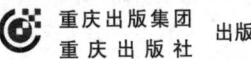
重庆出版集团
重庆出版社 出版

重庆市南岸区南滨路162号1幢　邮政编码:400061　http://www.cqph.com
重庆出版社艺术设计有限公司制版
重庆市国丰印务有限责任公司印刷
重庆出版集团图书发行有限公司发行
全国新华书店经销

开本:700mm×1 000mm　1/16　插页:2　印张:16.25　字数:260千
2013年3月第1版　2024年11月第8次印刷
ISBN 978-7-229-06309-2
定价:30.00元

如有印装质量问题,请向本集团图书发行公司调换:023-61520678

版权所有　侵权必究

江边那座城

重庆,自周武王分封巴人在江州建都(今江北嘴)立国至今,已有三千多年。在漫漫长河中,巴人文明灿烂,英勇善战,大起大落。巴人崇拜白虎,皆因廪君死后其灵魂化为白虎之故,以白虎为图腾谓之虎魂。然而,姬姓巴人才为正宗,古字"巴"酷似蛇形,巴人的祖先伏羲与女娲图多呈人首蛇身,巴人就以蟒蛇为图腾,蛇形崇拜是祖先崇拜的象征,所以"巴"才成为了巴人的族名、国名。

重庆,曾经好大一座县城。主因地理所限,两江所隔,以渝中半岛为主,四面卫星城为干,星罗棋布合围而成。重庆的历史沿革、名胜古迹、民俗风情、美食言子等逸闻趣事,是老百姓在街头巷尾、茶余饭后最爱吹牛摆龙门阵之事,我们融信史与传说、实录与演义为一体,讲故事说评书,让读者更透彻地了解重庆、亲近重庆、挚爱重庆,彰显重庆的人文魅力和城市精神。

编委会名单

中国名城掌故丛书
（第一辑）

□ **编委会委员**（以姓氏笔画为序）：

马玉娟　王淑铭　尹昌龙　田雪峰　刘明辉
朱同芳　张军孝　陈春林　杨　斌　杨德宏
罗小卫　孟鸣飞　段后雷　徐海荣　笪林华
彭小华

□ **选题策划**

彭小华

前言

掌故浓缩了城市难忘的记忆，也映射出城市多姿多彩的历史影像。

悠悠中华，上下五千载，华夏先民在为我们创造了恢弘而大气、灿烂而辉煌文明的同时，也为后人留下了一座座具有悠久历史文化的中国名城。中国的名城，特别是历史文化名城，往往深受政治、经济、军事、文化等诸多因素的影响，或为历史上大一统国家或地方政权的中心，或为某一区域的"大都会"，或为某一历史上的边陲、海防重镇，或为某一时段璀璨而繁荣的文化圣地，它们的兴建与存废，见证着王朝的兴衰更迭，见证着历史的沧桑变迁，也折射出历史的辉煌与辛酸。据统计，截至目前我国已有百余座历史文化名城，遍及全国31个省、市、自治区。这些中华名城，有如粒粒珍珠，遍布于祖国的山山水水，共同勾勒出伟大祖国的锦绣画卷。

花开自有花落时。无论是汉唐盛世的万邦来朝、歌舞升平，还是分裂割据时代的金戈铁马，繁华过后，总有刀剑入库、马放南山之时，一切都成为过去，一切都成为故事，而能够流传于后世的，更多的是那些在长期的社会变迁中沉积下来的典故与传说，其中，掌故便是一种延续城市历史记忆的重要载体。"掌故"一词，在汉代本是掌管礼乐制度的官名，隶属于太史，后逐渐演变为一种介绍历史上的典章制度、人物事迹等故事和传说的文体形式。掌故能流传久远，也因其中兼具思想性、故事性、知识性和记录性等多重功能。

近些年，随着城市现代化进程加快，或因人为因素，或受恶劣自然环境侵蚀，许多

前言

中国名城掌故丛书（第一辑）

曾经为人们所熟知的历史文化遗迹、民俗古貌，渐次淡出了人们的视线，或变作一幅幅永久定格的珍贵图片，或化作一段根植于人们内心深处挥之不去的记忆。或许若干年以后，当人们回首过往，点点滴滴的记忆浮现于心头时，才发现刚刚经历过的真切的历史片段，在不经意间就已经消失得无影无踪。只有留住了这些记忆，才能在充满浮躁气息的现代社会中守候心灵的最后一方净土，城市才不会沦为一座没有灵魂的空壳之都；而有记忆的城市，才是一座充满活力、独具特色和有深厚底蕴的城市。

城市的故事值得永远流传。为此，中国版协城市出版社工作委员会组织全国十六家城市出版单位联手启动了《中国名城掌故》这套书的编写，希冀以丰富而翔实的内容，精当的叙述和全方位、多角度的梳理，将中华名城的山水名胜、历史风貌、发展轨迹、逸闻趣事等展现于广大读者面前，为我们，也为子孙后代留住历史的记忆。

本书编委会
2012年3月28日

中国名城掌故丛书

■ 重庆掌故

目录 ①

● 历史沿革

重庆名称的故事……………… /3
史上最早的重庆人…………… /5
巴人的惊世文明……………… /9
张仪、李严筑城记 …………… /13
抗击铁骑：再筑重庆城 ……… /15
明玉珍称帝重庆……………… /18
第一位溯江来渝的洋人……… /22
重庆码头旧闻录
——一个老渝商的笔记 … /26
潘文华拓城三把火…………… /29
陪都缔造的奇迹……………… /32
重庆美女寻根
——一座城市的移民史…… /35

● 名人逸事

热血将军巴蔓子……………… /41
巴寡妇与秦始皇……………… /43
秦良玉比武招亲……………… /46
诗仙诗圣放歌巴渝…………… /49
重庆状元的悲欢人生………… /52
赵智凤的石刻佛命…………… /55
张献忠攻占重庆城…………… /58
邹容慷慨赴牢狱……………… /62
刘伯承"刮骨疗伤"…………… /65
少年聂荣臻壮志救国………… /68
卢作孚"决战"宜昌…………… /71

中国名城掌故丛书
■ 重庆掌故
目录 ②

史迪威与中国战区往事 …… /74
江姐的爱情故事 ………… /77

● 民间故事

廪君的传说 ………… /83
巫山神女 …………… /84
呼归石 ……………… /87
杨柳街的故事 ……… /89
珊瑚女 ……………… /92
巴渝灵异传说 ……… /93
磁器口的"龙隐"传说 …… /94
金竹寺的送信传说 ……… /96
青狮白象锁大江 ……… /98
三塔不见面 …………… /99

● 社会民俗

川江号子 ……………… /103
川剧 …………………… /105
吊脚楼 ………………… /108
巫文化 ………………… /110
滑竿 …………………… /112
山城棒棒军 …………… /114
鬼城庙会 ……………… /116
铜梁龙舞 ……………… /118
走马故事 ……………… /120
东泉裸浴 ……………… /122
秀山花灯 ……………… /123

中国名城掌故丛书
■ 重庆掌故
目录 ③

土家族赶年……………… /125
万盛踩山节……………… /127

● 美食江湖

重庆火锅……………… /131
麻辣小面……………… /133
江湖菜………………… /135
八大碗………………… /138
盐巴…………………… /140
黄花园酱油…………… /142
涪陵榨菜……………… /144
永川豆豉……………… /146
白市驿板鸭…………… /147
合川桃片……………… /149
江津米花糖…………… /151
忠县豆腐乳…………… /153
怪味胡豆……………… /155

● 山川览胜

长江三峡（人文篇）
——穿越秀丽的历史迷宫…/159
长江三峡（自然篇）
——放舟下巫峡,心在十二峰…/162
巴渝十二景
——上苍缔造的杰作…… /166
朝天门
——迎官接圣大码头…… /171

中国名城掌故丛书

■ 重庆掌故

目录 ④

解放碑
——抗战的"精神堡垒" ···/173
红色圣地
——被鲜血染红的地方 ···/174
大足石刻
——石窟的最后丰碑 ······/177
涞滩古镇
——重庆唯一的瓮城 ······/179
天坑地缝
——探险家的天堂 ········/181
天生三硚
——七仙女的爱地 ·········/182
佛图关
——一座古城的命脉 ······/184
钓鱼城
——上帝折鞭的神话 ······/186
金佛山
——金佛从何而来 ·········/188
白鹤梁
——世界水下碑林 ·········/190
罗汉寺
——大隐隐于市 ··········/191
老君洞
——川东道教第一观 ······/193
双桂堂到华岩寺
——佛脉相承源流长 ······/195
陈万宝庄园
——西部民居瑰宝 ·········/198
四知堂传奇
——名镇双江画像 ·········/199

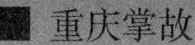

重庆掌故

目录 ⑤

◉ 言子俚语

雄起	/203
乱劈柴	/203
捡炮活	/204
灯晃	/205
打望	/205
落教	/206
千翻	/207
洗白	/207
日白	/208
宝器	/208
除脱	/209
扫皮	/210
扯把子	/211
扎起	/212
背油	/212
妖不倒台	/213
夹毛驹	/214
下课	/215
猫刹	/216
杂皮	/217

癞疙宝吃豇豆
　——悬吊吊的 /218
大阳沟的鲫壳
　——死的多活的少 /219
猫抓糍粑
　——脱不了爪爪 /220
茅厮头打灯笼
　——找(屎)死 /221

中国名城掌故丛书
重庆掌故
目录 ⑥

细娃儿穿西装
　——大套 …………/221
肩膀上放烘笼
　——(挠)恼火 ………/222
解放碑的钟
　——不摆了 …………/223
较场坝的土地
　——管得宽 …………/224
月亮坝儿耍弯刀
　——明砍 ……………/225
瓦片里头装稀饭
　——二流 ……………/225
肚鸡眼打屁
　——(腰)妖里(腰)妖气 …/226

● 大案探秘

反抗列强的重庆教案 ……/229
万县惨案的来龙去脉 ……/231
骇人听闻的大轰炸惨案 …/232
国民党中将雾都遭诛 ……/235
震惊中外的较场口血案 …/237
陪都"焚毒"之谜 …………/239
恶人束士侠毙命记 ………/241
"不食奇人"的国际闹剧 …/243
轰动全国的"李民案件" …/244
子虚乌有的"人民大礼堂
　金顶案" ………………/246

中国名城掌故丛书
● **重庆掌故**
Chongqing Zhanggu

历史沿革

重庆名称的故事

重庆城有很多名字，前后有：江州、荆州、益州、巴州、楚州、渝州、恭州、重庆、雾都、陪都。其中用得最多，时间用得最久的是江州、渝州（简称渝）、重庆。

江州的称谓，从周武王分封巴族在江北嘴上建国直到魏晋南北朝之前，沿袭了1 200多年。

渝州的称谓，从隋文帝开皇元年（581年），因见渝水（嘉陵江）绕城，故改楚州为渝州起，到南宋淳熙十六年（1189年）取名重庆，一共沿袭了600余年。不过对"渝"的称谓，至今重庆人情有独钟，将它作重庆的简称，那是后话。

至于重庆的称谓，自1189年起，到今天已有823年历史。虽然在巴人开拓的这片土地上谈不上最长，面对生生不息的未来，传承和光大它的英名将永不停息。

值得我们珍视和记忆的是，这个至今同我们生活息息相关的"渝"和"重庆"到底是怎么来的呢？

重庆是一座有着悠久历史文化的名城。远在2万多年前的旧石器时代，这片土地上就出现了人类生息繁衍的活动；到新石器时代，已有较稠密的原始村落，分别居住着夷、濮、苴、奴、宾等8个民族。在商周时期，以重庆为中心地带的大片地区，已形成强大的奴隶制部族联盟，史上统称为"巴"。相传夏禹王分华夏为九州，梁州所属就有"巴"。正是这最早的重庆人，创造了重庆惊世不俗的历史文明，如同印第安人创造的"玛雅文明"一样。

在这片神奇的土地上，巴人兴起盐业，开发冶炼，酿造米酒，成为丰衣足食之邦；巴人的"神女"、"英雄"传说和"巴人舞"誉满神州。

巴人身上勇猛仗义的品格、视死如归的精神和勤劳淳朴的作风，为历朝历代统治者所赞赏。在周武王伐纣的义旗下，巴师为先锋，披坚执锐，冲锋陷阵，血染牧野疆场；秦灭巴后，大批的巴人勇士又参与了秦统一中国的战争；刘邦兴汉，巴人

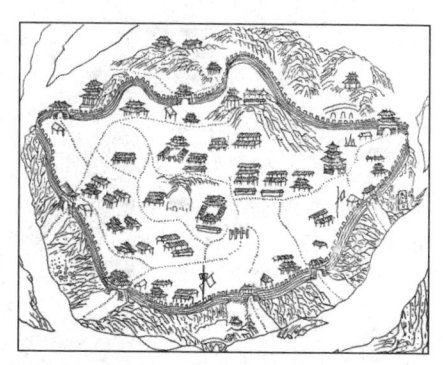

重庆江北城图（清道光年间绘制）

再次开赴疆场,还将"巴人舞"舞进了汉室宫廷……

然而在皇宫朝廷的骨子里,巴人却是"不学少儒"、"尚鬼不药"、"质朴无文"的粗人。宋初的《太平寰宇记》中写道:"今渝之山谷中有狼猱,乡俗构屋高树,谓之阁楼,不解丝竹,惟坎铜鼓,视木叶以别四时,父子同讳,夫妻共名,祭鬼以祈福也。"渝州,便是他们心目中的蛮夷之地,正如苏轼所拟《燕若古知渝州诏书》中说,官府们"鄙夷其民"。

特别是当世代居住渝州附近的南平蛮及泸地少数民族常常因事骚乱时,作为中原文明(汉人区)与蛮夷世界(蛮人区)结合地带的渝州,就常常成为戎汉冲突反复出现的频发区。最大的一次冲突是宋神宗熙宁年间以南平军建置为结果的李光吉叛乱。这次冲突十分激烈,前后相持数年之久。在这种背景下,朝廷对渝州便产生了"非我族类,其心必异"的疑虑。加之宋徽宗生性狐疑,即位以后,更是三年之内,反复为政,俱至极端。感觉这渝州的"渝"字寓意不祥,除水名外就只有"变"、"改变"之意,难道这方人士要图谋不轨,叛乱不成?正当这位皇帝在冥思苦索治国安邦之策时,一件让他心惊肉跳的事情陡然发生了——

一个叫赵谂的一介书生,少年得志,出身进士,官至太常博士。渝州南部人,曾经是僚人(古南蛮的别支),父亲赵庭臣因归顺朝廷,被赐予姓赵。赵谂为人耿直,因不满宋哲宗贬黜苏轼,常与张怀素暗中抨击朝廷,常有忧国之心,胸怀大志。有一天,他做了个梦,梦见有个神仙为他算命题诗:"冕旒端拱披龙衮,天子今年二十三",说他23岁即可穿龙袍当皇帝。于是在一次与友人的聚会中,酒后大发狂想,飘飘然竟道出了梦中意象。酒醒才自悔失言,便赶紧向友人嘱咐,自己席间之语只当没说,更不必张扬。可是补牢已晚,风声已经走漏——告发有赏,谁还有多少良心?赵谂谋反之事,正撞在了宋徽宗的枪口上——果不其然,这渝州真有阴谋篡逆之人!宋徽宗崇宁元年(1102年),在赵谂还乡探视父母之时,即遭抓捕入狱,不久被诛杀。他的父母、妻儿也惨受株连被流放异域。

赵谂事件的发生,似乎"印证"了朝廷的忧

解放前的朝天门码头

今日重庆渝中主城

患。随即，宋徽宗赵佶将渝州改为恭州。为何叫恭州呢？恭者，恭恭敬敬、服服帖帖之意。皇帝是想让渝州百姓从此规规矩矩做臣民，再莫惹是生非。

恭州的称谓，从1102年到1189年，也仅用了87年。

绍兴三十二年（1162年）六月，宋孝宗即位。九月，封其第三子赵惇为恭王。淳熙十六年（1189年）二月，孝宗禅位于赵惇。赵惇（光宗）即位后，依照潜藩升府的惯例，于当年八月甲午（1189年9月18日），升其潜藩之地的恭"州"为"府"。赵惇二月登基，八月升府，被誉为"双重喜庆"，故将恭州取名为重庆。这个充满吉祥寓意的名字一直沿用到今天，就再没有更改过。

800多年过去了，伴随它一路走来的，还有它的简称——渝。

这个让宋徽宗担惊受怕的字眼的冤屈历史，已经一去不复返了。

在如今这个信息化的快节奏时代，"渝"同人们越走越近，越走越亲密——"来渝""回渝""入渝""访渝"；"渝报""渝网""渝派""渝菜"；"渝中""渝北""渝水""渝城"……

是因为它的谐音——"鱼""余""馀""裕"，给了人们美好的理想？

还是它的思"变"和不墨守成规的思维，给了人们与时俱进的精神？

▶ 史上最早的重庆人 ◀

在重庆人的口头禅及地名中有一个十分独特的字眼，就是"巴"。

别人说"盐"，重庆说"盐巴"。

别人说"牙"，重庆说"牙巴"。

别人说"嘴"，重庆说"嘴巴"。

别人说"饼"，重庆说"巴巴"（粑粑）。

别人喊"爸爸",重庆喊"爸巴"。

办事"利落",重庆叫"巴适"。

为人"倾情、倾心",重庆称"巴心巴肠"。

重庆的山山水水都刻下了"巴"的印记:巴东、巴中、巴山、巴水、巴河、巴峡、巴丘、巴陵……

为什么重庆能有如此痴迷的"巴"的情结呢?因为它是巴人的故乡。

巴族是我国古代西南和中南地区的少数民族之一,主要分布在今天的重庆、川东、鄂西、陕南一带。

5000多年前,在重庆的城口、巫溪、巫山、奉节、云阳等地已生活着早期的巴人。他们以姓氏血统为群,形成各个部落,过着氏族社会的生活方式。

经过1000余年的生息繁衍、多方扩展,他们已移居到重庆,同生活在当地的一批土著居民濮人、板楯蛮、苴人等便成了重庆人最早的祖先。他们依山而居,临水而渔,日出而作,日落而息。他们种植、狩猎、捕鱼、养蚕;他们纺织、酿酒、歌舞、集市。过着早期先民安居乐业的闲适生活。

巴者,蛇也。巴人敬畏蛇,供奉蛇。家家户户以见蛇为喜,无蛇为愁。在20世纪60年代前的孩童中盛行着"蛇抱蛋"的游戏,就是百姓敬仰蛇神的一种传统方式。古籍称,蛇为龙像,龙蛇同源。曹操《龟虽寿》诗有一句"腾蛇乘雾,终为土灰",这"腾蛇"就是指的飞龙。传说刘邦在立国之前那天晚上,梦见有蛇来迎,果然第二天穿上龙袍。重庆的古地名、街道名很多都带"龙"字,据统计不下100处。至今还沿袭着的就有:九龙坡、小龙坎、来龙巷、化龙桥、回龙湾、龙岩、龙溪镇……巴人的蛇信仰或许可以是中华龙信仰最早的渊源之一。

在巴人崛起于民族之林的发展过程中,有一位顶天立地的英雄——就好似女真民族的努尔哈赤,他叫廪君。他在巴人各部落纷纷强大起来又互不买

古时巴人生活塑像

账的关键时刻,通过"掷剑"、"浮船",竞争上岗做了统帅。

"掷剑":就是将长剑掷进洞穴并插在石壁上不掉落。这是考验应试者的力量和技巧。

"浮船":就是用泥土造成船并载人驶于江中不下沉。这是考验应试者生活经验和智慧。

这两项只有廪君做到了并十分完美,于是脱颖而出,成了巴族人心目中敬仰的救星。

他带领巴人南征北战,打败盐水女神,兴起了盐业,兴起了商贸;

他带领巴人研制兵器,崇尚白虎,崇尚战争,为民族发达慷慨赴死;

他鼓励巴人发展种植畜牧,提倡酿酒、美食、庆典、歌舞、祭祀……

悠久纯美的"巴乡酒",精湛于世的"柳叶剑",华夏首创的化妆品"堕林粉",世上最早的流行歌舞《下里巴人》《巴人舞》,便是廪君的精神指引下巴人的不朽杰作!

巴人塑像

为了巩固和发展疆域,廪君领导巴人多次经历了与殷商诸国为争夺地盘的血腥战争。不断的战争洗礼,让"巴师"这支战神渐渐饮誉于天下。

殷代末年,周武王率西土之师讨伐商纣,巴人的军队被指派为前锋。牧野之战,巴人前歌后舞,大义凛然,视死如归的超然气势,震慑并打败了殷人,赢得了战争。周武王为了答谢和表彰巴人的丰功伟绩,于是分封巴族为他亲近的姬姓诸侯之一。这样,巴族便成了行政意义上的周的子国。随着高层的频繁交往,逐渐产生的姻亲关系,又使巴国成了在血缘意义上的周的子国。

巴的国都应该建在哪儿好呢?巴国的先贤们经过再三考察和反复研究,最终选择了现在的江北嘴。它由长江、嘉陵江两江环抱,东、南、西三方形成的天堑可成为防敌制胜的天然屏障——这是上苍赋予巴人的天然要隘。站在江北嘴的对面远眺江北嘴,恰似一片浮在江水中的陆地,这就叫"洲",而江中之洲,便是"江洲"(也写为"江州")——巴国的都城由此得名。

巴人在它的历史长河中,由于战争的原因曾经五易其都:江州、垫江、涪陵、平都、阆中,但为时最早和历时最长的,是江州。

江州,是巴国的首都。它既是重庆城的第一个名字,也是重庆建城史上的第一站。

巴民族以一个国家的名义正式瞩目于世,这是历史给予它的成长机遇,但也让它从此步入了一条与周边大国明争暗斗、此消彼长的战争历程。早就

巴人的白虎青铜器

对它垂涎欲滴的东面的楚国、西面的蜀国、北面的秦国,不停对它合力"挤压"和领土挑战。在巴人的顽强抵抗和殊死拼搏下,战争打打停停,停停打打,给巴人带来了长期无法安邦兴国,流离颠沛的战乱生活。虽然巴国的建立,在腹心地带因袭了周王朝的封建制,但居住在周边广袤土地上的土著巴人,还沿袭着落后的奴隶制部落生活,生产力低下,疏于管理,难于统筹,内乱之事也就频繁发生。

战国中期,巴蔓子向邻国借兵平息内乱,因忠信不能两全而刎颈赴死的惊世之举便是那个时期政治生态的一次记录。

公元前318年,巴国和蜀国之间为苴地(现在的广元昭化镇)的归属引发了战争,双方都求助于秦国。对于一心梦想称霸的秦国来说,这无疑是一个千载难逢的好时机。这年秋天,秦国派张仪、司马错带兵南下,先一举拿下了蜀国,再东进占领了江州城并北上在阆中活捉了巴王。从此,作为国家意义上的巴国也就消亡了。

就如像玛雅文明消失而玛雅人却生生不息一样,巴人在山河破碎之后,其子民又开始了新的迁徙,他的脚步遍及了广袤的中原和遥远的西南。他们沿长江、清江、汉水、澧水、酉水,背负着巴人的命运寻求属于自己的栖身之所。于是在皖赣有了江夏蛮,在湘鄂黔有了武陵蛮,在渝东有了板楯蛮,在湘西有了五溪蛮,在洞庭湖有了澧水蛮,巴人的足迹遍及大半个中国!可他们在漫漫的迁徙跋涉中一直心怀故土,终于在清江与酉水间的武陵山区找到了自己理想生息的沃土。巴人后裔们在武陵大山的腹地生活了800余年,从此再没有迁徙他乡。他们承袭着巴人古风,享受田园牧歌的宁静和欢乐——这就是当今的"土家族"。而今,在重庆的土家族已达113万人。主要分布在石柱、彭水、黔江、酉阳、秀山及綦江区等地。

如今在巴人生息过的这块土地上,作为原始形态的巴域已不复存在了,然而巴山渝水、寻常巷陌永远镌刻着"巴"的记忆、"巴"的风尚;作为原始形象的巴人也不复存在了,然而他们的音容笑貌似乎还鲜活着——

在重庆人灿烂的笑脸上,

在重庆人豪爽的言谈里,

在重庆人果敢的行为中……

巴人的惊世文明

我们生存的这个地球的北纬30度地域,曾经诞生过辉煌的文明,这些文明有的甚至我们至今也无法企及,给我们留下了丰富的思考和美好憧憬。

2 000多年前,位于古埃及的80座大小不一的神秘的金字塔,诞生在北纬30度。

坐落在幼发拉底河畔,被列为古代世界七大奇迹之一的巴比伦"空中花园",建造于北纬30度。

繁荣于3—9世纪,创造了天文、数学、文字伟大智慧的玛雅文明,诞生在北纬30度。

北纬30度也横贯了整个中国大陆腹地,从中国最东端的杭州湾,到风景奇绝的黄山;从气势磅礴的长江三峡,到葱郁莫测的神农架……

我们重庆位于多少纬度?北纬28°10′—32°13′之间!难道它也蕴藏着为人不知的奇迹和奥秘?

重庆瞩目于世的美女、美景、美食,已是尽人皆知了,然而生息在这块土地上开天辟地的祖先巴人,他们曾经创造的惊世文明我们又能知晓几多?

远古辉煌的盐城

5 000多年前,在如今巫溪县宁厂这个地方,一群生息在巫峡的巴人部落,在山岩的泉水中发现了咸味,于是便用陶器将它们储存起来,加热,制成了盐。

大宁河畔的宁厂古镇盛产盐泉

巴人青铜像

或许是造物主对巴人的垂青和庇护,拥有了盐的资源就拥有了人世间最根本的生存基础和宝库。

盐,改变了巴人往昔朝不保夕的捕猎生涯,他们将它储存起来,开辟盐场,用作对外的物质交易。当时盐场四周崇山峻岭,勤劳的巴人沿着狭小险道,翻越秦岭将盐背出山去。他们开辟了4 000里盐运山道,开辟了400里盐运水道,还凿成了大宁河沿岸300里长的栈道。他们将盐这个人类生存的必备珍品从巫溪推向了全中华。

当时,最繁盛的盐场上下长5里,整个宁厂镇接近2万人口,四方商旅荟萃云集,流动人口竟有10万之巨!"两岸灯火,万灶盐烟",《山海经》中记载东方有一个"不耕而食,不织而衣"的民族,就是描述的当时的巴人。

从先秦兴盛以来,宁厂古镇因盐设立监、州、县。在盐业兴盛的宋代,曾年产盐达400万斤。在清乾隆年间,有盐灶三百三十六座,煎锅一千零八口,号称"万号盐烟"。明清时也仍是全国十大盐都之一。

如今,当我们漫步在这个依山傍水的远古盐城的时候,迎接我们的是鳞次栉比、断壁残垣和斜木支撑的"吊脚楼"。虽然往昔的繁华已悄无声寂,然而我们就仿佛正面对一副恐龙的化石,虽然它再也不能惊天动地了,然而抚摸它的脊梁,却仍能感受它昔日叱咤风云的强盛与辉煌!——当我们每一个现代人,每天品尝食物要放"盐巴"时,那么"盐——巴",就是对巴人缔造这一文明的景仰和怀念!

巴人的驰名商标

巴乡酒

巴人是一个得天独厚,最早富裕起来的民族,不仅在生活劳动中学会了酿酒,而且为时很早。巴人在先秦时期便以酿造"清酒"闻名,"国窖1573"至少比它落后1800年!汉晋时,巴人的后代已拥有自己的品牌酒"巴乡酒",其味香醇,其性浓烈。普通人家就用玉米和高粱酿造甜米酒,自行饮用。名叫"旨酒"。

堕林粉

江州之北有稻田出"御米",质地优良,是指定进贡给皇帝吃的。巴人就将其磨成粉,再加以辅料,取"清水穴"的水调匀后做成膏,用于美容敷面。这个清水穴,在20世纪60年代之前,位于重庆南岸莲花山麓流经龙门浩的清水溪上。当时的江州堕林粉因品质好,远销四方,热卖京城并闻名于世。

黄润布

在巴县冬笋坝的巴人墓葬中,曾发现大量的麻布和绢的痕迹。战国晚期,在巴境内的民户习惯织布,由于质量好,数量大,便用布代替交税。巴人利用他们自己生产的蚕丝、麻、苎等织造绢、布。其中的"黄润"布便是他们的品牌,以麻织成,轻细柔软,被列为"贡品"。

巴地柑橘

巴地的柑橘自古出名,产量也很大。西汉朝廷专门在江州等县设有橘官,以管理柑橘的生产和销售。在东汉曾做过巴郡太守府所在地的"北城府"(今江北区),当时又名柑橘宫。荔枝也是江州盛产的名贵水果。这里有很大的荔枝园。每当荔枝成熟季节,巴郡太守常在这里宴请宾客。

柳叶剑

柳叶剑是巴人的标志性武器。长约40厘米,最厚处32毫米,蛇皮纹。握在手中感觉非常理想,中脊和刃部有不同的合金比例及反差较大的厚薄比例。三棱体的剑体,高高隆起的剑脊直指剑锷,在两端形成深凹的血槽,是一种极富力学原理的构造。巴剑远远短于秦剑和楚剑,有人说上古时代峡江山地荆棘密布,不利长兵器作战,因此巴人英勇剽悍,更善于近身肉搏。柳叶剑是远古战争的产物,是英勇、胜利、智慧的象征。

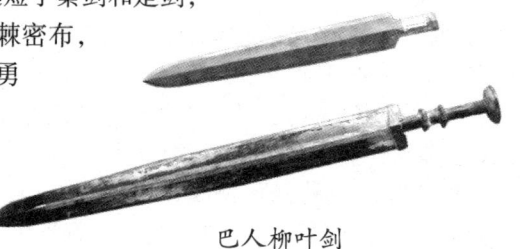

巴人柳叶剑

《下里巴人》及《巴渝舞》

"衣食足而知荣辱,仓廪实而知礼节"。当巴人通过盐业兴旺达到衣食无虞后,对于精神文化的需求也就日渐浓郁。他们在地头树边,围成一圈,席地而坐,亦歌亦舞,手舞足蹈。或穿铠甲兽服,或戴百兽面具,以祈求吉祥幸福,讴歌开天辟地的英雄为主题,表现人类繁衍、狩猎捕鱼、战争拼搏、神话传说及日常生活。舞风烈烈,音乐铿锵,他们将自己亢奋的生命气息和对生活炽热的爱,融进了那联翩不息的歌舞之中。渐渐地,形成了他们独特的娱乐品牌——"巴渝舞"。

那年,楚国郢州举办了一次盛大的歌舞汇演。天下各路英雄争先前来献艺。首演的第一曲便轰动全场近万观众,名叫《下里巴人》,因为它讴歌百姓生活,当然激起大家共鸣!接下来的音乐表演就不"大众"了,捧场的就剩下几百人;再后的表演就高雅了,只适合达官贵人看,观众只有几十人;而最后的表演越发幽深仅有几人称道。那第一曲表演者不是别人,正是我们巴人!

在封建专制及奴隶制时代,歌舞娱乐只能是统治者的专利。正因为如此,在两三千年前,一曲歌罢,能有几千粉丝燃情吹捧不能不说是天下奇迹!难怪在武王伐纣之时,难怪秦始皇一统中国之时,都没有忘却遴选巴人为敢死队,一则是因为巴人英勇善战,再则是巴人的歌舞情结。一个视死如归、笑傲沙场的神秘之师岂不是稳定军心又迷惑敌阵的最佳人选?

巴人歌舞就这样从日常生活中走进了战争,后来又从战争走进了宫廷。汉武帝刘邦将这个具有生命气息的娱乐项目经过提炼充实带进了他的生活之中,乃至他身后的一代又一代。

目前,《巴渝舞》最正宗的传人是巴人的后裔土家族,他们至今还演唱着闪烁着祖先艺术智慧的"摆手舞"……

3 000年过去了,"下里巴人"这个凝聚着巴人文明的精神辞藻沿袭下来,成为了通俗化平民化,讴歌人民的人文符号。

巴人的神话

古代巴人热爱生活,经历丰富又富于幻想,在漫长的文明发展中创生了独特的脍炙人口的神话。其中有起源神话、英雄神话、神女神话和巫医神话。尤其以巫山神女传说影响最大,最负盛名。

神女传说讲的是,王母娘娘的小女儿瑶姬厌倦了天宫的生活想下凡去人间玩。她来到巫山,看见那儿的百姓惨遭水灾人祸非常同情,就尽力帮助,使他们转危为安。美丽的瑶姬爱上了楚襄王,后同他幽会。楚襄王一见钟情,从此朝思暮想,愿同她结百年之好。然而仙凡阻隔不能遂愿。为了安慰那一片痴情,瑶姬在梦中与襄王结合后,赠给他一个玉佩即含泪而别。可是襄王情丝难断,想踏遍巫山再寻佳人,神女不忍看他那副悲情,于是再现法相,告诉襄王前缘已逝,勉励他收拾情心,为了百姓生计专心社稷大业。

古代屈原、宋玉等的作品,现代数不胜数的文学艺术作品——无论是诗歌散文,或是戏剧电影,"巫山神女"成了一代代艺术家们歌颂爱情,歌颂真善美永不枯竭的主题。这些美丽传说形成于巫巴山地,流传于巴蜀、楚国,广布于华夏大地,成为了千百年来文人骚客吟唱传诵的完美偶像。

巴人传说中的神女与封建时代的烈女贞妇有着全然不同的性情。她们对男性情感的热情奔放而质朴坦诚,颠覆了那些以男性为中心人物的英雄神话,既是华夏女儿的千古绝唱,也是巴渝美女引以为荣的颂歌。

张仪、李严筑城记

现在的广元昭化镇,古时叫苴地,是巴国的属地,居住着巴族中的苴人。战国时期,苴地被蜀国占领,蜀国便派了它的一位皇亲坐镇苴地。由于勤劳朴实的苴人很好统治和善于合作,这位皇亲便由此与毗邻的巴国首领成为哥们,交往甚密。这一情报不久传到蜀王耳朵里。加之幕僚的谗言,蜀王担心皇亲谋反,于是在公元前318年,便动兵讨伐苴地。这位皇亲于是逃到巴国寻求保护。当时的巴国已经在长年战事的拖累下,国力衰微,难于抵抗咄咄逼人的蜀军,于是急求秦国出兵援战。而蜀国呢,也担心难胜亡命的巴人,也求助于秦。这对于一心梦想称霸的秦国来说,无疑是一个千载难逢的好时机:蜀国殷实富饶,巴军英勇善战,得两者后即可亡楚国而得天下。一不做二不休,干脆乘机灭了它们。公元前318年秋,秦国派张仪、司马错带兵南下,先一举拿下了蜀国,再东进占领了江州城并北上在阆中活捉了巴王。巴国由此告终。

张仪,魏国大梁(今河南开封)人,魏国贵族后裔,曾随鬼谷子学习纵横之术。战国时期的著名军事家、政治家、谋略家。在秦国并吞六国的军事战略中,他孤胆深入敌国、游说离间、各个击破,成就了秦国的大业。在横扫蜀巴的战事中,他不仅奉旨击溃了敌国,还配套做好建城护城工作。

那个时代的建城,与往后朝代的观念大相径庭。它是将辖区的居民安放在城外四周,而城府仅仅是行政管理机构及其要员的办公、居家之地。规模比较小,也相对容易建成(在那个战事频繁的年代,不可能去创建精品)。那时的郡治成乐县县城0.22平方公里,襄成县县城才0.1平方公里,成都少城算是大的了,也不过1平方公里而已。

在重庆,张仪选择

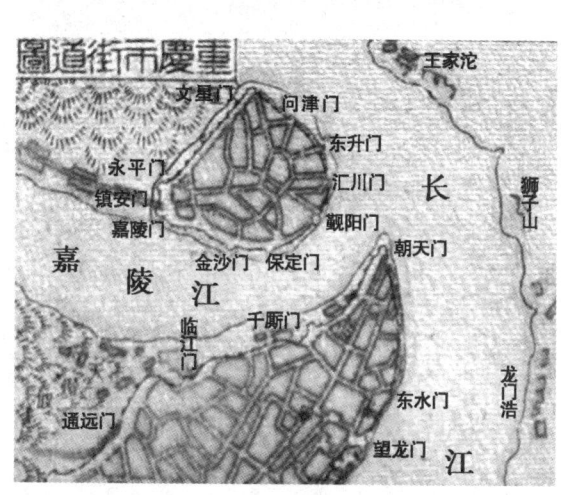

重庆第一城:江北嘴老城图

了位于长江和嘉陵江交汇之处的江北嘴作为地盘,修筑了面积近1平方公里的围城。这就是重庆历史上的第一次建城。城虽然不大,却已经很具影响力了。那时嘉陵江北岸的江州已"重楼累居"人口稠密;"结舫水居"五百余家。在江北区刘家台、相国寺、渝中区两江半岛、南岸涂山脚下已有街市村庄;化龙桥、土湾及沙坪坝、九龙坡、巴南区的长江两岸已有了散落的居民……

这是公元前316年重庆第一次筑城时的情况。大约在500年以后,重庆才开始它的第二次筑城。

公元226年,获得政权后的刘备为了巩固自己的蜀地皇权,便加强了对江州的设防。除了在江州的东北面巴子梁(今铜锣峡)置阳关,重兵把守外,还派遣李严专赴江州修筑城池。

李严又是何许人也?他是诸葛亮的老乡南阳人。曾为刘表的谋士,在刘备攻打刘表之时,倒戈起义归顺了刘皇叔。在以后的战事中也卓有功劳,被刘备封为要臣,仅次于诸葛亮之后。这次筑城更是李严大展宏图的时机。他放弃了江北嘴的老城址,选择了更具战略意义的渝中区半岛。南线从现今的朝天门以南起沿江至南纪门,北线约为今天的新华路、人民公园到较场口一带。面积约2平方公里,顺山势布局,东西宽长,南北狭短。他还设想打穿后山(今渝中区鹅项颈),使城为洲,以江为池,以悬崖为墙,以形成两江半岛,三面环江,交通便利,易守难攻。

朝天门城墙遗迹

这确实是一个大胆的极富创意的构想,也符合当时城市发展进程加快,修筑大城迁移郡治的潮流。然而这一创意中却隐含着李严的个人野心,他想以此求五郡设江州,自任江州刺史,从而与领益州牧的诸葛亮分庭抗礼。不过这些小伎俩瞒不过足智多谋的诸葛亮,他驳回了李严的构想,使凿崖穿城之事迅速搁浅。李严回归汉中之后,在诸葛亮出祁山之战中,懈怠粮草运输,致使一场胜仗变为败仗,还在刘禅前诬陷诸葛亮。最后事败被贬为平民。

我们无意对李严的政治仕途多加评论。但他为重庆筑城事业所作的贡献是不可磨灭的。假设,当时打穿后山,让渝中区城为洲,两江为池,这两江半岛该是何等壮观!或许蜀国的历史要改写,三国的历史要改写,重庆旅游的景观也会改写吧?

▶ 抗击铁骑:再筑重庆城 ◀

彭大雅、戴鼎两位先贤在重庆历史上都曾有浓墨重彩的一页。

彭大雅是重庆第三次筑城的指挥官,他奠定了重庆城的基本格局。

戴鼎是重庆第四次筑城的工程师,他完美了重庆城的体态和功能。

13世纪初,日益强大的成吉思汗已踢开了中国大门,向四分五裂的南宋政权大举侵略。1236年10月,蒙古军攻占了成都,随后便横扫四川全境。接着又翻越大巴山,打到了忠县、万州,直逼重庆。由于重庆山高路险又两江环抱形成天然屏障,元军没有胜算的准备,于是小打了一番后便撤兵回府了。元军在四川的长驱直入让百姓惶惶不安,也让南宋王朝面临岌岌可危的关头。

朝廷知道,重庆是南宋江山的西大门。如果大门一旦失守,敌军必将居高临下,势如破竹直捣皇城。于是在这紧急关头,便派遣了彭大雅来统领重庆。

彭大雅,江西鄱阳人。曾经出使过蒙古,对边塞的风土人情及蒙古铁骑的威风深有体验,还专门为此写过书,叫《黑鞑事略》。他来到重庆后,便风尘仆仆地视察全城的防范工作。他一看,当时城墙几乎都是用泥土砌成的,他一拳重击便粉末四溅——这还了得!这能挡住蒙军的铁蹄吗?于是他即刻

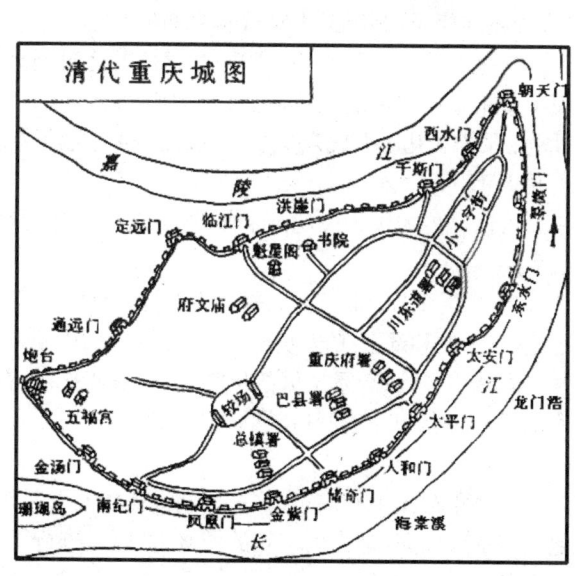

通远门外攻城图

下令全城军民推倒所有的泥墙,用条石和煅烧的大青砖砌墙。并扩大了整个重庆城的规模,将西线原旧城大梁子、较场口一线往西移,一直延伸到今临江门、通远门一带。城外的西部制高点(今重庆自来水公司水池区)也纳入城内。新建的城墙范围比三国时李严修筑的旧城扩大了近两倍。

当时的百姓和官员都很不理解彭大雅筑城的举动。拿他们的话说——在眼下这个经济困难时期为什么不把钱拿来糊口,还要大兴土木呢?大家怨声载道,还常常跑到衙门去大声责骂他、讽刺他。彭大雅语重心长对乡亲说,眼下已是民族存亡之秋,皇帝爷顾不上大伙儿的死活,我现在来筑城安邦,是想让大家不当亡国奴,免遭生灵涂炭之灾,为何反倒有罪?由于时间紧迫,彭大雅没有时间让大家心悦诚服。他坚持带领部下不分日夜奋战在筑城的工程中。几个月后,于嘉熙四年春终于大功告成。

重庆城修筑完后,彭大雅命令专职人员在四门立四大石,上刻17个字:"大宋嘉熙庚子,制臣彭大雅城渝为蜀根本。"

正是因为彭大雅在这个国破家亡的关键时刻坚持筑城,高墙壁垒,才打破了蒙军不可一世的铁骑神话,让他们丢盔弃甲,落荒而逃。重庆人筑城的胜利,保住了几十万民众免受亡国之苦和生灵涂炭之灾,也使南宋政权苟延了几十年。

可惜这位为国为民功勋卓著的英雄,后来却屡遭谗言,被朝廷除名,贬回故乡。

1278年2月,部将赵安写信劝当时的重庆知府张珏投降元军,遭到张珏拒绝。赵安便和部下在夜间偷偷打开了通远门引狼入室,致使重庆城沦陷……

虽然历尽沧桑,重庆城的形骸犹在,石墙犹在,石门犹在;抚今追昔,重庆人永远不会忘记为他们造福的先辈。

彭大雅筑城130多年以后(明朝洪武年间),重庆一员名叫戴鼎的守将在他镇守重庆期间,把先前修筑的城墙、城门又进行了大规模的改建、加固和完善,他将墙体全部换成了青石。新城墙高10丈,全城周长2 667丈(8.8公里)。

以前的筑城主要用于军事防御,而今城门则是为了市民出入。重庆城三面环水,地势蜿蜒崎岖,不能像其他城市那样规规矩矩建东南西北四门就了事,而只能因地制宜,随山就水。于是戴鼎便创想了一个让重庆城门"九开八闭"的新招。

那时候的人都喜欢占卜算命,相传戴鼎在筑城辟门时,请了一位高明的风水先生勘测风水。《易经》占卜学的元素中有"九宫八卦"的称谓,用它的意象来确定辟门的数量表示吉祥坚固的寓意。"九开八闭"恰与"九宫八卦"相契合。九加八得一十七。所以就修建了重庆城门十七座。九道开门中,朝天门、东水门、太平门、储奇门、金紫门、南纪门面临长江;临江门、千厮门面临嘉陵江;只有通远门与陆地相接。其他的八道门仅是形式,不能打开,所以叫"八闭"。

风水先生说开门为"水门",闭门为"火门"。重庆城17门,一开一闭排列;两"水门"夹一"火门",表示以"水"克"火"的意思。预示能消除重庆炎热、房屋密集常致火患的灾难。

九道开门均有门神之魂:
朝天门城门书写着"古渝雄关";
太平门城门书写着"拥卫蜀东";
南纪门城门书写着"南屏拥翠";
通远门城门书写着"克壮千秋";
临江门城门书写着"江流砥柱"……
重庆城门的气势磅礴让人赞叹。

600多年过去了,直到20世纪20年代,国民政府为了拓宽拥挤不堪的这座老城,才下令推倒了部分城墙。然而像通远门、东水门、储奇门等这些珍贵的建筑"文物"还仍然风光在我们的视野中,也让游客流连忘返。

古往今来的重庆人,都为自己家乡悠久精湛的建筑艺术而自豪。传诵在世代重庆人口中的童谣,便是他们对这一历史遗迹的深深怀念:
朝天门大码头,迎官接圣(开);
翠微门挂彩缎,五色鲜明(闭);
千厮门花包子,白雪如银(开);
洪崖门广开船,杀鸡敬神(闭);
临江门粪码头,肥田有本(开);
太安门太平仓,积谷利民(闭);
通远门锣鼓响,看埋死人(开);
金汤门木棺材,大小齐整(闭);

南纪门菜篮子,涌出涌进(开);
凤凰门川道拐,牛羊成群(闭);
储奇门药材帮,医治百病(开);
人和门火炮响,总爷出巡(闭);
金紫门恰对着,镇台衙门(开);
定远门较场坝,舞刀弄棍(闭);
太平门老鼓楼,时辰报准(开);
福兴门遛快马,快如腾云(闭);
东水门四方井,鲤鱼跳龙门(开)。

重庆城城门的丰富性、奇特性和独一无二是举世瞩目的;它记载着这个城市的英雄史迹及劳动人民的心血智慧。

明玉珍称帝重庆

每年农历二月初六,重庆都将迎来浩浩荡荡的一批韩国客人。他们不远千里赶到重庆,不外出旅游,不洽谈商务,不寻觅美食,甚至来不及欣赏重庆美丽的夜景,就直奔位于江北的明玉珍陈列馆,穿上传统民族服装,祭拜他们共同的祖先——明玉珍——历史上第一个建都重庆的皇帝。

明玉珍何许人也?他和大韩子民有何关系?

那是1357年3月某日,明玉珍圆满完成到四川夔州的征粮任务,正准备过巫峡,返还沔阳,突然听说有来使紧急求见,感觉有些意外。

来者是义兵元帅杨汉。见明玉珍后,他叩头拜道:"明公,现在是进攻重庆的大好时机。"

原来,明玉珍的老对手——四川行省左丞哈麻秃和右丞完者都此时坐镇重庆。按照元朝政府的募兵政策:"富民愿出丁壮义兵五千名者为万户侯。"几日前,杨汉率5 000人去投奔,哪知完者都却假意置酒招待,欲席间把他杀掉。难得杨汉机灵,躲过了这一劫难,不意在巫峡竟巧遇明玉珍。杨汉早闻明玉珍大名,想借英雄之手解心中之恨,便极力规劝明玉珍即刻出兵:"明公,重庆城那俩丞相心怀各异,互不相容,又无重兵厚贮,你若出其不意,全蜀便唾手可得。"

一个新的抉择摆在明玉珍面前。

明玉珍是湖北随州随县人,世代务农。据史书记载,"长有异象",身长八尺,双目重瞳——眼中有两个瞳子,双目炯炯,神采奕奕。年少即有大志,不愿按照父辈模式庸庸碌碌生活下去。

元朝末年,政治黑暗,朝廷腐败,官吏贪赃枉法,黄河连年决堤,水、旱、蝗灾频繁,哀鸿遍野,民不聊生,各地百姓忍无可忍,终于激起了"红巾军"大起义。至正十一年(1351年),明玉珍召集千余乡人,屯于青山(今随州市东南青林山),开始了武装抗元的壮举。

明玉珍征战图

1356年,同样是农民起义并自建"宋"朝、自封为"天宪"皇帝的徐寿辉招降,明玉珍审时度势投奔天宪政权,被徐寿辉任命为统军元帅,镇守沔阳。一次在洞庭湖同元军作战中,被元将哈林秃射中右眼,所以人称"明瞎子"。

明玉珍自从归顺徐寿辉以后,从无二心,一直视"宋"为正统,不敢稍有怠慢。此时,杨汉所言,是他从未想过,又不知虚实,自然心存疑虑。"重庆城山高路远,如何能破之?"

"城内空虚,并无重兵把守,定能一举破城。"杨汉显得迫不及待。

此时,部将万户戴寿站了出来,朗朗说道:"明公驻兵于沔阳,是为了老百姓;到四川征粮运回驻地,也是为了老百姓。现在有如此好时机,不如把征得的粮食发十分之三回沔阳赈济灾荒,带上其余的粮食与杨汉的部属一道直取重庆。如果成功,则可以大干一番,如果不成功,我们就掠物撤退,对我们有什么损失呢!并且,出兵重庆,可以觊觎陇蜀地区;占据长江上游、保护长江中游的荆襄一带;并且广开征粮的道路,一举三得。明公您就不要多虑了!"

戴寿言之凿凿,分析得入木三分,让明玉珍不得不信服,他权衡形势利弊,决定亲率大军进军重庆。

大军扭转船头从巫峡出发,一路势如破竹,先后攻克夔州(今重庆奉节)、万州,浩浩荡荡向重庆挺进。

时值枯水季节,且是逆流而上,行船缓慢。明玉珍带领部队,于四月初,兵临重庆城下。

这边明玉珍高调行事,一路攻城拔寨,士兵斗志昂扬;那边"明瞎子"的威名,通过民间的演绎和败兵的传播,持续发酵。待明玉珍兵临城下,城中元兵,早已骚动不安,全无斗志了。

完者都见大事不妙,自知不是明玉珍的对手,趁着茫茫夜色,带领一队随身侍卫,悄悄出城,向果州(今四川南充)方向逃窜。第二日天明,哈林秃硬着头皮领军出战,几个回合就被明玉珍擒获。

重庆城破。明玉珍领着大军浩浩荡荡进驻城内。全城老百姓倾巢而动,夹道欢迎,争睹"明瞎子"的风采。

哈麻秃被送到汉阳"天宪"政权报捷,徐寿辉大喜,封明玉珍为陇蜀省右丞相。明玉珍进入重庆城后,禁止士兵侵犯百姓、掠夺财产,备受百姓拥戴,附近的义军纷纷来投靠,队伍越来越壮大。

至正十八年(1358年)二月,完者都从定州纠集残兵,然后联合四川行省平章朗革歹、参政赵资屯兵于嘉定(今四川乐山)大佛寨,准备反攻重庆。明玉珍闻此消息,大怒,派遣部将万胜率兵直扑嘉定。这个万胜,有万夫不当之勇,是明玉珍手下最得力的战将,深受明玉珍宠爱,并被认作义弟。万胜率军日夜兼程赶到嘉定,连夜向嘉定发起进攻,仅半个月就攻克嘉定城。而大佛寨却没这么简单,相持半年多仍然没有攻下。明玉珍亲率大军赶往嘉定。嘉定城中元兵听说明玉珍亲自杀到,又惊又怕,逃的逃,跑的跑,早就失去了战斗力。明玉珍大败元兵,拿下嘉定城,并顺势占领成都,生擒完者都、朗革歹和赵资三人,押回重庆斩杀于大十字街。

自此以后,明玉珍逐渐占领川蜀全境,并深入陕西兴元(今陕西汉中)、甘肃巩昌(今甘肃陇西)等地。

至正二十年(1360年)闰五月,陈友谅谋杀徐寿辉,自称汉帝。

消息传到重庆,明玉珍悲痛欲绝。他衷心拥戴并为之浴血奋战的"宋"政权,被乱臣贼子颠覆了。明玉珍下令,川中全军缟素戴孝,为徐寿辉隆重发丧,又在重庆城南为徐寿辉立庙,春秋奉祀。他召集部属,义愤填膺地说:"我与陈友谅同为徐寿辉部属,陈友谅居然弑主自立,我定当整兵讨之。"于是令部将莫仁寿领兵严守

明玉珍重庆称帝

入川第一关——夔门，断绝与陈友谅的任何往来。

从此以后，明玉珍所控制的川蜀之地，犹如一个独立王国自成体系。部将们极力劝进，拥戴明玉珍即王位。明玉珍推辞不过，于至正二十年十月十五日

明玉珍韩国后人祭拜

（1360年11月23日）即王位，自称陇蜀王，但"不易国号，不改元"，仍尊奉"宋"政权及其纪年，并为徐寿辉上谥号为"应天启运献武皇帝"，表明了自己与陈友谅篡逆行为的根本区别。

明玉珍的谋士、王国参谋刘祯并不满足于此，他劝慰明玉珍道："今天下大乱，中原无主。此时若不称大号以系人心，部下将士来自四面八方，如果因思乡而离去，明君即使想保全川全蜀尚且困难，何以有力量去图天下！"

1363年正月，明玉珍在重庆正式即皇帝位，建立"夏"王朝，建元"天统"，立儿子明升为太子。这是重庆历史上第二次建都。

由于常年征战在外，积劳成疾，至正二十六年（1366年）春二月，明玉珍病逝，时年只有36岁。年仅10岁的太子明升继位，改元"开熙"，尊母亲彭氏为皇太后，垂帘同听政。

自此，夏国臣僚开始自相倾轧。督察院知院张文炳专权，忌恨右丞相万胜，指使明玉珍的义子明昭假借皇太后彭氏的懿旨，杀死了万胜。万胜非常受军士们的爱戴，莫名其妙被陷害，诸军将大怒，传檄发兵，"不诛明昭，国必不宁"。10岁的小皇帝急忙按照大家的意思，把明昭杀掉，勉强将这场动乱按平。至此以后，大夏国力日渐衰弱。

1368年，朱元璋灭元称帝，建都应天（当年改为南京）。1371年正月，朱元璋出兵讨伐大夏。6月22日，大夏皇帝明升同母亲彭氏及右丞相刘仁奉表出城投降，明夏王朝亡。

第二年（1372年），朱元璋又将彭太后、明升母子一行数十人，迁徙到数千里之外的高丽国延安（在今韩国）。名义上是交高丽国君代管，实际是充军。而后明升被高丽国君封为"华蜀君"，招为驸马，其子孙繁衍至今，已达6万人之众（朝鲜2万，韩国4万）。

第一位溯江来渝的洋人

1898年3月9日清晨。朝天门码头,万人喧哗。一艘马达轰鸣让人耳目一新的"利川"号机器船溯江而来。这是长江三峡上开天辟地第一次驶来的非人工动力的船只。当天,在渝的上百名英、美、日领事馆官员和外国商会人员,分乘数条木船前往迎接;本地官府也派众船列队江中张灯结彩等候;重庆市民,更是闻风而动纷纷涌到江边,争睹这个能在江中行走的怪家伙。

这艘船的主人是谁?他就是英国人立德乐。

这次成功远航重庆,可以说是立德乐人生的分界线。之前,他顶多算是一个有冒险精神的成功商人;之后,他成了全球知名的冒险家,英国《大不列颠名人录》推崇的"开发中国西部第一人"。

立德乐远航重庆的梦想始于1876年的《中英烟台条约》。条约规定:开宜昌、芜湖、温州、北海四处为商埠。英国政府还在条约中为进一步侵略中国腹地留下一道"后门":"四川重庆府可由英国派员旅居,查看川省英商事宜。轮船未抵重庆之前,英国商民不得在彼居住,开设行栈,俟轮船上驶后再行议办。"

对中国异常了解的立德乐立即意识到:能否驾驶轮船抵达重庆,成为能否打开重庆、进入西南的关键所在。

成功者往往都有一个共性——说干就干。1881年,立德乐虽然一艘船也没有,却在湖北组建了川江轮船公司,开始为探入川江做准备。

1883年2月,立德乐将孩子留在上海,与妻子搭乘轮船先到汉口,因枯水季节汉口到宜昌的轮船停驶,又改乘木船,历经40天艰苦航行,抵达重庆。立德乐此行名义上是旅游,但真正的目的却是考察川江航道。因此,沿途所闻所感,他无不一一记录;沿途所经历的一切,他无不仔细观察、深入

立德乐塑像

体验——他甚至加入到纤夫的队伍中,考察木船吃水的深度。他据此完成的《经过扬子江三峡游记》,是最早向西方介绍长江三峡的著作,在西方引起轰动,成为西方人洞悉重庆的一扇窗户,也打开了重庆紧闭的大门。

通过这次勘察,他进一步坚定了驾驶轮船通过三峡的决心:"只要操纵灵便,吃水不超过现行帆船而马力强大的轮船,便能开进川江。"

为了积累经验,第二年他便购置"彝陵"号轮船,行驶于宜昌至汉口一线载货运客,并把宜昌作为今后进军川江的据点,在那里购置地皮,修筑码头,建设房栈。

1887年,立德乐认为时机已经成熟。他筹集1万英镑,在英国特制了一艘更适合航行川江的"固陵"号轮船,准备大干一场。

7月20日,英国驻华公使华尔森照会清总理衙门,要求发给立德乐行轮执照,并提出"转饬沿途地方官弹压保护"。清廷即晓谕百姓"不必惊疑",并命"水陆各营妥为保护"。

消息一传出,群情激愤,纷纷集会抗议。特别是沿江的船民,他们深知,一旦机器轮船进出川江,势必淘汰运行了上千年的木船,打破他们传统的生活方式,影响他们的生计。于是放出话来,"如果英国轮船执意上行,誓死将之堵截击沉。"

清朝的官员也并非人人都赞成朝廷的决定,川督刘秉璋就是反对者之一,他紧急电奏总理衙门:"轮船入川,民情惶急,万不可行。若勉强试行,秉璋不敢保其无事。"民众的强硬态度,迫使清政府不得不终止了之前给立德乐的允诺,并派遣巴县知县杭国璋为代表前往宜昌与立德乐及英国驻宜昌领事谈判。这场艰苦卓绝的谈判谈了两年才达成协议:英国轮船十年内不得驶入川江,

"利川号"航行在川江上

清政府以12万两白银收购立德乐在宜昌的码头、房栈及"固陵"轮。显然，清政府试图用12万两白银，换来川江十年平安。

1890年3月，中英签署《烟台条约续增专条》，重庆开为商埠。次年，重庆海关成立，重庆正式开埠。

立德乐是一个执著的人。"固陵"轮卖出，他狠狠地赚了一笔。但他并不死心。穿越峡江，直抵重庆，才是他的终极目标。他一直在寻找实现这个目标的机会。为此，1890年立德乐在重庆下陕西街开办起了"立德乐洋行"。这家洋行，是重庆历史上第一家外商洋行。同时，他花重金聘请英国人蒲南田率领测量队，深入宜昌到重庆的水道，绘制航线图，并在沿江安设标杆、浮标，炸毁江中险滩暗礁，为轮船通行做准备。

根据中英《烟台条约续增专条》规定，外国洋行租用的中国木船，悬挂外国国旗行驶川江，可享受与外国轮船相同的特权。这就是所谓的"挂旗船"。1891年5月26日，立德乐租用川江民船，船头高悬着英国国旗，满载着洋油、海带、洋布等货物，驶达重庆，成为重庆历史上第一艘进口挂旗船。同年，立德乐将南岸区龙门浩地区数十里的沿江地带"永租"，并在这里建工厂、修码头，龙门浩水码头随之更加兴旺。立德乐的工厂，成为重庆历史上第一家猪鬃厂，产品远销国内外。

机会终于来了。1895年4月17日，李鸿章代表清朝政府在日本马关与日本政府签署了《马关条约》，条约规定：日本轮船得驶入从湖北宜昌溯长江以至四川省重庆府附搭行客、装运货物。根据"最惠国待遇"原则，英国政府也享有相同的权利。

立德乐闻风而动，在上海订造了一艘双水轮机动船，取名"利川"号。这艘船载重7吨，长55英尺（16.76米），时速9海里（16.67公里）。外形像一只水生铁甲虫，两侧各有一个形状如水车的大轮盘划水前进。由于资金不够，立德乐夫人甚至卖掉了贵重首饰与上海的房产，倾全力相助。因此当时上海报纸上称"利川"轮为"夫人"轮。

1898年2月，"利川"轮从上海开到宜昌，已经58岁的立德乐即将开启他人生的一次重大远航。为了这一天，他已准备了22年！现在，任何力量都不能阻挡他去重庆的步伐。因此，当宜昌官府提出签订"行轮免碰章程"时，立德乐态度异常强硬："无论你们同意与否，本轮已决定于2月15日启航，决不因任何方面之阻拦而终止。"有之前"固陵"轮失败的教训，他唯恐拟订章程的交涉拖延日久，导致再度失败，断然拒绝了宜昌官府的要求。

2月14日，立德乐自任船长，"利川"号高调离开宜昌，开启了一场生死未卜的远航。迫于英国政府的压力，宜昌官府最终妥协，并主动安排一艘炮船、一艘救生船，以及12名精壮兵丁和6名水手护送，同时昭告沿江州县加意保护。在宜昌的外国人,乘木船送"利川"号至西陵峡口。

刚到峡口,一个接一个的浊浪便汹涌扑来,把轮船拍打得颠簸起伏,摇摇欲坠。立德乐特聘的宁波籍驾长帅阿福哪里见过这种架势,竟欲弃船逃生,立德乐立即许以重金,才将军心稳住,"利川"轮鸣笛入峡,艰难地溯江直上。

进入巫峡,中国炮船的纤缆突然绞入"利川"轮的水轮中,并且越绞越紧。一旦水轮破坏,"利川"轮将失去前进的动力。情况万分危险。"利川"轮上的洋人个个面无人色,立德乐此时也心惊胆战、束手无策。在这危急时分,只见两名中国水手跃入激浪中,挥舞手中利斧,三下五除二将纤缆斩断,终于化险为夷。

一波未平又起一波。轮船还没有驶出巫峡,江面上突然漂来大量稻草捆等杂物,将轮船的水轮和螺旋桨绞住,"利川"轮被团团围困动弹不得。立德乐只得安排所有人清理江面的杂物……

凭借一颗不达目的决不罢休之心,立德罗一路溯江而上,克服了重重困难,排除了层层障碍。

经过20多天的艰苦航行,"利川"轮终于抵达重庆朝天门下游10公里处的唐家沱。休整一夜以后,3月9日清晨,起锚驶向重庆。立德乐和妻子手挽手,倨傲地站在"利川"轮上,接受官府的迎接和百姓的注目。

随着立德乐首航川江成功,大批外国商人纷纷涌至重庆,开办各种公司。太古、怡和等外商争相在川江上办起了轮船公司。随后,大批外国使馆也相继落户重庆,重庆便迈开了走向现代文明的第一步,从而也是狂热的西方列强垄断川江航行权,为经济侵略重庆迈开的第一步。

立德乐洋行旧址

重庆码头旧闻录
——一个老渝商的笔记

20世纪20年代,我随同百货帮的几个朋友首次去了重庆城,给我留下的深刻印象至今难以忘怀——

那天,小客轮驶入朝天门码头的时候已经入夜了,我眼前这个半岛城市却灯火闪烁,如繁星点点。长江、嘉陵江两岸,里三层外三层停满各种各样的船舶,樯桅林立,船篷相连,密密匝匝,几乎塞满了江面。上下货的搬运工像是忙碌的蚂蚁搬家。

那时重庆还没有电灯。听说仅有市中心商场才有柴油发电机。

由码头拾级而上古老的石梯两旁悬挂着耀眼的煤气灯。路边的街市像乡镇赶场天般的热闹,人流如织,摩肩接踵。鳞次栉比的商铺前,卖小吃的贩子扯开喉咙轮番喊着:"鸭杂碎!""水八块!""五香花生!""盐茶鸡蛋!"……

朝天门是百货码头。一只只货船与岸边由一块块长长的跳板连接。堆积如山的棉纱、布匹、煤油、纸烟等都是靠搬运工们的两个肩头从船上踩着跳板扛下来。已是深秋时节,他们疾行的赤裸身上还淌着冒热气的汗水。

重庆城沿岸都是码头:东水门是杂货码头、太平门是竹子码头、储奇门为药材码头、金紫门为水果码头、南纪门为蔬菜码头、临江门为糖类码头、千厮门为皮革码头、菜园坝为粮食码头……重庆城百姓的生

朝天门码头进城石梯

活物质及本地土特产,都是靠这些劳工的肩头并通过这码头搬进运出。

　　码头工人和船夫纤夫在闲暇的时候,喜欢聚一块儿自炊自饮。他们用三根木棍搭一个支架,吊上一个铁锅。下面是火,锅里是牛油汤,放入辣椒、花椒、山柰、八角之类,熬出一锅汤;再把杀牛场扔弃的牛下水(毛肚、牛腰子、牛肝)拣来,加点小菜、豆芽一起煮;喝上二两老白干,吃得周身冒热汗。接着欢笑声出来了,偶尔还会冒出几句蹩脚的川戏。要是平时,昼夜忙碌的他们,常常仅以一个烧饼充饥;好一点的来一个帽儿头(一碗冒尖的白饭),一盘泡菜。那时一个挑水夫,从千厮门河边蹬几百步石梯到大梁子,一挑150斤的河水才卖一个烧饼钱呢。

　　重庆地区大大小小码头好几百个,为它服务的劳工起码在10万人以上。虽说辛劳,但毕竟还有一碗饭吃。所以,边远山区的贫民都纷纷前来"淘金"。朋友告诉我,码头有码头的规矩,不是任何人都能来的。码头是帮会的天下,为各帮派控制着。霸占一个地盘的袍哥头叫"舵把子"或"操码头"。做粮食生意的叫粮食帮,做皮革生意的叫皮革帮。要到码头混碗饭吃,首先要加入袍哥,俗语叫"海"。没有"海"的,绝不能在码头上混。刘湘在重庆时就曾"海"过袍哥。其手下的师长团长几乎都是袍哥人家。在重庆城码头上"混"的人,无论穷富几乎都是袍哥成员。成了袍哥就有了靠山。可要加入袍哥,一要有人介绍,二要花钱,还要为"大爷"们做无偿服务并随时候命。

　　朝天门有一家名叫"两江轩"饭馆。应酬跑堂是一位漂亮少妇。红红的缎子服,笑盈盈的脸。顾客都叫她"幺妹"。"幺妹,二两白干,一盘烧腊!""幺妹,看账!"她手脚利麻、风风火火。一点不像传统妇女。我们一走进店堂,她便招呼:"庄客,这边请!"接着端来一盆热水请你洗尘。

　　几年后,我又去了"两江轩",它不仅可以用餐,还可以住宿并包早餐:稀饭、白糕、盐茶蛋。

　　又过了一些年月,我第三次去"两江轩"。饭馆已扩建了,又添了茶楼。顾客还可以在品茗中欣赏评书、川戏。那管事的少妇越发风采了,烫了卷发,抹了口红,还戴了耳环……

　　从老渝商的码头旧闻中,留给了我们这样的重庆印象:重庆因码头而连接世界,因码头而发展繁荣,因码头而抱团义气……

　　重庆是一个山城,但更是一个水城。长江、嘉陵江、乌江、涪江、渠江、大宁河等江河纵横交错于整个重庆市。长江干流自西向东横贯全境,流程长达600多公里。"蜀道之难,难于上青天",重庆陆路难行,而水道便利。向北沿嘉陵江而上至广元,向西溯长江达宜宾转岷江至成都,向东顺长江而下入湖北的这三条水路,便成了重庆人远古以来生存发展的最佳自然途径。

　　巴人廪君是得力于制造泛江的土船而被拥戴为王,而后又借舟楫之利战

胜盐水女神,开拓了渔业盐业;

汉晋时期,重庆朝天门码头一带已有"结舫水居五百余家"。多以运输为业,成为连接武汉、沔阳、宜昌、襄阳的要津;

从隋唐起,重庆梁沱、唐家沱、郭家沱等码头已能停泊和吞吐"万斛船"。杜甫有诗盛赞:"蜀麻吴盐自古通,万斛之舟行如风。"

明太祖时,戴鼎所筑的17座城门的9扇开门中,除了通远门建在山顶西通成都外,其余的8扇门均建在了江边并都设了码头。为的是中转物质,兴旺商道。

清嘉庆年间,重庆已由一个热闹水码头,逐渐发展成有240余条街巷、25个商业行帮、150家各业牙行、人口逾300万,仅下半城的商铺就达1 500家的长江上游最大的商业城市……

朝天门码头挑水力夫

从这个意义上讲,重庆虽然有三千年历史,但真正成为一个"市",只有几百年的时间;而重庆能真正成为"市",也全靠码头的功劳。所以——

没有重庆码头,也就没有今日的重庆。

没有重庆码头,也就没有重庆人性格的丰富性——

因码头生活而形成的一种文化,让重庆人能够有宽阔的胸怀去吸纳外面的世界:

知道了热情才能亲近;

知道了耿直才能交友;

知道了团结才能强大;

知道了变通才能与时俱进……

当然,任何事物都有它的两面性。码头文化也给我们留下了责任心不强的"过客感",留下了用"哥们义气"来代替原则的兄弟伙情结等,我们也当深思。

潘文华拓城三把火

1927年8月一个炎日的下午,重庆通远门的告示栏上贴了一张特大的搬迁告示:通远门外棺山坡上所有坟茔必须在近月内全部自行搬迁!

这个天大的信号,无异于在市中心引发了一次强烈地震,波及千家万户,无论富贵贫贱。——因为棺山坡上重重叠叠、荒草萋萋,一望无际的几十万个坟堡,是历代以来重庆人祖先和逝去亲人的安息地。

千百年来,中国人都信风水、重祖坟。"要挖祖坟了!"重庆百姓个个怨声载道。第二天,重庆市政大厅便挤满了义愤填膺的闹事民众。言语之恶、言语之极,让当局官员们措手不及。

这个惊天的大动作是谁做的呢?是潘文华执政重庆后的第一把火。

潘文华,四川仁寿人。从小颖悟过人,14岁从军。因早年飞墙走壁、擒拿格斗名列前茅,外号潘鹞子。在四川陆军军校加入同盟会。1919年12月任川军第7师独立旅旅长。1920年投靠老同学刘湘,由于战功卓著,行伍出身又气质儒雅,先后被誉为"四川王"的刘湘任命为重庆商埠督办公署(市政厅)督办、第21军教导师师长,1929年2月被任命为重庆市历史上的首任市长。

为何潘文华要做出这种让当时千家万户都难以容忍的事呢?一句话,为了重庆的发展。

自1891年重庆开埠以来,近40年了,重庆的市政设施、经济环境没有什么改变。4平方公里的老城墙内,像煮饺子般地生活着20万居民。拿潘文华的话说,不冲出通远门,重庆只有死路一条。而通远门外一望无际的坟山便成了拓展重庆城地盘首当其冲的障碍。

是屈服民俗还是牺牲发展?潘文华毕竟站得高看得远,只有发展才能给重庆、给百姓带来幸福,因而他毅然选择了后者。那沸沸扬扬的民怨呢?潘文华久经沙场,文韬武略都有一手。于是面对当时剑拔弩张的形势,使出了三板斧——

一是武力威慑。他叫来手下最威猛的干

重庆首任市长潘文华

将,号称"莽娃"的郭勋祺。问他怕不怕死人,郭莽娃说,我早就死鬼缠身了,还怕个毬?那好,于是潘文华立即给这个旅长加封了一个新职务,叫"重庆迁坟事务所所长"。叫他带一批弟兄,拿起"家伙",谁要是抗拒闹事的,便给我镇压。

二是文化洗脑。潘文华特别创办了《商埠月刊》,找了一批专家、文人来写城市拆迁发展的好处,列举了国外新兴国家和上海、广东等地的发展给百姓带来的幸福。甚至还把这些宣传资料免费赠送给市民。

三是经济补偿。发给每一个迁坟的家庭一笔"安坟费"。随迁随发,立刻兑现。以此缓解市民的情绪。

潘文华这三招使出以后,很有效果,迁坟的人便开始陆续到场。一时间,棺山坡热闹起来。然而让潘文华始料不及的是,迁坟的人员中有不少浑水摸鱼者。他们挖开坟堆,拆掉棺木,就开始要钱;有的一连刨好几个坟堆,还将尸骨乱抛一地。后来经调查才发觉是一批无业游民和小混混在几个社会流氓的唆使下搞的鬼。郭莽娃听说后,即刻派人将肇事者缉拿归案,没收了钱,还发配做了苦工。

于是潘文华重新制定了政策:当事者必须先迁坟,并拿出所辖保甲的证明或家谱,还要当场对死者烧香祭拜后,才发放安坟费;冒名顶替者罚做一年苦工。于是,这场万众瞩目的迁坟工程,才迈上了有条不紊的道路。整项迁坟工程从1927年8月到1934年5月,历时6年半,共迁有主坟、无主坟、乱葬坟共计435 894座。这确实是重庆历史上一桩规模巨大、移风易俗、旷古未有的事件。迁坟工程胜利竣工以后开辟了由临江路沿嘉陵江达牛角沱,由南纪门沿长江达菜园坝的新市区,城区面积也因此在原有基础上扩大了一倍以上。

那时的重庆城全无一条像样的马路。滑竿、轿子便是城市的主要交通工具。在迁坟工程进展的同时,潘文华开始着手城市的公路建设:从1927年,由通远门经两路口至曾家岩的中区干道开始修筑,这是重庆市区的第一条

重庆第一条市郊公路:李子坝公路

公路,1929年8月完成,全长3.5公里。后又从七星岗延长至朝天门,总长约7公里。1929年7月,南区干道开始动工修筑,至1930年7月完成南纪门至菜园坝段,全长2.87公里,后又经陕西街延长至麦子市段,总长约7公里。这是潘文华拓展新城的第二把火。

潘文华旧居

重庆早在清末就设有警察局,实行"城乡分治",只是以重庆城乡为管辖区域,太小太窄,不成体统。潘文华上任后,确定以重庆上下游、南北两岸环城各30里为市政管辖区域。将江北县划入市区63.13平方公里,将巴县划入市区68.7平方公里。将重庆市区面积增大至131.8平方公里。初步奠定了重庆城以主城半岛为核心,地跨两江、三足鼎立并逐渐向周边区域拓展的城市发展格局。这便是潘文华的第三把火。

潘文华在重庆执政期间开创诸多第一:

饮用自来水。重庆城区的百姓自古以来都是直接到两江肩挑手提,饮用江水为生。有的劳力差,只得找力夫代劳。吃水便成了市民劳命伤财的事。1929年2月重庆建成四川第一家自来水厂,1932年3月1日正式向市民售水。

用电灯照明。1905年,重庆只有100千瓦的直流发电机一部,所发之电也仅供电厂附近少数住户和上半城区的几大商铺照明之用。绝大多数市民仍旧是使用原始的灯笼、油灯和松明。1934年夏天,重庆电厂建成,11月向全主城区供电。

1929年8月,在现在的市中区大梁子,建成重庆第一个娱乐、休闲、健身的公园——中央公园(解放后叫人民公园)。

1930年春,潘文华募集电话公债20万元,购办共电式电话700门的交换机、长途乡村交换机及其附带设备,11月实现全市通话。

潘文华在任期间,先后完成了对朝天门、嘉陵、江北、千厮门、太平门、飞机坝、金紫门、储奇门等码头的新建或扩建。

潘文华1935年7月辞去重庆市市长一职。抗战中任第25军团的军团长。刘湘死后他成为继承人并任第28集团军总司令兼任川康绥靖公署主任。1944年冬秘密参加民盟,长期与延安保持着联系,并多次与中共高层毛泽东、周恩来、王若飞等会晤,直接同中共中央建立了声气相通的统战关系。1949

年12月9日在四川彭县起义。后任西南军政委员会委员。1950年11月16日在成都病逝。

那位曾任"迁坟事务所所长"的郭勋祺,抗战时为50军军长,在皖南和新四军防线相邻,因通共被撤销军职。1947年被起用为15绥靖区副司令,在中野司令部与旧友陈毅、刘伯承交往甚密,后回四川从事策反运动,解放后为四川省交通厅副厅长。

陪都缔造的奇迹

1925年初,身患重病的孙中山先生在病榻上告诫蒋介石:要警惕日本军国主义的侵略野心,如果战争一旦爆发,形势不利即可把国民政府从南京迁都重庆,若仍怕重庆沦陷,就迁都西藏拉萨,总之,我们绝不能屈服,只有革命到底一条路。

6年以后,正如伟人所料,"9·18"事变日本鬼子踢开了国门,魔爪已伸进我东北三省。1937年"七七卢沟桥事变"后,小日本更是肆无忌惮将战火大举推进内地,直逼南京,形势十分危急。11月17日,时任国府主席的林森便率领大小官员迅速撤离南京,并于三日后在武汉发布《国民政府移驻重庆宣言》,宣布迁都重庆。1940年9月6日,国府又发布了《国民政府令》,正式颁令"明定重庆为陪都",并称"还都以后,重庆将永久成为中国之陪都"。

——这便是重庆自巴国、明玉珍的大夏国之后,第三次作为国都写入了中国的历史。

重庆成为陪都,除了是遵循孙中山先生的政权布局与抗击外敌的思路外,主要是与重庆特殊的地理位置有关:

重庆地处四川盆地东部丘陵地带,四周环山,所谓"蜀道之难,难于上青天"。尤其是东面又有天堑三峡和大巴山作天然屏障,雄踞"一夫当关,万夫莫开"境地;加以重庆为长江上游航运的交通枢纽,物资运送又方便快捷。再者就是重庆位于"天府之国"的腹地,土地肥沃,物产丰富,能有取之不尽用之不竭的战略资源……

太平洋战争爆发后,1942年1月21日,同盟国中国战区统帅部在重庆成立,任命蒋介石为盟军中国战区最高统帅,史迪威将军担任中国战区参谋长,负责指挥中国、越南、缅甸、马来西亚等国的同盟军同法西斯作战。当时苏、美、英、法等30多个国家在重庆纷纷建立大使馆,40多个国家和地区设立了外事机构,七星岗、通远门旁边的领事巷,便是这批使领馆机构的住址。时势造英雄。二战期间——这场人类社会面临正义与邪恶、生死存亡的全球之战造就了英雄的重庆,使它历史地当之无愧地成为中国政治、文化中心及世界反法西斯战线远东指挥中心。最具代表意义震撼世界的伟大事件,就是用两年零三个月的时间,打通了中国唯一能与世界接轨的滇缅国际生命通道(后称史迪威公路)。那是由20万男男女女、老老少少的中国人和外国人,冒着枪林弹雨组成的筑路大军。在这3 000英里的浴血战场上,以"一英里一条命"的代价,如同盟军诺曼底登陆的军事胜利一样,铺就了彻底捣毁小日本的决胜之途。

战时首都成立之后,中国文化教育重心由东向西大转移。当时的中央大学、中央政法大学、复旦大学等著名学府纷纷从北京、上海等地先后迁往重庆,仅大学就有31所之多。著名的专家学者蔡元培、于右任、朱自清、叶圣陶、马寅初、李四光等也相继而来。国民政府对当时日占区内迁的师生们实行"救济贷金"制度。对全国公立专科以上学生发给贷金,仅1938年一年,受政府资助的学生和教师共有5万多人。而今饮誉世界的顶尖科学人才李政道、杨振宁就是当年那批青年才俊之一,也就是得益于这批贷金,顺利地完成西南联大的学业,而走向国外走向辉煌。

国民政府的文化宣传机器随着政府的搬迁开进了重庆;中国文艺界的精英郭沫若、老舍、田汉、夏衍、曹禺、舒绣文、张瑞芳、白杨、秦怡等也纷纷来到重庆。带着抗战的使命,掀起了一场陪都文化的热潮。当时的国泰大剧院(今

1938年12月18日上午,《新华日报》参加在重庆中央公园(今人民公园)的献金大会,举行义卖捐献的抗日活动。

抗建堂演出抗日话剧

解放碑的国泰电影院)和在中共南方局领导与组织下建立的抗建堂(今观音岩上纯阳洞13号抗建堂俱乐部),抗战期间共上演了240多部进步话剧。其中郭沫若创作的《屈原》、曹禺创作的《雷雨》连续上演了100场以上,场场爆满。许多群众半夜三更就带着铺盖前来等待买票,有些赶了很远的路程,冒着大雨来看演出。更有人专程从成都、贵阳、桂林等地赶来欣赏这一难得的文化圣餐。沙坪坝的学生进城看戏后索性在剧院坐到天亮,和演员们一起交流观后感,讨论剧情。一时间,重庆的街头巷尾到处响彻了《屈原》主题诗《雷电颂》的名句:"烧毁了吧!""爆炸了吧!"的声音。

中共机关报《新华日报》,于1937年1月,在汉口府西一路149号创刊发行。1938年迁来重庆,设营业部于西三街商业场。

中共南方局支持下办起来的一家进步书店《生活书店》也于1938年8月从武汉迁到重庆(今民生路157号,一楼一底)。邹韬奋任书店总经理。

中苏文化协会由南京迁来重庆。创刊《中苏文化》杂志。

昆仑影业公司来到今民生巷16号(原韦家院子。现为中国农工民主党重庆委员会地址)驻扎。在重庆期间,拍制了《一江春水向东流》等著名影片……

重庆成为战时首都之后,沿海及长江中下游的近300家工厂及大批商业、金融机构相继迁渝,实现了中国近代工业史上规模空前、意义深远的"铁血西迁"。重庆人耳熟能详的重钢厂、特钢厂、嘉陵厂、建设厂、长安厂、江陵厂、空压厂等大型企业都是那时内迁的产物。它们不仅为抗战前方战场提供了枪支弹药等物资,还为建设新中国和当今重庆经济的复苏和发展提供了举足轻重的力量。中国人一向以来都有这样的印象:重庆是国家武器弹药的基地,重庆是摩托车的故乡——这个盛赞的荣誉,应该说它的基础是陪都的历史缔造的!

战时首都重庆,作为全国经济政治文化中心及世界反法西斯战线远东指挥部,既肩负了神圣的重任,也承担了惨重的代价。日本对重庆展开"航空进攻作战",为期近6年的"无差别轰炸"(史称"重庆大轰炸"),据史学界最新统计数据:造成平民伤亡共计61 400人。房屋毁坏17 608栋。重庆市区大半化为废墟。然而陪都人民没有屈服,他们高举起抗战胜利的旗帜,将重庆筑成远东各国人民反法西斯的精神堡垒。

1941年12月30日,国民在重庆市区中心都邮街广场建成了一座四方形炮楼式木结构碑形建筑,共5层,通高七丈七(23.1米),堡垒顶端有旗杆,取名为"精神堡垒",就是战时首都人民这一意志的象征。

抗战胜利后,为了纪念抗日战争的伟大胜利,国民政府

"精神堡垒"(解放碑的前身)

在原"精神堡垒"的旧址上,建立起全部用钢筋水泥建造,碑高27.5米,八角柱形,外饰浮雕,内有旋梯,顶部四面都有标准钟的"抗战胜利纪功碑"。

解放后,1950年10月1日,西南军政委员会决定对"抗战胜利纪功碑"进行改建,由西南军政委员会主席刘伯承题字,将碑名改为了"人民解放纪念碑",俗语称解放碑,一直沿用到现在。

解放碑既承载了战时首都重庆可歌可泣的抗战历史,也是对重庆人民争取民主解放的精神纪念。

▶ 重庆美女寻根 ◀

——一座城市的移民史

如果您是一个"老外",游览重庆之后,您印象最深刻的是什么?

点击百度,瞬间便有15万条回复。排在前三位众口赞誉的是这两组数据:美女、火锅、红岩;火锅、美女、夜景。——重庆"美女"是无论如何也忘不了的刺激,抹不去的怀想。

2004年备受网友关注的"中国盛产美女地区排名",经过百位专家及专业人士一年来对全国20个城市(16至32岁)女子的长相、打扮、韵味三大指数进行考察、评议,排在第一位的是重庆:百名女子中美女占24.25%。三大指数为81.77/75.35/70.01。

重庆美女荟萃

第二位的是成都：百名女子中美女占 22.89%。三大指数为 81.29/75.66/70.19。

第三位的是长沙：百名女子中美女占 20.57%。三大指数为 81.70/74.52/72.89。

难怪社会上流行这样的顺口溜："到北京觉得官帽小,到深圳觉得钱太少,到重庆才觉得结婚早。"为何要后悔结婚早呢？答曰,因为重庆美女太多,如果当初迟一点安家,到这儿来娶一个靓妹多好！

一个游客在网上写道："我到过很多城市,最让我惬意的事是：在重庆一边吃着火锅一边欣赏美女……"——这似乎代表了众多外地人对重庆的观感和印象。

赞赏之余,人们情不自禁常常会发问,为啥重庆会有这么多美女？

是山川钟灵毓秀,还是人文源远流长？

熟悉一点人文地理知识的人都知道,在泱泱华夏之内重庆还算不上头彩。历史上众口公推的"闭月羞花""沉鱼落雁"的四大美女与重庆完全无缘——貂蝉、杨贵妃出生于山西,西施出生于浙江,王昭君出生于湖北。历史上曾瞩目的三道美女风景线,也是：长安丽人、秦淮艳女、米脂婆姨——

唐玄宗的"后宫佳丽三千人",每逢三月三要出游长安水边兜风晒美,引发万目争睹。杜甫打望后写下《丽人行》；

明末清初的"秦淮八艳"柳如是、顾横波、马湘兰、陈圆圆等用她们的惊人才艺和爱国风骨留下了一部凄婉的唯美诗篇；

"清涧的石板瓦窑堡的炭,米脂的婆姨绥德的汉"。这个"沃壤"肥田产出的"如脂"米汁孕育了一代代美人……

重庆没有美女的历史,也不曾有过美女风景线,但它却有中国百姓家喻户晓的美女传说——"巫山神女"。

王母娘娘有23个如花似玉的女儿,小女瑶姬向往人间的新奇,被母亲允许下凡去东海。东海龙王却冒昧求婚,使瑶姬逃往人间躲藏。瑶姬与百姓友善并为其造福消灾,还扶助大禹治水。《神女赋》说,瑶姬暗慕楚襄王,私下相约,襄王惊慕瑶姬美色,欲结连理,因仙凡阻隔,瑶姬为解襄王一片痴心,在梦中与襄王结合后,赠玉佩而别。王母遣22个女儿唤小女回宫。瑶姬不愿返家,并感动一半姐姐留下继续生活并造福于人间。后化为巫山神女十二峰。

千百年来,巫山神女这个美丽的传说脍炙人口:百姓的口中,文人的笔下,伟人的诗词也不忘问讯:"神女应无恙,当惊世界殊。"

或许可以说,巫山神女,便是重庆人多年来对心目中美好女性的向往和期盼!——一个人、一个城市首先得有理想。

要实现这个理想还需要诸多因素——而重庆历史上的多次大移民,便是它最好的机遇和条件。

从秦、魏晋、唐初、南宋、元末明初、明末清初、抗战时期,直到20世纪60年代的"三线建设",乃至近期的"三峡移民",重庆共经历了九次大移民。其中对人口基因素质影响最大的有四次:

第一次是公元前314年,秦国以张若为蜀守,"移秦民万家实之"。秦灭六国后,秦始皇又迁六国豪富入蜀,如赵国卓氏、齐国程郑、秦国吕不韦等。

第二次是从清初康熙年间开始的"湖广填四川"。1667年,据统计重庆仅有三千户人家(不足2万人),到嘉庆1820年的一百多年间,人口剧增到230余万。

第三次是1937年抗战爆发后,国民政府西迁重庆设立陪都,大批学校、工厂、企事业单位也随之内迁。到1941年止,据有关统计,接受移民约1 500万人。

第四次是在20世纪60年代,为战备之需防范敌人攻击大陆,政府计划性向内地实施内迁。当时称之为"三

线建设"。来自上海、江苏、浙江一带的军工业、新兴科技企业随之迁往重庆。约计10余万人。

来自五湖四海的移民,给重庆带来了先进科学文化、带来了时尚生活方式,同时带来了良好的人体基因。

俗话说"混血儿聪明漂亮"。生物学、人类学的理论告诉我们,基因差异越大的人相结合,所繁衍的后代越优秀。两三千年来,一批批一代代的移民涌向我们这块土地,交融交织,优势互补,和谐共振,不断更新和完美了重庆人的基因和形象,使重庆女孩渐进渐美而走到了今天。

或许有人会问,从形体五官上讲,能与重庆女孩媲美的多的是呀,如成都、大连、长沙,为什么人们却更青睐于重庆妹?公众会说,那是因为重庆女孩的性格美——她们热情、开朗、坦诚、豪爽,正契合了我们这个时代的时尚观念和精神追求。

从这个意义上讲,重庆美女是移民的体,巴人的魂!

那么,纵览历次移民,重庆也可以说是当今世界最大的移民城市之一。

中国名城掌故丛书

● 重庆掌故
Chongqing Zhanggu

名人逸事

热血将军巴蔓子

巴蔓子出生在古代巴国，今忠县临江城人，为巴国大将军，辅佐国王治理国家。

公元前4世纪，巴国由于多年对外战争，国力渐渐走向衰落。一些贵族趁机向巴王室施压，以图索取政治经济利益，于是便在巴国朐忍（今万州一带）阴谋发动了武装叛乱。驻守在巴国东部边境的巴蔓子将军决定带兵回国平乱。由于他手中的兵力薄弱，不足以战胜嚣张狂热的贵族武装，加之当时的国君已受到叛乱势力胁迫。形势紧迫，巴蔓子决定向东邻楚国借兵。

他历尽千辛万苦，终于到达了楚国。去拜见楚王，请求出兵平息叛乱。

巴国和楚国在历史上长期以来战争不断，也哥们不断。既是敌国也是盟国。前些年有盟约在先，一国有难须相互援助。巴蔓子的借兵请求是顺理成章的。可楚王心里却没有这么想。既然你巴国国王都被挟持了，看来内乱深重，何不隔岸观火坐收渔翁之利呢？即使要借兵，也得营造点价码吧？于是便故意推辞，找借口不愿出兵。巴蔓子说："大王，国破家亡，可巴人赤心未亡呀！只要你大王能顺手出一把力，叛乱即可平息。倘若你不派兵相救，巴国一旦破败之时，这伙狂妄残暴者一旦当权之时，也便是贵国不安之日！"

楚王深谙巴蔓子的人格气场，也深知一旦与邻国撕下脸皮也没有好结果。于是对巴蔓子说："这样吧，如果你答应事成之后送我三座城池，我就马上出兵。"楚王想，派兵出战就当远足练兵，又不兵戈相见便得了城池又何乐而不为呢？

然而对于巴蔓子来说，却是一件两难的大事。将国土割让给别人，比割让自己心肝还疼；可要是不答应，国家安危又迫在眉睫。

巴蔓子将军塑像

巴蔓子沉吟了半晌，于是含糊其辞说道："只要国王出兵平息了叛乱，这些事情到时候都好商量。"

"谁跟你商量？这可不是戏言。还是把你的儿子送来当人质吧。"楚王严肃地说。

"我巴蔓子平生从无戏言。若事成之后你得不到三座城池，我用头颅担保！"巴蔓子斩钉截铁回答道。

话已到这个份上楚王也就认了，即刻派出了兵马，由巴蔓子领军急赴巴国。

在巴蔓子的英勇指挥及楚国援军配合下，联军很快便打败了叛军，巴国又恢复了往日的安宁。内乱平定以后，楚国的兵马刚刚回国，楚王就派人来讨三座城池了。

巴蔓子心里像油煎火熬，但他表面不露声色，准备了好酒好宴侍候楚国来使。巴蔓子说："楚国这次帮了巴国大忙，我们子子孙孙都不会忘记这份情义。"

楚国的使者说："记得情义就好，请眼下就把三座城池交割给我楚国吧！"

巴蔓子说："国土为国之根本，民之根本，我无权将它送人。眼下你们帮了我们一把，往后若贵国有难，我们也会倾力而助，得人滴水之恩须当涌泉而报。这难道不比三座城池更好些吗？"

楚国的使臣急了："割让三座城池可是将军当时亲口许下的诺言呀！"

巴蔓子心知肚明：若践约割让城池则失忠诚之责；毁约则失君子之信。忠信难以两全呀。于是恳切地对使者说道："我们愿以全城的金银珠宝奉送楚王，以答谢出兵救巴之恩，恳请保留我临江三城！"

楚使不敢做主，于是报告了楚王。楚王勃然大怒："君子一言，驷马难追。割让三城，决不能改！若据城不让，即发大兵征讨，休怪我楚国无情！"

巴蔓子得知楚王的强硬态度，陷入痛苦之中，他不忍国家割让城池，同时又不愿失信于人。最后，他对楚使说道："我曾许愿楚王，得不到三城我头颅担保。请把我的头带回去答谢楚王吧！"说完抽出宝剑，"呼"地一下，头颅落地，一

巴将军自刎

腔热血喷出！

楚国使臣叫人做了个紫檀木盒子，装上巴蔓子的头颅怏怏回国而去。

楚王听了事情的经过，深受震撼：一则放弃了攻打巴国。巴人举国哀恸，人心归一，正同仇敌忾难以打败。二则盛赞巴蔓子的大忠大义，并感叹道："巴蔓子真不愧天下第一忠臣，假若我能得到像他那样的忠臣良将，称霸天下，还有何难？！"于是厚葬巴蔓子的头颅于楚国荆门山南面，让他日日夜夜望着自己的国土。

此消息传到了巴国，举国震动，君臣百姓，众口赞颂。巴王除下令厚葬巴蔓子外，还将他的遗体从临江迁葬都城江州七星岗（现重庆市渝中区七星岗莲花池）。

世人王尔鉴题写巴将军墓志铭：头断头不断，万古须眉宛然见；城许城还存，年年青草青墓门。

巴蔓子走了。巴蔓子的浩然正气却一代代传承给了这方山水这方人。古时说"巴师英勇"，过去说"川东出将才"，而今说"重庆兵会打仗"。这些都是对巴人王气的溢美之词。当我们怀念起杨闇公、刘伯承、聂荣臻、江姐、邱少云等一个个英雄的时候，他们身上难道没有巴将军的襟怀浩气？

巴蔓子如同太阳放射光芒亦有黑子一样，也给我们留下了些许遗憾。他刎去了自己的头颅，也刎去了协定。而今，现代的重庆人已在更高的境界上传承英雄，既正义豪爽又信守诺言，不再留下巴蔓子的遗憾。

▶ 巴寡妇与秦始皇 ◀

公元前218年，秦始皇在统一六国，建立中央集权，实施修筑长城等宏伟计划的第三年，他接待了一位来自巴郡的非凡女宾。

那天早朝后，秦始皇对眼下的文武百官说道："今天有一位贵宾要来，是一个巴郡女子。机会难得，给大家推荐一下。"

朝廷的高官们面面相觑，不禁有些傻眼："女子"？"巴郡"？"贵宾"？还要"推荐"？——心想，这女人是何许人也，这么光彩？

秦始皇灭掉六国后，虏获的倾国佳丽近万人之多，已深锁宫中任其享乐，难道还有超凡美人让他一见钟情？

难道说是这女子身家富可敌国，想来巴结始皇？

难道说是这女子才高八斗，前来毛遂自荐？……大臣们想入非非。

巴清想象图

当宫女们簇拥着这位女宾缓缓来到皇廷的时候,众臣们惊讶地发现这女宾并非是一个超凡美人,而是一个约莫五旬以上的端庄妇女。从她和善的笑脸上看得出她年轻时妩媚的轮廓,从她稀疏的额纹中看得出她丰富的经历。她的仪态落落大方,尊严而恭谦;她的眼光中闪烁着精明和睿智。

始皇对众臣说道:"朕要提醒诸位,她不是一般的贵宾啊。她可是我大秦难得的功臣。她叫巴清,是时下国中的儒商巨贾。而今修长城、建军团她捐助了大批银两。骊山陵的水银,阿房宫的丹砂也靠她鼎力供货。朕的来世今生都与她有情有缘。尔等可敬其为'姐'或'母',切不可怠慢!"

文武百官纷纷应允并向巴清深鞠一躬。

巴清回礼后,被始皇的侍女搀扶着进入内宫。

始皇为巴清安排了皇宫歌舞晚宴,以上卿之礼接待了这位来自民间的非凡女人。

以后日子,始皇陪同她参观了首都的古迹名胜、市井风貌,参观了咸阳的长城工地,又去骊山参观了在建的皇陵……

这次始皇特邀巴清来皇城,不是仅仅让她开个眼界,游览一遭,而是请她到皇宫来养老,这是何等的荣誉?"千古一帝"对巴清的恩宠和盛情,让巴清激动不已。进宫的那天晚上,望着芙蓉帐,抚着翡翠衾,她彻夜不眠,浮想联翩。

她是巴郡枳县(今长寿区)人。出身寒微,少年时跟父亲学习诗书,因相貌气质出众,嫁给了当地一位家境殷实、开采炼丹的青年企业家。不幸的是,事业有成的丈夫英年早逝,她便毅然担当起丈夫留下的家业。巴清目光远大,看准了水银、朱砂在当时的稀缺性和垄断性,便兢兢业业把它做好做强。她为人厚道,乐善好施,朋友多、人脉好,口碑相传竟直至皇廷。她干事执著专一,就像她的情感一样,而在当时她完全可以好好再嫁,可她却放弃了——为了丈夫,为了丈夫的事业。凭借这些,巴清才走到了今天。她已富甲一方,童仆千人,还有一支国家特许的庞大私人武装,成了能"礼抗万乘"的南方著名的工商业主……

她也曾想起往昔那些烈日炎炎的日子,她奔走在冶炼工场的汗颜和劳累;

她也曾想起在那些凄风惨雨的日子,她面对孤灯顾影自怜……不过,她更多的是欣慰,是她的事业、她的产品,她给国家和皇上的贡献以及由此而来的恩宠。而今她已近花甲之年,家里的事已有族人接班,40年的辛勤经营已该歇歇了……

一周的皇城生活之后,始皇问巴清,这儿的生活习惯吗?

巴清叩拜道:"很好,很好。承蒙皇上恩宠。"

始皇说:"不必拘礼了。这儿就是你的家。需要什么,尽管盼咐宫娥侍女便是。"

巴清再次叩谢。

"家里的事,安排好了吗?"始皇再问。

"已安排妥帖。骊山的水银货已备齐,只待运送。"

"好。眼下倒是朕欠你的账了。"始皇笑道。

"没有的事,皇上。家都在这里了,我还收账来干啥?那是奉献您的。"

始皇笑曰:"大情大义。钦佩、钦佩。"

如此这般和谐的日子,一直伴随着巴清度过了她生命中最后的几年,也是她最幸福的几年。

当她病弱即将辞世的那些日子,始皇几乎天天都会来看望她,或者询问御医有关巴清病情,或者静坐在她身旁默念冥思,似乎在乞求上苍护佑这个生命。

一个民众眼中穷奢极欲、焚书坑儒的暴君,一个顶天立地、叱咤风云的帝王怎么会有如此的人情味、如此的德行?

始皇嬴政的生母赵姬原本是吕不韦的爱姬,因秦庄襄王公子楚(异人)喜欢,便赠予了他,不久便在赵国(异人做人质)与赵姬生了嬴政。生母的人生蜕变和波折,生母作为政治人物间的玩物,她的苦衷和无奈,她的享乐和淫乱,没有给年幼的嬴政留下作为母亲的真情记忆,更没有使年幼的嬴政得到真正的母爱。所以,当他结识了比自己大20岁的巴清以后,从她身上看到的那种慈爱、细腻,那种胆识大气,那种宽和服众的精神和气质——使他感到了这才是他心中真正

秦始皇塑像

理想母亲的形象。于是便喜欢她的产品,保护她的事业,邀她到皇宫养老,从对她细微的敬重中去体验一个曾经失落的孝子之心。

在她的弥留之际,他附耳轻轻问她,还有什么吩咐和交代?

她说,把她的遗体运回家乡安葬。在2 000多年前,1 000多公里的路程,这个吩咐可是一桩极其艰巨的任务,始皇却欣然答应了。于是巴清带着微笑告别了这个世界。

巴清曾经最大的遗憾是没有子女,担忧谁来为她养老、为她送终?这一切她都看到了得到了,而且是在一个至高无上的皇帝身上!

公元前215秋,秦始皇护送灵柩的队伍浩浩荡荡抵达巴郡枳县。全县数万百姓及地方官员倾城而出,迎接巴清的归来,并将她安葬在国家已为她修筑的墓寝之中。

秦始皇亲自为她题写了墓志铭,上书三个醒目的大字——"怀清台"。

秦良玉比武招亲

巾帼英雄秦良玉

秦良玉小名贞素,重庆忠县人。她从小就生得如花似玉,娴雅大方,又有一身男儿汉的豪爽性格,所以人见人爱,远近闻名。当她出落得是一个美女的时候,前来提亲的人几乎踏破了门槛。可是秦良玉一个也看不上——因为来的大多是富贵权势之家。而她一心要想找的是一个文武全才堂堂正正的男儿汉。有一天,她主动向父母说,她将拒绝媒人再来说媒,要"比武招亲"。父母觉得女儿很有抱负,就欣然同意了。当时的县大老爷闻讯后,觉得这是一件新鲜事,于是决定开放县里的东较场作为比武招亲之地。

消息传出以后，四川各地甚至湖广一代的青年豪杰都纷至沓来，想来摘取忠州的这一朵金花。

比武这天真是人山人海，热闹非凡。秦良玉身着银盔银甲，骑马持枪英姿飒爽。最先出场的是一远近闻名的富绅子弟，他横枪拍马而来，不料即刻被秦良玉一枪挑下马来。第二个出场的是一位青年猎手，他要同秦良玉比射箭。秦良玉把箭垛放在200步远，连发十箭，箭箭中靶心，猎手一看傻眼了，放了几箭便言败而归。第三个出场的是一位少年将军，与秦良玉交战200个回合不相上下，直杀到日落西山。但在宴请秦良玉父女的席间却满口脏话，秦良玉于是罢宴而去。

就这样选来选取，比来比去，转眼又过了四五年，秦良玉还未选到如意郎君。父母家人开始为她着急了，叫她条件放宽点。她却说："没有意中人，我宁肯一辈子不嫁！"

又是一年的比武招亲日子。前来比武的男子是石柱宣抚使马千乘，已年过25岁。此人仪表堂堂而又深沉内敛。与秦良玉交战300回合难分高低。晚宴中，知州和秦良玉父亲问其志向。马千乘答道："精忠报国，万死不辞！"

马千乘的忠良之心赢得了秦良玉的芳心。第二天双方继续交战时，她卖了个破绽，故意失手，长枪被打落在地。于是成全了马千乘的胜利，也赢得了自己的理想郎君。

秦良玉比武招亲

婚后，秦良玉经常给夫君千乘建言，辅佐他整改土地政策，培训军队，练出了一支训练有素、所到之地秋毫无犯、远近邪恶之徒都惧怕三分的石柱士兵。士兵们手拿白杆抢，因此被称为白杆兵。他们战时为兵，闲时便开垦荒地、发展生产。

万历二十七年，播州宣慰使杨应龙图谋叛乱，偷袭石柱，不巧正碰上带三百士兵回家扫祭祖坟的秦良玉，良玉因寡不敌众被困浦家场后大寨，后来巧设妙计大破叛军，保住了一方太平。"女将军"的称号便由此传开。

十多年后，马千乘自恃有功于朝廷，坚决不向太监邱乘云行贿，最终被诬陷冤死狱中。良玉只好含泪忍痛，以大义为重，代替丈夫任石柱土司。

后来金人频频入侵辽东，不久沈阳被困。秦良玉亲自率领三千精兵北上，镇守榆关（今山海关）。儿子马祥麟战功赫赫，被军中誉为"赵子龙"、"小马超"。朝廷闻报后，赐马祥麟"忠义可嘉"匾额，赐良玉诰命夫人，进二品服，并命良玉回川再征兵二千赴援。同年9月，永宁宣抚奢崇明叛乱，这时逢良玉刚回四川，奢崇明欲遣使与良玉结盟，不料良玉斩了使臣，留下金银，转战重庆、成都和泸州等地，收复了新都。皇帝熹宗因此又授予她四川都督佥事，并充总兵官。

崇祯三年，皇太极努尔哈赤率十万辫子军绕道长城喜峰口，攻陷遵化，进抵北京城外，连克永平四城，明朝廷上下大震。秦良玉危难之时提兵赴难，星夜兼程，直抵宣武门外屯兵，解围北京。崇祯帝大加感慨，特意在北京平台召见她，赏赐彩币羊酒，并赋诗四首彰显良玉的赫赫战功。

1648年，在西南颠沛流离的南明永历帝派人加秦良玉太子太傅，授"四川招讨使"。久卧病床的一代女豪杰，闻讯后霍然而起，拜伏而受诏，感激涕零道："我这老妇人虽已是病体枯骨，承蒙皇帝的恩赐，我一定竭尽余生，赴死保卫国疆，来报答皇上深恩！"

可惜，几天之后，秦良玉便病重抱恨而终，享年75岁。孙子马万年把她葬于龙河北岸的回龙案（今石柱县大河乡鸭桩村）。墓碑题文："明上柱国光禄大夫镇守四川等处地方提督汉土官兵总兵官持镇东将军印中军都督府左都督太子太保忠贞侯贞素秦太君墓"。彰示了这位女中丈夫不屈的民族气节和赫赫功勋。

秦良玉是中国历史上第一个以国家的名义任命的女将军，是当之无愧的巾帼英雄，是重庆人民的骄傲，也是中华民族的骄傲。

冯玉祥将军曾如此评价："纪念花木兰，要学秦良玉。"

诗仙诗圣放歌巴渝

诗人都是玩家。玩山玩水不玩世。

诗人都是骚客。忧国忧民忧自己。

在中国历史上被誉为"诗仙"的李白、"诗圣"的杜甫、"诗王"的白居易、"诗豪"的刘禹锡、"小李杜"的李商隐等蜚声中外的文人墨客无一不钟情于巴渝这块热土——它的山山水水、它的美食美人、它的地灵人杰……

一生孤傲倜傥、及时行乐,"一生好入名山游"的这位李谪仙在重庆的旅途生涯中留下了20余首脍炙人口的诗句。当他流连于巫山神女神奇的精致中时,他写下了"汉水波浪远,巫山云雨飞"、"远忆巫山阳,花明渌江暖"的诗句。"波浪远"、"云雨飞"、"花明"、"渌江暖"是何等诱人的大自然的美色?当他清晨辞别朝霞拥抱的白帝城,而乘船远去千里之外的江陵古城的时候,长江两岸,猿声欢啼,轻舟飞驰,群山远逝。大诗人又是何等的惬意!于是灵思涌动,诗情迸发:

诗仙诗圣放歌三峡塑像

朝辞白帝彩云间,千里江陵一日还。
两岸猿声啼不住,轻舟已过万重山。

与其说这是一首千古绝唱的风景诗,毋宁说这是一串长江三峡——重庆美景的广告词。要不,千百年来怎会有那么多来自世界各地的蜂拥游客?

杜甫在他的一生中,多年流寓巴蜀。晚年时曾移居夔州(重庆奉节)两年多,在巴渝这块热土上留下了400多首诗篇,平均不到两天一首。他热爱这儿的景物,讴歌这儿的山川,关切百姓的生活,感叹潦倒的人生。最突出的代表作有《秋兴八首》、《咏怀古迹五首》、《登高》。《登高》写道:

风急天高猿啸哀,渚清沙白鸟飞回。
无边落木萧萧下,不尽长江滚滚来。
万里悲秋常作客,百年多病独登台。
艰难苦恨繁霜鬓,潦倒新停浊酒杯。

这首诗作于唐代宗大历二年(767年)秋,时逢重阳节,作者登高临眺,眼前的秋景激起了他对大好河山的眷念、对身世飘零的感慨以及对国事民生的忧虑。

"渚清沙白""萧萧落木""滚滚长江"——这是何等壮阔美丽的故土啊!

然而却"万里悲秋""百年多病""苦恨潦倒"——一个朝廷普通官员竟然如此,那么百姓何堪?

如果没有对巴渝大地的情深意切,贫困潦倒的诗人哪还有这般感伤忧患之情?

白居易曾经个人自由行,游览过重庆涂山。并写下《涂山寺独游》的诗句。诗曰:

野径行无伴,僧房宿有期。
涂山来往熟,惟是马蹄知。

白居易于唐元和十三年(818年12月),奉诏由江州司马升任忠州刺史。在忠州(重庆忠县)为官两年。初到忠州时,发现民众贫穷,但民风淳朴,生性快乐。当地的儿女们常常起舞讴歌,让他感慨万千:

竹枝苦怨怨何人?夜静山空歇又闻。
蛮儿巴女齐声唱,愁杀江楼病使君。

作为当地的地方官——百姓的衣食父母,白居易为改善人民生活,劝农勤耕,打击偷税富绅,减少徭役刑罚,修桥铺路,栽树种草,发展教育,等等。为忠县人民做出了功德无量的善事。他有诗曰："高城立下视，蠢蠢见巴蛮。实可施政教，尚不通语言。且喜赋敛毕，幸闻闾井安。岂伊循良化，赖此丰登年。案牍既简少，池馆亦清闲。"在他的施政之后，已是一派政通人和的景象！

人民为了纪念白居易，在忠县城郊西山巴台侧，参天古树中，迈过一坡宽两丈有余的大石梯，建了一栋三楼四柱的牌楼，匾额横书"白公祠"三字。它是与洛阳香山"唐少傅白公墓祠"齐名的全国唯一两座白居易祠庙之一。随后，忠州人又建起一座名为四贤阁（或叫四望楼）的楼宇，用以纪念白居易及陆贽、刘晏、李吉甫四人在忠州的功绩。

白居易在忠县留下诗作120多首，字字句句都渗透着一个伟大诗人对巴渝热土的热爱和眷念。

唐长庆二年（822年）诗人刘禹锡任夔州（奉节）刺史时，孟春的某天，天气特别好，天空映着彩虹，绿水清波，岸柳青青，一边日出一边微雨，他乘兴来到建平（今巫山县），见村民男男女女击鼓吹笛，边歌边舞，联唱古老的《竹枝词》曲，于是深受触动和感染，遂写成而后家喻户晓的《竹枝词》：

杨柳青青江水平，闻郎江上踏歌声。
东边日出西边雨，道是无晴却有晴。

白帝城头春草生，白盐山下蜀江清。
南人上来歌一曲，北人莫上动乡情。

刘禹锡的诗来自于巴渝民间生活及智慧的营养，又通过他天才的发挥，极大提升了老《竹枝词》的艺术水准，使《竹枝词》成为了巴渝甚至是中华民众喜闻乐见，朗朗上口的文化养分。人们传诵着、舞蹈着，流传至今。如果而今你有幸能深入到奉节巫山民间欣赏到他们的节日歌舞，那将还会领受到《竹枝词》的韵味。

唐宣宗大中五年秋（851年），诗人李商隐被任命为西川节度使的柳仲郢邀请去西南边境的四川梓州任职。于是途经重庆，晚宿于佛图关。是晚秋雨绵绵，飘飘洒洒，厢房外池水渐长。孤灯未眠的李商隐，抚窗遥望，思念远在家乡患病的爱妻王氏。于是写下了《夜雨寄北》：

君问归期未有期,巴山夜雨涨秋池。
何当共剪西窗烛,却话巴山夜雨时。

其中的诗情画意,缱绻情爱感染了一代代巴渝人。

明代时,人们在佛图关上修建了夜雨寺、秋池等寺院亭阁,并沿路著刻《佛图关铭》《佛图关》《清正爱民》等多种记事碑铭,使得在佛图关夜雨寺听巴山夜雨成为了原巴渝十二景中不可或缺的一景。相传佛图关上曾有块状如石笋的"夜雨石",白天干燥,入夜后就湿润流水,即使大旱之年,仍不断。乡民常来此祈福,以保佑风调雨顺。加之名篇《夜雨寄北》的推动,更是让"佛图夜雨"名声在外。夜雨寺复建于清道光十一年,坐北朝南,悬山式屋顶。中为抬梁式结构,两旁为穿斗式结构。面阔五间19.2米,进深四间,通高5.85米,门前有垂带式踏道6级。夜雨寺供奉"夜雨神像"的寺庙,早在200年前就被定为"巴渝五景",极负盛名。而今"巴山夜雨"已成为重庆旅游胜景不可多得的一个符号。

……

历代的诗人们在巴山渝水中汲取养料,成就了他们流传千古的不朽诗篇;而世世代代的子孙们也从他们伟大的著作中发现了一个伟大的城市。

▶ 重庆状元的悲欢人生 ◀

冯时行,南宋时人。出生在重庆渝北区洛碛镇的一个普通农民家庭。他从小喜欢读书,天性聪敏,又常常帮父母做农活,深得左邻右舍的夸奖。18岁时,家乡遭水灾,房屋倒塌了,庄稼淹没了,他的父母也在这场灾难中丧生,于是只身逃亡到了缙云山,扎起茅草屋,以种植萝卜为生,开始了他的耕读生涯。

他的勤劳、朴实和好学精神,感动了当地一位财主的三女儿。他们接触往来,便产生了感情。视财如命的财主怎么可能将自己的千金许配给穷光蛋?于是对女儿说:"你大姐嫁给了文秀才,你二姐嫁给了武秀才,难道你要嫁个萝卜秀才?"并告诫女儿,若一意孤行决不给一文陪嫁。三小姐意志已定,最终逃离了家庭,净身来到冯时行的茅草屋,与他缔结了百年之好。

爱情是浪漫的,现实是严峻的。小两口除了要面对家庭的冷落、旁人的冷眼外,还要面对生活的压力和家庭的发展。一天,三小姐对冯时行道:"官人啊,你可不可以为了挣钱而荒废了学业。你是读书人,就一心读书吧,或许能考个功名。家里的事你放心,由我来干。"

妻子的深明大义,让冯时行热泪盈眶。他何尝不想去考取功名?只因不愿爱妻深受委屈,不想让她多操劳。在妻子的鼓励下,冯时行夜以继日,挑灯苦读。三年后,一路夺冠,通过层层考试,最终来到京城,被皇帝殿试钦点为状元。

能考取状元,对于国家、社会及个人来说,都是一件天大的事。俗话说人生有四乐:"久旱逢甘雨,他乡遇故知,洞房花烛夜,金榜题名时。"前三项的乐事,一般的普通老百姓都能经历到,而"金榜题名时"的荣耀能领受者只有凤毛麟角。中国科举史上,曾经涌现了数以百万计的举人和十万计的进士,而作为这个庞大知识分子群体之巅峰的"状元"郎,则是屈指可数。据考证,自唐高祖武德五年(622年)的第一位科举状元孙伏伽开始,到清光绪三十年(1904年)最后一位状元刘春霖止,在这1283年间,可考证的榜数为745榜,共产生了592名状元,加上其他短命政权选考的状元以及各代的武状元,中国历史上总计可考的文武状元仅为777人。状元是通过层层考试选拔出来的,到了京城还要通过笔试、皇帝面试、品德考察、能力鉴别。这可是真正的海底捞针,平均20余年全国才出一个。正因为"物稀为贵",所以才有"十年寒窗无人问,一举成名天下知"、"天下一轮才捧出,人间万姓仰头看"的殊荣。

然而,这777位人中豪杰,天之骄子,并非人人都流芳百世。他们中的一部分深谙为官之道,成为封建王朝的柱石,度过了权贵的一生。另一部分在宦海中沉浮,受尽阴谋倾轧之苦。只有柳公权、文天祥、翁同龢等才名垂史册,而冯时行就是这其中之一员。

冯时行考取状元后,一路春风得意,竟成为皇帝身边的咨询官和不可多得的高级智囊之一。那时正是岳飞抗金的艰难岁月,朝廷主战派和主和派争斗激烈。作为一身正气的冯时行绝不趋炎附势认同秦桧的媚颜,于是上书皇帝不要轻信金国的议和假象,表白坚决支持岳飞的爱国抗金行为。冯时行的义正言辞,惹怒了皇上,加之秦桧的谗言,于是冯时行被罢官。

冯时行又回归故里——他最流连的缙云山。他用自己仅存的俸禄,办起了学校

缙云山冯时行塑像

缙云山步道

并自编教材,向后生们讲解家事国事天下事。自号为:缙云先生。过起了安贫乐道,教书育人的新生活。

17年过后,奸臣秦桧倒台,岳飞的冤屈得到了平反。朝廷又重新起用冯时行,那时他虽然已是57岁的人,仍是正气不改,雄心未灭,他先后被任命去蓬州等地,都功绩卓著。最后去了雅州(今四川雅安)做官。

他深入百姓,体察民情,奖励农耕,减轻赋税。在他执政的几年中,这些个州县呈现出政通人和,百姓安居乐业的景象。但他仍是两袖清风,直到鞠躬尽瘁,死而后已,于63岁病死于雅安。为他送葬那天,几乎倾城而动,人们抬着他的灵柩呼天抢地,哭声震天。呼唤"冯青天",感恩"冯青天",祈祷亡灵千古。

一千多年过去了,冯时行的音容笑貌早已远去,可人们仍可以在他那已入选《四库全书》的不朽诗句中看到他的心灵和节操:

"忧国忧家双鬓白,通天通地一心丹。"

忧虑国家国民之事已使两鬓斑白,为国为家永远忠心不改。

"感时抚事销客魂,归挽天河洗乾坤。"

面对眼前的世事真使人痛心疾首,恨不得挽起天河来洗涤这肮脏的世界。

冯时行走了,可他仍留在人们的记忆中。他的遗体初葬于雅州古城,后移葬巴县鱼嘴沱(今江北区鱼嘴镇)。山城人民为了纪念他,在渝中区建了"状元街",在渝北区洛碛镇、璧山县修了"状元门"、"状元桥"、"状元楼",在北碚区缙云山还筑了他洗笔磨墨的"八角井"。

冯时行的正义气质和文化素养已渗透在巴山渝水的生活中,成了山城人民永远珍藏和继承的文化瑰宝。

赵智凤的石刻佛命

大足石刻,这一宗举世瞩目的世界文化遗产,几百年以来,为亿万中外游客推崇备至,可人们对它的总设计师、总建筑师赵智凤——这个把一生的心血和智慧都奉献给了这一伟大事业的人却是知之甚少。

赵智凤,大足县米粮里沙溪人,生于南宋绍兴二十九年(1159年)。父亲早逝,从小与母亲相依为命。

在他5岁时,母亲患了一场重病,久病不愈。家境贫寒的赵智凤为了给母亲挣药钱,一天,他竟独自走到街上,插上标签,打算卖掉自己来拯救母亲。可到了晚上都没人来买单:一是因为当地百姓都穷,二是觉得这小子自己卖自己不可思议。

母亲见儿子入夜未归,便硬撑着身子四处寻找他。终于在街上见到孤苦伶仃的儿子。此情此景,母子抱头痛哭。一个算命先生来到他们跟前,觉得既可笑又可怜,就问赵智凤,你为何要卖自己?赵智凤说出自己救母的原因后,算命先生说,你抽个签吧,看有没有化解之法。赵智凤抽了签,算命先生一看,叨念着:"济贫行善。"于是对赵母说,你这小子是个佛门的命。别自卖了,去当和尚吧,济贫行善,你的病会好,他日后定有出头之日。

去当和尚?那是叫我儿断后呀!"不孝有三,无后为大。"赵母怎么也不愿让儿子出家,何况这么年幼。但事到如今自己病了,儿子还小,今后该怎么办?赵母以泪洗面。

然而幼小的赵智凤却听信了算命先生的话。第二天一早,他偷偷来到离家不远的一个叫古佛寺的庙宇,对大和尚说,我要当和尚。

赵智凤塑像

大和尚说,我们不收小孩,回去吧。赵智凤再次要求,被老法师听见;于是问他道,你为什么一定要当和尚?小智凤说,要治母亲的病。

老法师被孩子的真诚和坚毅所感动,于是带着小智凤一同去见他病床上的母亲——还得征求家母的意见呀。老法师替赵母诊病,并把自己私存的10两银子送给了她去补贴生活。出于对法师真善的尊重和感动,赵母答应儿子出家的事同亲人们商议后再作决定。

不久,赵母的病大有好转。赵母感激法师的医术及佛法的灵验,于是将儿子托付给了佛门。

然而古佛寺的大和尚,却很不乐意赵智凤的到来,因为本身就是个穷庙,多一张嘴,就会减少他们的需求。于是每次用膳的时候,他都背着法师克扣小智凤的饮食。小智凤有时分得少,有时根本就没份,但他从不吭声。

有一天晚上,雷雨暴风,寺庙漏水,大和尚等扔下小智凤不管。小智凤孤独害怕、默默哭泣,但没有动摇在佛门的意志。小智凤终于在庙里坚持生活了下来。老法师特别喜欢他,教他看书识字,读经静息。小智凤也特别用功,学习进步很快。

16岁那年,老法师打算把寺庙交给他主持,智凤婉言拒绝了,他给师傅说他要去云游四方,学习更多的佛经知识回来。

3年后,智凤从成都大轮寺学成归来。古佛寺已垮塌,老法师也不幸遇难。智凤不计前嫌带走孤独无援的大和尚来到大足宝顶山,立志要建造一个老法师生前向往的佛教密宗大道场。那时的大足,佛教已开始流行。城内到处是香火青烟,到处是诵经敲磬之声。大足山石甚多,石刻佛像已成为当时的一种时尚。外地不少的石作高手、雕刻艺人也渐渐来到此地,现场卖艺或招徒授艺。

赵智凤的宏伟打算赢得了当地寨主黄木顺的经济支持,他的普济众生的德行也渐渐得到周边大小富豪的认同和帮助。于是摩崖石刻便开始一步一步得到实施。

在博览古籍,深研佛学,实施于石刻的过程中,赵智凤遇到了两大困惑。一就是,昔日佛经上有关"孝道"的论述与中国儒家提倡的"孝道"大相径庭。佛经认为,父母是瓶子,子女是瓶中的物,物从瓶中出来后,瓶是瓶来物是物,相关不大。而儒家却认为"父为子纲",百行"孝"为先。不孝是最大的耻辱。怎么来缓解它们的冲突,包容它们的差异呢?二就是,浩繁深邃的佛经密宗用一种什么表现方式,才能让普通百姓有所了解,才能让老少妇孺都喜欢?通过反复思考,体察民情,他感觉到佛经要让广大的中国百姓多接受,必须要融进中国的道德伦理,包容它的文化思想。

于是他结束了佛教、儒教、道教长期以来各不相容纷争不断的局面,让孝

大足北山转轮经藏窟

道、孝经走进了佛法道场;让"父母恩重难报经"系列石刻辉耀于石壁之上;让佛、儒、道三家教主和谐地坐在了一起,共叙一个屋檐下。他在同百姓的交谈中,感悟到与百姓交流的最好方式是讲故事。把深奥的佛经用百姓生活的故事来演绎,那便是老百姓最喜闻乐见的形式。所以,石刻道场就必须做成石刻故事连环画。赵智凤的这两项思维和创举是前无古人的。

27岁那年,正当石刻工程火红繁忙之时,智凤的母亲带信来说,自己重病在身,想在弥留之际看看儿子。赵智凤只得赶急回家望母。然而到家后才得知是一场虚惊。母亲生病是假,催智凤回来成家是真。那姑娘叫慧贞,贤淑端庄,两家已谈妥,生辰八字相配,黄道吉日已选,就待成亲。赵智凤静坐思考了半晌,最终没有答应母亲的请求。他对母亲说,皈依佛门是从小的承诺,创建石刻道场也是他一生的理想。现在远近百姓都在关注支持他的事业,他不能半途而废,弃佛还俗;再者他已涉足佛门太深,已无专心致爱之情,更无精力来养家教子;也不愿耽误那女孩青春。

赵智凤返回石刻道场后,继续尽职于他的摩崖石刻工程,直到生命的最后终结——90岁。赵智凤为大足石刻奉献了自己全部人生。他在5岁时说,要当一个和尚,他用自己85个年头实践了自己许下的诺言。

如今,每当宾客们徜徉在大足石刻的艺术雕像之中时,镌刻在石壁上有一句震撼世人的话十分抢眼:"热铁轮里翻筋斗,猛火炉中打倒旋。伏请世尊为证明,五浊恶世誓先入。"

——这就是赵智凤的人生自白。

张献忠攻占重庆城

明崇祯十七年(1644年)一月,正是隆冬时节,寒气浸地,张献忠却率领60万大军自荆州出发,水陆并进,杀气腾腾地奔四川而来,扬言要"澄清川岳"。这家伙到底要干什么?是疯狂了还是错乱了,对巴蜀大地如此仇恨?

相传1637年张献忠与李自成分裂后,带领自己的大部人马向成都进发,力图取而代之。哪知道明军总兵左良玉早已闻风备战,张献忠几次攻城未遂,还损兵折将遭受重创。在败走中好不容易有一歇息之处,于是他赶紧方便,并随手拔了一把茅草当手纸用,不料"哎哟"一声,被茅草的荆棘刺伤了屁眼,鲜血直流,于是咬牙切齿地发誓与这片土地不共戴天。另一传说出自姚雪垠的《李自成》:张献忠9岁时,家乡延安闹饥荒,便随父亲来到四川内江贩枣子糊口。一天,父子俩牵着毛驴赶场,累了,便在一户绅粮家门前歇息。不料,那毛驴撒了一泡尿,还拉了两坨驴粪。绅粮发现,说是污了他家门神,强迫要张父将那驴粪吃了,父子俩再三恳求却遭来家丁棒打。张父含泪吞下驴粪,不久便患病,三月后死于途中。童年张献忠对绅粮的杀父之仇,就是导致他要剿杀四川的原因?

——然而,这些仅是张献忠入川动机的传说。这家伙到底要干什么,这得用他的行为来说话。

1644年6月16日,张献忠的大军压境距朝天门仅十多里的铜锣峡,向驻守在那里的明军发起正面猛攻。张献忠虽说是出身草莽文化不高,却对兵书情有独钟,作战狡黠精敏,17日就将大部力量暗中从长江南岸登陆,绕大兴场,

重庆城通远门。张献忠曾从此攻入城内

急驰150里到达江津。然后叫李定国带几万人马由陆路走铜罐驿,直奔佛图关;自己则亲率大军顺江而下,直抵菜园坝。然后截断佛图关与城内的联系。与李定国合围,便完成了对重庆城西面的控制。固守铜锣峡的明军,得知佛图关陷落,也弃甲而逃,于是重庆城便已在张献忠大西军的包围之中了。

可重庆城毕竟曾是帝王之都,12余里周长的城墙是建立在天然石崖上,少则七八丈高,多则十余丈,17门中九开八闭,门门相映,神秘莫测。这倒使张献忠皱起了眉头。他深知"不战而屈人之兵"的高妙,于是通知特使向城内"劝降"。

第二天,"劝降"的特使没有返回,他的头颅却从城墙上被抛了下来,接着是城墙上连番的火炮轰击,让张献忠的农民军一下伤亡了上百名兄弟。张献忠大怒,宝剑一挥:"攻城!"

将士们在弓箭手的掩护下,纷纷架设云梯蜂拥而上……却被明军的火石、滚木、沸油依次击退。频频进攻的大西军伤亡甚众,在南纪门、金汤门、凤凰门、金紫门、储奇门的城门外,到处流淌着农民军将士的鲜血……

张献忠见势不妙,即刻停止了攻城。下令挖掘地沟至城墙下,用炸药炸翻城墙。于是大批士兵在弓箭手的掩护之下,冒死挖沟,可没挖多远前方均是岩石,根本无法向前延伸。千军万马的攻城之战一下子陷入了困境。

深夜。佛图关营帐中。张献忠正同将军们在商量攻城战术时,两名侍卫带了一个叫王挑水的中年男人进来,说他刚从城内来,死活要见张献忠。他说他对重庆城知根知底:朝廷为了让整座城墙沾点地气,在通远门城墙下留有泥土。可以挖掘地道直通城墙根。张献忠喜出望外,即刻拿出100两银子赏给王挑水。可王挑水拒绝了,他说自己不是来出卖消息的,他恨官府占了他的田土,抓走他两个儿子当兵,都死在战场上。

通远门建筑在重庆城的山顶上,为全城制高点。城门上书有"克壮千秋"四个大字,地势险要,屏障全城。居高临下,易守难攻。城门外的夹谷中,十里之内是一片棺山,荒坟累累,历来是城内死人埋葬之地。

第二天一早,张献忠便命令各路军士继续攻打各城门,而亲自带领一批精兵强将直扑通远门。众兵士一起合力大掘坟墓,将棺材板连成一道屏障,抵御守军凶猛的箭石,掩护工兵挖掘通往城墙的土坑。经过三个时辰的血战,通往城墙基的泥槽终于挖穿了。他们将火药填满了棺材,密封后塞进了城墙脚下的泥坑中……

6月22日辰时,"轰!轰!……"突然几声巨响,烈焰升腾,像山崩地裂,大西军的巨量炸药掀翻了通远门的转角楼。千年的古城墙第一次被炸开了一个大裂口,露出了断壁残垣。大西军杀死了守楼副将卞显爵及其固守的抵抗者,宛若洪水般挥动着兵器的将士在震天撼地的厮杀声中涌进了重庆城……

张献忠的将士们冲杀着、呼喊着,挥舞着"杀官救民"、"只杀贪官,不犯顺民!"的鲜红大旗。

沿街的居民,已纷纷关门闭户,个别胆大者即写了"顺民"两字,贴在门上。

大西军的刀剑直指官府衙门、朱门豪宅。

街头上倒下的是乌纱锦袍、明军残勇……

张献忠入城以后,所有的高官要员,除了个别在抵抗中当场毙命的以外,大都坚壁清野,藏匿起来。有些还化装潜入百姓之家。由于张献忠能开仓济贫,不犯百姓并奖励检举者,因而重庆明府的所有大官,一个个都被揪了出来。

几天后,在重庆城校场(今较场口),大西军将逃亡来渝的明朝瑞王朱常浩、四川巡抚兼重庆城守指挥陈士奇、关南兵备副使陈纁、重庆知府王行俭、巴县知府王锡等几十人押上了刑场。

张献忠向被绑架的俘虏吼道:"你们听着,愿降的跪下,愿死的就站着!"

除了一人跪下,其余都站着。

张献忠凑近陈士奇身边问道:"蠢驴,怎么不跪下?老子叫你早降,你还杀了老子的特使。哼,想不到有今天吧?"

陈士奇傲然答道:"你这草莽,小人得志猖狂。我乃明皇大臣,岂能屈膝于你等鼠辈?!要杀要剐尽管使来,少言废话!"

"算你好汉!"张献忠又问王行俭:"他娘的,你他妈的知府,不仅不开门投降,还炮击老子,想决一死战?"

通远门攻城塑像

"不不。权不在手,无能为之……望大王乞怜……"王行俭面如土色。王锡奋起一脚踢在他背上:"大丈夫死就死尔,岂向盗贼求活?!"

天气炎热,刑场侍者向每位明朝官员还发了茶水一杯。

王锡接过茶杯,愤然掷在地上,面对张献忠大骂不绝。

张献忠勃然大怒:"你是想早死?哼,休想!来人,拉下去用钝刀慢割,叫他欲死不能!"

接着,在百姓的呼喊声中当即斩了陈士奇、陈纁、王行俭、顾景、王应熙……

当审讯瑞王朱常浩时,张献忠见他兀立不跪,于是问道:"朱常浩,你这朱家的王,不过是一条驴,为何见了老子不下跪?"

瑞王答道:"孤失宠于先帝,远封汉中,早知命途乖恶,故长斋念佛,以修来世。你如杀我,我亦只好再图转生;你不杀我,我愿剃发出家,再图修积。眼下任凭你处置,我不骂你,亦不告饶。"

张献忠见他有几分倔犟又有几分修行的虔诚之意,于是说道:"那好,本大王就成全你,让你先当和尚,再去作乞丐。来人,将他头发剃了,赶出城去。"

哪知那朱常浩虽被剃成了光头,一走出较场,便有不少百姓围上前来跪地叩拜,边走还边有人跟在他后面尾随着,双手合十。张献忠一看,那还了得!便赶紧传令将朱常浩又押了回来。

"和尚,咱本想放你化缘,又顾忌你会借化缘为名,蛊惑民众。算了算了,还是送你升天的好。"于是命刀斧手将其绑在木桩上,立刻处死。

说来也怪,恰在此刻,狂风骤起。南岸涂山上树枝飘摇,电光一闪,打了一个炸雷。

幕僚汪兆麟上前进言道:"大王,迅雷疾风必生变故,这朱常浩本无大过,不必杀他,可留在军中招降前方州县。"

张献忠道:"你以为天帝在救他么?老子才是天帝之子,最知天帝之心,天帝早就愿朱氏王朝断子绝孙了。这炸雷是偶然的!用刑!"

当那朱常浩的人头刚一落地,便是一阵紧似一阵的炸雷,风也猛了,天也变了。空气发出闷热,接着倾盆大雨接踵而来。台下的百姓、士兵衣服湿透,纷纷欲散。有人说,这是天不叫杀瑞王,老百姓

张献忠塑像

惶惑不解,议论之声,沸沸扬扬……

张献忠仰天望了望,忙呼道:"大家安静!老子奉天命杀贪官,与你雷公何干?!你们看,老子打下雷公来,一同审判!"

于是命令两座炮台,交互向天轰击。真不可思议,一阵震天的炮火轰击之后,万里长空又是云散天青。清风徐来,凉爽无比,军民无不惊喜震骇。

张献忠仰天而笑:"哈哈哈……你们看,到底是雷公凶,还是本大王厉害!"

处决了明朝高官后,张献忠来到位于中营街的左营署,那是大西军的临时俘虏营。草坪上,黑压压地站立了一大片明军俘虏兵,约莫有官兵两三千人,正等待大王发令处置。

张献忠宣布道:"你们听好了,愿降的跪下,愿死的站着!"

话刚完,齐刷刷地跪下了一大片,只有疏疏落落两百来人还站着。

"愿死的站着!可要听好哇?"张献忠向站着的士兵再说了一遍。

又有几十人犹豫着跪了下去。

张献忠向身旁的将领说道:"老子就喜欢这些站着的硬汉子,把站着的押到艾能奇营中去,好好招待,劝他们投降!"这才转过身来对跪着的俘虏兵大骂道:"你等全是些无用货!老子用不着你们,也不杀你们,只给你们打个记号!"于是各队把俘虏兵押回,将一个个宰去右手,然后放行……

1644年7月,张献忠历时20余天的重庆城战事完成,便率领大西军分水陆两路向成都进发。

1644年11月16日,在成都建立了农民政权,国号大西。

邹容慷慨赴牢狱

上海租界四马路巡捕房。两青年男子急匆匆地往里闯,被英国捕头拦住。

"站住,你们是干什么的?"

"我是邹容,前来投案。"走在前面的青年慷慨说道。

"去、去、去,你一个毛头小子,怎么可能是邹容。"英国捕头有些不耐烦。

"我正是满清政府要捕拿的——《革命军》的作者——革命军中马前卒——邹容!"

这种气概,让英国捕头不得不相信,眼前这个小个子青年,正是之前发出通缉令却没有抓到的邹容。"来人啦,快拿下邹容。"他赶紧招呼同伴。

这是1903年7月1日晚,邹容在好友张继的陪伴下,步行到租界巡捕房投案,为《苏报》案写下了浓墨重彩的一笔。

邹容,字蔚丹。清光绪十一年(1885年),出生于四川巴县夫子池(今重庆市渝中区)洪家院子一个富商之家。邹容自幼聪敏,父亲希望他日后考取功名升官发财,但他却性格叛逆热衷新学。

清光绪二十八年(1902年)春,年仅17岁的邹容东渡日本自费留学,进东京同文书院学习,希望找到救国救民的真理。在这里,他结

邹容(右)与费公直合影

识了一大批志同道合的革命青年,积极参加留学生的革命活动,同时,他如饥似渴地阅读了大量新书籍,系统地研究西方资产阶级革命的理论基础。

留日学生的反清言论,自然引起了清政府的强烈不满,朝廷指派留日陆军学监姚文甫,长期监视学生的行动,破坏学生活动。邹容血气方刚,又具有四川人敢做敢为的个性,他决定挫挫姚文甫的锐气,杀杀他的威风。

机会终于来了。清光绪二十九年(1903年)三月,姚文甫与一位清朝驻日官员的小妾偷情被发现,在留日学生中广为流传。邹容听说这件事以后,立即邀约陈独秀、张继等几位好友,闯进姚文甫的宿舍,架住姚文甫的胳膊,大喝一声:"好一个学监,竟干出这种下流的事!"

姚文甫怕丑事张扬出去,吓慌了神,连声求饶:"请诸位高抬贵手,饶我这一回吧!"

"今天不罚你,天理不容。我问你,你是要脑袋还是要辫子?"邹容早想好了,通过这件事,要好生教训教训姚文甫,让他从此不敢再和学生作对,向清廷告密。

之前,姚文甫一直反对留日学生剪辫子。一听到"辫子"两个字,他立即慌了神,拼命挣脱一只手,护住脑后的长辫子,说:"不要,千万不要。"

邹容哪里容他多说,揪住姚文甫的辫子,从兜里掏

《革命军》

出一把锃亮的剪刀,"咔嚓"一声,手起刀落,辫子已经耷拉在手上。姚文甫"呜呜"地哭了起来。

邹容将姚文甫的辫子带到留日学生会馆,悬在正梁上示众。这件事轰动了留日学生界,大家都拍手称快。

但是,邹容这种狂放悖逆行为也引起了清廷的极大震怒,在清廷和日本方面的双重压力下,他被迫离日回国。

邹容来到上海,寄住在泥城桥福源里的爱国学社内。

在这所学校里,他与章太炎成为了至交,甚至结为兄弟。尽管当时邹容18岁,章太炎35岁,两人年龄相差近17岁,但在两个同样狂放不羁且充满革命理想的人看来,年龄根本不是问题。由于章太炎是浙江人,邹容是重庆人,两人常以"东帝"和"西帝"互称,在一起纵论经世大业,鼓吹革命。

理论的提升和实践的总结,让邹容终于抓住了当时中国革命的两个关键点:反清排满和民主共和。他认为,只有彻底推翻清廷的封建统治,建立崭新的民主共和体制,才是中国的最佳出路。当时,尽管邹容不到20岁,但他的思想水平已达到很高的层次。

邹容的革命激情在胸中奔涌,他需要宣泄,需要阐述,需要将自己建立共和的理论系统地表达……这天晚上,他放下约翰·穆勒的《自由原论》,在简陋的书桌前铺开白纸,奋笔疾书——

扫除数千年种种之专制政体,脱去数千年种种之奴隶性质,诛绝五百万有奇被毛戴角之满洲种,洗尽二百六十年残惨虐酷之大耻辱,使中国大陆成干净土,黄帝子孙皆华盛顿,则有起死回生,还命反魄,出十八层地狱,升三十三天堂,郁郁勃勃,莽莽苍苍,至尊极高,独一无二,伟大绝伦之一目的,曰"革命"。

巍巍哉!革命也!皇皇哉!革命也!

……

邹容满腔豪情,他要写出一本振聋发聩的书,他要让整个中华大地石破天惊,他要用自己的笔唤醒沉睡中的国人。在日本期间已经酝酿在胸的《革命军》,此时如滔滔江水,从他的笔下喷涌而出。

经过数次修改,《革命军》一书终于定稿。在写完"自序"之后,邹容在文章末尾慎重地写下了几个字——"革命军中马前卒"。

清光绪二十九年(1903年)五月,《革命军》一书在上海出版单行本,犹如一声震撼大地的惊雷,在国内外引起强烈而巨大的影响,被誉为中国近代的"人权宣言",吹响了近代中国民主革命的进军号角。

《革命军》在上海出版的前三天,上海革命报刊《苏报》便抢先刊登了《〈革命军〉自序》和章太炎写的序。之后又相继发表了一系列评论《革命军》的文章,革命的火种正在慢慢点燃。

清廷当然不会允许这样的事情发生。6月29日,在清政府的一再要求下,租界工部局终于发出对《苏报》相关人员的拘票。消息不胫而走,到6月30日巡捕上门时,拘票上列出的7人,有6人都早已躲了起来,唯有章太炎不躲不避,主动迎上前去说:"余人俱不在,要拿章炳麟,就是我!"于是,章太炎被捕。

章太炎的想法是,利用自己和其他革命志士的入狱,来扩大影响,达到宣传革命的目的。于是第二天,他写信给邹容,召唤他前来投案自首。"吾辈书生,未有寸刃尺匕足与抗衡,相延入狱,志在流血,性分所定,上可以质皇天后土,下可以对四万万人矣。"他说。

邹容

当时,邹容与好友张继躲藏在虹口新闸新马路某里弄一外国传教士家中。接到章太炎的信,邹容义愤填膺,决定慷慨赴义,"章兄为革命而被捕,我岂能置身事外!?"不管张继如何劝阻,他始终意志不改。张继无奈,只得成全邹容,连夜陪伴他前往巡捕房。

法庭宣判监禁邹容两年,罚做苦工。邹容单薄的身体哪里经得住监狱的折磨,在距他出狱只有70来天的1905年4月3日,不幸病逝于狱中,年仅20岁。

刘伯承"刮骨疗伤"

1916年初春的一天,重庆临江门外的宽仁医院(今重医附二院)突然闯进来两个年轻人。其中一人右眼已受伤,从蒙着眼睛的布条上渗出血红的污渍,脸色苍白,但却器宇轩昂;另一人搀扶着受伤者,焦急万分。

这是一家教会医院,主治医生沃克是一名德国人,曾参加过第一次世界大战,经验丰富,但他却以脾气暴躁著称,对待病人态度尤其恶劣,经常辱骂呵斥病人。

看到医生,搀扶者似乎比病人显得更加急切:"医生,我朋友眼睛受伤了,麻烦你尽快给他动手术。"

沃克不慌不忙,蓝眼睛直直地盯着病人的眼睛,冷冷地问道:"怎么受伤的?"

搀扶者抢着替病人回答:"被土匪打伤了。"

沃克狠狠地盯了一眼搀扶者,好像在告诫他:"我问的是病人,你是病人吗?"然后站起身熟练地打开病人右眼上的布条。只见他愣了一下,皱了皱眉头,声音比刚才更冷,有点像是在审问:"你是干什么的?"

"邮局职员。"这次是病人自己回答的。

"不,你是军人!"沃克的声调明显提高,"你这是枪伤,受伤已经有些时日,显然是不敢到医院救治;而且,这么重的伤势,只有军人才能这样从容镇定!"

青年刘伯承

受伤者和搀扶者对望了一眼,两人眼里同时闪过一丝不易察觉的惊异,立即恢复了正常。

的确,来者不是别人,正是川东护国军第四支队军事指挥刘伯承和联络员康云程。

为了阻截袁世凯军队对四川的水陆增援,减少云南护国军在川南的攻防压力,并伺机夺取具有军事战略地位的丰都城,3月中旬的一天,刘伯承率领川东护国军第四支队,在守军数量和军力都数倍于己的情况下,强攻并且一举拿下丰都城,创造了一个以少胜多的经典战例。

逃到城外的袁世凯军队集结起来,于第二天早上发起反攻。护国军终因寡不敌众,只得弃城撤退。在战斗过程中,刘伯承为了招呼一个落在后面的士兵,连中两弹,其中一颗子弹穿过了他的颅顶,擦破头皮,另一颗子弹从他右太阳穴射入,右眼眶飞出。顿时,刘伯承昏倒在血泊中。

几名士兵赶紧将刘伯承背到邮局包扎伤口,经过短暂的休整后,康云程安排士兵用箩筐将刘伯承抬到了安全地带。

之后,康云程护送着刘伯承,两人隐姓埋名风餐露宿,从长江南岸渡江进入重庆城。

抗战时期刘伯承

或许是有感于邮局给自己提供了一个暂时的庇护,所以刘伯承在回答沃克医生的提问时,随口就把自己包装成了"邮局职员"。

沃克并没有继续纠结于刘伯承是干什么的。"你叫什么名字?"他换了一个问题。

"刘大川。"此时,袁世凯正在缉拿刘伯承,他不得不撒了一个谎。

"年龄?"

"24岁。"

"好吧,不管你是做什么的,也不管你是不是刘大川,医治病人是我的职责。"沃克的语调稍微柔和了一点。然后转头吩咐护士:"准备手术。"

这时,刘伯承突然好像想到了什么,他叫住沃克:"医生,我有一个请求。"

沃克刚站起来转过身打算去做手术前的准备工作,听到刘伯承的话,只得停住脚步,显得有些不耐烦:"请讲。"

"不要打麻药!"刘伯承说出这几个字,在场的人都吃了一惊。

"为什么?"沃克从来没有遇到过这样的病人,蓝眼睛里充满了疑惑。

"眼睛离脑子太近,我担心麻醉会影响脑神经,而我,今后需要一个非常清醒的大脑!"刘伯承镇定地说。

"你的右眼已全部坏死腐烂,需要摘除!"沃克医生愣住了,问道,"你知道问题的严重性吗?"

"知道。"刘伯承轻轻地吐出两个字。

"你,能忍受吗?"沃克显然不敢相信。

病人重重地点了点头。

手术开始,刘伯承双手紧紧握住手术台的小柱子,嘴里咬着一张毛巾。他强忍着钻心的疼痛,汗水从额头上、鼻梁上和全身的毛孔涌出,透过内衣把铺在手术台上的毯子也浸湿了。

整个手术进行了三个多小时,非常成功。刘伯承自始至终没有呻吟一声,也没有动一下。手术结束后,刘伯承嘴里的毛巾已经被咬破。

"你是怎么做到的?"沃克满脸敬佩。

"我一直在数你割的刀数。"刘伯承脸色更显苍白,勉强一笑。

"多少刀?"沃克吓了一跳,不相

刘伯承元帅

信地问。

"72刀。"刘伯承还是那么镇定。

"你不是军人,是军神。"这个傲慢的日耳曼人被彻底征服了。半个月以后,他又为刘伯承做了第二次手术——右眼安了一只假眼球。

刘伯承果然不愧"军神"的称呼,在以后的军旅生涯中,他南征北战,屡立战功,成为新中国的开国元勋之一,1955年被授予中华人民共和国元帅军衔。

▶ 少年聂荣臻壮志救国 ◀

1919年的中秋佳节,正是家家户户团聚的欢乐时刻,但聂荣臻的家却弥漫在一层淡淡的忧愁氛围之中。为了打破这种忧伤的气氛,聂荣臻面向堂屋的上座举起酒杯说道:"父亲母亲请放心,儿此去法国留学,定当学成归来,为中华民族的崛起而建功立业!"

聂荣臻的母亲是典型的旧式妇女,没有过多的言语,低下头不停地抹眼泪。他的父亲因生活的重压,也显得有些木讷,只是不停地叮嘱"注意安全"之类的话。

这是一个充满离愁别绪的中秋节,也是聂荣臻在家乡度过的最后一个中秋节。之后不多久,他就踏上了去法国寻求革命真理之路。儿子离家的这一天,母亲特意把一坛醇酒埋在地下,准备等到儿子学成归来的那一天,再开启这坛陈年老酒为儿子洗尘庆贺。

1899年12月29日,聂荣臻出生在四川省江津县(今重庆市江津区)吴滩镇石院子。按家谱排列,属于"荣"字辈。其父根据《随身宝》中"百福骈臻得双全"的美好祈愿,给他取名"荣臻",字"福骈",小名"双全"。

聂荣臻从小聪颖敏锐,思维活跃,刻苦好学。小学阶段,他曾在离家30余里的四川省永川县(今重庆市永川区)陈食高等小学住读。这所学校的教师大多受

少年聂荣臻

过新学教育,时常将外面的最新时事在校园里传播。聂荣臻十分珍惜时光,如饥似渴地学习,除学好必修的各科之外,还广读博览,增强知识的广度和深度。第二学期,他在课桌上刻下了"三更灯火五更鸡,正是男儿立志时"的字句,作为自己的座右铭。他每天一丝不苟,发愤求索,学习成绩优秀,成为同班学生中的佼佼者,他的作文时常被抄录张贴,让其他同学观摩阅读。

在陈食高等小学流传着一个"打菩萨扩校舍"的故事。从这则故事可以看出,聂荣臻的斗争精神,在少年时期已经开始萌发。

聂荣臻元帅

小学设在一个名叫"三官殿"的庙堂里。庙堂本来就不大,又被四壁的许多神像占据了不少位置,学生上课非常拥挤,师生纷纷要求去掉神像,扩大校舍。校长也曾向庙堂会首多次交涉,但均遭拒绝。这年夏天,新来了一位姓杨的老师,家离得很远,学校又无空房可住。聂荣臻和几个同学商量,准备把庙堂耳房腾出一间来给杨老师住。一天夜里,他们把耳房里的菩萨悄悄打碎、搬走,然后在门口贴了一张字条:"玉皇圣谕:天地水三官,即日当乔迁。"第二日清晨,学校沸腾了,大家议论纷纷,都在揣测是谁干的。师生们心照不宣:"既然是玉帝旨意,就应帮助三官殿菩萨搬家。"于是,趁势把影响教学的菩萨全都搬走。庙堂会首恼羞成怒,要求地方官清查。可是,始终没有查出结果,最后由校长出面,买了香烛作祭,送菩萨在香火中"升天",此事也就不了了之。这样一来,不仅杨老师有了宿舍,一直困扰学校的难题,也得到了彻底解决。

1917年夏,聂荣臻以优异的成绩考入江津县立中学(今江津中学)。当时,这所学校的师资力量和教学设备堪称重庆的第一流。

在这里,聂荣臻广读博览,从达尔文的《进化论》、赫胥黎的《天演论》和进步杂志《新青年》中吸取政治营养,渐渐地,他的思想发生了变化,由一个公认的诚挚少年逐渐转变为具有强烈爱国心的热血青年。

1918年端午节,他约了七八个同窗好友到油溪,租了只小船,畅游浩瀚长江,观赏龙舟竞渡。船到江心,收住桨片,小船随波漂荡。此时,只见长空茫茫,江水滔滔,少年聂荣臻缅怀屈原,追念先辈改革法度的壮志,不禁热血沸腾,遂以酒酹江,吟诵起《离骚》中的诗句:

不抚壮而弃秽兮,
何不改乎此度?
乘骐骥以驰骋兮,
来吾道夫先路!

他们一路在舟中小饮,一路议论时政。酒酣时,聂荣臻辞情激烈地说:"我辈要以报国为根本,为中华民族的崛起而建功立业。诸君将来再聚时,要有所成就方不负我们同窗之谊。"

1919年"五·四"爱国运动爆发。这股强大的历史潮流,迅速传遍全国,影响了中国一代激进的青年,也不可避免地滚滚来到江津县立中学。聂荣臻和同学们一起,游行集会,撒传单,贴标语。江津的大街小巷,到处都响起"外抗强权,内惩国贼"、"坚决抵制日货! 不买仇货! 不用仇货!"的口号声。

江津城地处长江边上,商业比较发达,商店里摆的几乎全是日本货,引起了学生们的强烈反感。江津县立中学和江津甲种农业学校的学生代表联合起来,积极开展抵制日货的行动。他们派代表分头去动员商店老板,不要贩卖日货。但结果是,大商店根本不理睬学生们的要求,一些小商贩也跟着观望。学生们被激怒了,忿而对几家销售日货的大商店进行了搜查,将查出的大批日货搬到"文昌宫"封存,同学们轮流看守,准备焚烧。学生们还派出代表,沿江巡逻,凡装有日货的船只不准靠岸。

几家大商店听说学生们要焚烧日货,着了慌,采取各种手段反抗,勾结江津军政首脑,妄图凭借武力压服学生。县长聂述文、驻军团长王天培召开学商两界代表会,江津中学的代表就有聂荣臻。王天培在会场周围布满荷枪实弹的士兵,企图压服学生。商人们要求赔偿经济损失,学生代表据理陈辞,寸步不让,坚决要求焚烧日货。双方相持不下,几经谈判,都没有解决问题。

6月末,《凡尔赛和约》正式签字的消息传来,同学们的愤怒情绪到达顶点,立即

抗战时期聂荣臻与日本孤女

集合，要上街游行。校长和学监百般阻挠，关上校门，不准学生上街。

在这对峙关头，聂荣臻和傅汝霖等进步学生鼓励同学们："不要怕！冲出去！"

学生们打开校门，200多人冲了出来，编成4路纵队，和甲种农业等学校的同学们一起，汇成声势浩大的队伍。游行队伍到达"文昌宫"，把封存的日货全部搬到江边，一把火统统烧毁。

显然，学校是再也待不下去了。此时的聂荣臻已经志存高远，他更大的目标是，到西方寻求救国救民的真理。而法国，正是当时中国激进学生勤工俭学的首选目的地。

1919年中秋节后的一天清晨，聂荣臻拜别父老乡亲，怀着实业救国的理想，告别了家乡。这一别，就是36年。直到1955年5月，他去四川视察军工厂时，才顺便回到江津县城。而此时，他的父母已经去世多年。

▶ 卢作孚"决战"宜昌 ◀

卢作孚缓缓走在宜昌街头，放眼之处，满目疮痍。这座小城，突然之间从各地撤退来了3万多人，达官、显贵、伤兵、难民、孤儿……将小城的每一个角落挤得熙熙攘攘。房屋早就住满，许多人露宿街头，行李满地。

码头区域更是让人震撼。近10万吨物资，密密匝匝地堆放在长江边等待西运，将数公里江岸拥塞得水泄不通。这些物资，全部是从华东和华中地区以及其他地方抢运过来的，几乎集中了全中国的兵器器材、航空器材、轻重工器材，甚至还有故宫的文物。一旦遭受损失，后果不堪设想。"这可是中国的命脉，国家仅存的一点元气呀！"想到这里，卢作孚心里透出一股凉意，不由自主地加快了脚步，朝民生公司的办公室走去。

这是1938年10月23日，民生实

卢作孚临危受命任交通部次长

业公司总经理卢作孚临危受命,乘飞机匆匆抵达宜昌,来组织实施这场事关国家命运的西迁——宜昌大撤退。

当时,国民政府已西迁重庆,距宜昌仅300公里的华中重镇武汉危在旦夕,大批人员和物资,冒着日本飞机的轰炸,从华北、华中以及更广阔的地区向重庆撤退。当时到重庆,山荒路险,少有公路,更没有铁路,唯一只有走长江水路。而宜昌以上的三峡航道狭窄,滩多浪急,有的地方仅容一船通过。1 500吨以上的轮船根本不能通行,所有从上海、南京、武汉来的大船,都必须在宜昌下船"换载",转乘能走峡江的专用船只,才可继续溯江进入重庆。因而,所有西撤的人员和物资,全部阻塞在素有"川鄂咽喉"之称的宜昌。

前有峡江阻隔,后有日军侵犯,中国的命脉,命悬一线。

卢作孚1893年出生于重庆合川一个贫寒的家庭。小学毕业即辍学,但他刻苦自学,博览群书,立志富国强民、实业救国。1926年6月10日,他在合川城一所破庙——药王庙内创办了民生实业公司。从一条仅70余吨的小客船开始艰难起步。几年后即一统川江航运,迫使外国航运势力退出长江上游。10年后,相继在上海、南京、武汉、宜昌等地设立分公司,成为长江航运的主力。

卢作孚大步流星地走进民生公司宜昌分公司办公室,严峻地大声说道:"所有船长、大副,以及公司管理人员、技术人员,开会。"然后匆匆朝会议室走去。

见总经理突然驾到,所有员工都怔了一下,纷纷放下手中的工作朝会议室奔去。

没有多余的过场,卢作孚开门见山:"现在滞留宜昌的有3万人员和近10万吨物资,按照民生公司目前的运力,要将这些人员和物资运往重庆,至少需

卢作孚旧居

要一年。但是,下游有日本人步步逼近,长江上游又只有40来天就会进入枯水期。"他顿了顿,环顾了一下会场,然后以无可商量的口气说道:"也就是说,无论如何,我们必须在40天之内完成宜昌大撤退!"

会场顿时发出"嗡嗡"的议论声。人们无法想象,怎么才能在40天内完成一年的运量。

"没有更多的时间给我们,我们必须制订出一个完善的、万无一失的计划来。"等大家议论了一会儿,卢作孚眼光如炬地盯着大家,继续说道,"今晚就得明确,哪些轮船可以参加运输?每艘船只每次可以运出多少人员和物资?每次往返需要多少天?……"

会议一开就是一个通宵。经过一个晚上的讨论和计算,一份周密的、详尽的运输计划出炉了。

第二天早上8点,码头上人头攒动、人声鼎沸。

"呜——"一艘轮船靠拢码头。卢作孚亲自到码头督战。两排跳板,通过趸船,在轮船与陆地间搭起来。一边,几百名孤儿、难童欢快地跑过跳板,登上轮船;另一边,数百名搬运工热火朝天地上货。当轮船开出之时,孩子们扒在栏杆上放声高歌,他们摇着小手向卢作孚告别,现场所有的人无不为之动容。

一切都按照卢作孚制定的运输方案,有序地进行。这个方案,创造性地采取了三段运输的办法——

宜昌至重庆逆流而上,至少需要4天,从重庆返回宜昌为顺水,只需要2天,来回一趟就是6天。为了缩短运载时间,将整个航程划分为三段,宜昌至三斗坪为第一段,三斗坪至万县为第二段,万县至重庆为第三段。根据每艘船的吃水深度和马力大小等,用一部分船只先将货物抢运至三斗坪,当即返回,再由公司调船转运至万县或长江沿线的其他小城;对重要物资和大型货物则由宜昌直接运至重庆,并在重庆满载出川抗日的士兵,再顺江而下。这样,就可以缩短航程,加快往返。保证每天有六七艘船离开宜昌,又有同样数量的船只回来。

为了尽快抢送难民难童,对客运舱实行"坐票制",将二等舱铺位一律改为坐票,这就可以增加一倍以上的客运量。

航行在川江上的民生轮

鉴于三峡航段滩多水急,不能夜航,就利用夜晚装卸,抢在白天航行。为了搬卸方便,在三峡航线增设码头和转运站,临时增加雇工3 000多人,同时征用民间木船850余只,运载或转运轻型物资。

卢作孚每天都要到宜昌各个码头,亲自了解船只航行状况,深夜还要到江边各个码头去检查装货情况。

1938年12月,江水低落,昔日喧闹的宜昌城完全安静下来。卢作孚独自一人在码头巡视,堆积如山的设备物资已经全部运走,人员也全部撤离,宜昌已成为一座空城。经过40天的决战,他明显更加消瘦了,满脸掩不住的倦意,但双眼仍然发亮。

在长江枯水期到来之时,卢作孚登上了最后一艘西撤的轮船,缓缓离开宜昌。宜昌大撤退奇迹般地胜利了。这次大撤退,后来被卢作孚的好友晏阳初比喻为"中国的敦刻尔克"。1939年元旦,卢作孚获得了国民政府颁发的一等一级奖章。

史迪威与中国战区往事

1942年初,席卷全球的二战烽火正酣,美国陆军中将约瑟夫·史迪威从美国出发,经印度加尔各答、德里,缅甸仰光、腊戌,中国昆明,于3月6日辗转抵达重庆。

史迪威此行,是受美国总统罗斯福的重托,前往中国战时首都重庆,担任盟军中国战区总司令蒋介石的参谋长,并兼任中缅印战区美军司令。为此,2月9日罗斯福亲自接见了他,并指示:"你的任务就是援助中国,调动中国的抗战实力,直到中国收复失地!"

史迪威1883年出生于美国

史迪威将军

佛罗里达州，1904年毕业于西点军校时刚好21岁。在42年的戎马生涯中，他战功卓著，荣升为美国陆军四星上将。之所以安排他来中国，一是因为有他的好朋友美国陆军参谋长乔治·马歇尔的举荐，更重要的是，史迪威曾经担任过美国驻华大使馆武官，四次来华的经历，其足迹遍及中国各省市，被美国军界称为"最精通中国和远东问题的军官"。

车队行驶在抗战生命线上

史迪威到达重庆后，蒋介石举办了盛大的欢迎仪式，并挑选了位于嘉陵江边李子坝的一栋别墅作为史迪威的官邸。3月8日正式任命他为中国战区参谋长，并授命其指挥入缅作战的中国远征军第五军、第六军。不久，史迪威和蒋介石在指挥权、隶属关系以及战略战术上开始出现分歧和矛盾。蒋介石的思路是，要用三个中国师对付一个日本师。如果日军发起进攻，则要用五个中国师去对付一个日本师。蒋介石命令史迪威稳妥行事，让日本人采取主动。只有当日本人的攻势停下来并开始后撤时，中国军队才能够发起反击。蒋介石警告史迪威，在任何情况下都不要集结部队，否则便会立刻被歼灭。但是，史迪威惯常用美军战术思想，主张用纵深防御战术，即部队要一个方阵接一个方阵地连续出击，距离不超过50公里。史迪威延续了美国的军事理论：强调进攻而不允许把部队化整为零，削弱其战斗力。史迪威是一位战术专家，对蒋介石有意放弃主动性感到特别生气，他在日记中写道："一头蠢驴！"并给中国战区总司令精心挑选了一个绰号："花生"。在美国口语中意指"无聊的人"。

1942年6月，美国政府决定将原属中国战区、驻守印度的美国第十航空队及美国派遣来华的A-29轻型轰炸机一队调往埃及，这对第一次缅甸战役失败后，用8个月时间抢修好才使用两年的滇缅公路（从缅甸仰光到昆明）被日军彻底切断，而失去唯一的西南国际通道的中国政府来说，无疑是雪上加霜，因此更加深了史迪威与蒋介石之间的矛盾，两人已从战略战术上的不同与争论，发展到对个人品行的相互诋毁与人身的恶毒攻击。蒋介石指责美国政府之所以援华物资不多、不及时,完全是史迪威工作不力造成,并称史迪威"言行无常,似有精神病状态";史迪威指责蒋介石是一个"顽固、无知、满脑子偏见和自负的暴君"。在此情况下,蒋介石第一次萌生"撤换史迪威"的念头,他命令在美国的宋子文与美国政府"重新协商参谋长的职权",同时希望美国方面"最好能主动召回史迪威"。

史迪威与蒋介石之间的矛盾,经中、美双方的种种斡旋,以及美国对华援助的增加、中美、中英不平等条约的废除等多种因素的钳制,暂时得到缓和。自此以后,史迪威倾其主要精力帮助训练中国军队,并提出了整编军队、清除无能高官、澄清指挥系统等建议。同时,为了恢复中国与国际社会的联系,他开始从新构筑一条陆上援华国际通道,以印度阿萨姆邦的利多小镇为起点,经过缅甸密支那,然后从云南腾冲进入中国境内,过龙陵、保山,再与原来的老滇缅公路相连,打通中国生命线。

对国民党军队内部进行改革整编,让蒋介石非常不满,而史迪威还超出意识形态的差异,坚持国、共两党共同抗日的方针,主张给予国、共双方军队以平行援助,并建议将国民党封锁陕甘宁边区的数十万嫡系部队用于抗日前线。为充分了解中国共产党及其领导下的抗日根据地的真实情况,史迪威还冲破层层阻力,向延安派出了以包瑞德上校为组长的、代号叫"迪克西使团"的美军驻延安观察组,从而开启了美国政府、美军方与中国共产党合作的先河。这些举措,从根本上否定了国民党所坚持的"融共反共"政策。因此,史迪威和蒋介石的矛盾进一步加深,并激化到了无法调和的程度。

1944年,国民党抗日正面战场的豫湘桂大溃败,美国政府要求蒋介石赋予史迪威全权指挥中国军队的权限,犹如导火索一般让累积两年多的种种矛盾得到总爆发,蒋介石坚决要求撤换史迪威。双方经过反复磋商、争论直至摊牌,最终美国政府在蒋介石强硬提出不撤换史迪威中美两国将无法合作的要挟下,从维护美国本身利益及其与国民政府的关系出发,于1944年10月19日致电蒋介石,同意召回史迪威,另委派魏德迈将军为中国战区参谋长。

话说滇缅公路在日军占领缅甸于1942年4月被切断后,中印公路自1942年11月轰轰烈烈地开始施工,中、印、缅、美等国20万余军民在作业条件十分恶劣的情况下奋勇筑路,要不断克服崇山峻岭、江河峡谷、丛林沼泽、暴雨山洪、酷暑病害等困难,有些路

史迪威将军

段还不得不在日军航空兵、炮兵轰击的条件下作业。经过两年零3个月艰苦卓绝的筑路战斗,以牺牲3万多人(不含前方作战阵亡将士)的高昂代价,终于在1945年1月全线正式通车。1月12日,皮克将军带领第一支113辆车队(包括重型载重卡车、吉普车和救护车)从利多出发。当车队15日到达缅甸密支那时被迫停了下来,直到23日最后一股日军被中、美军队清除后才继续前进。28日,车队通过中缅边境抵达中国,并于2月4日到达云南省会昆明,受到中国军民的热烈欢迎。

1945年1月28日,蒋介石在重庆两路口的中央广播电台,公开提出并正式命名:"念史迪威将军功绩,中印公路改称史迪威公路"。

然而此时此刻,史迪威将军已于1944年10月20日奉命离开重庆3个多月了。

当远在美国的史迪威将军听到这个消息后,真是百感交集。

▶ 江姐的爱情故事 ◀

"这就是老彭,中共重庆市委第一委员彭咏梧同志;这是江竹筠同志,新市区区委委员。"当新市区区委书记魏兴学分别介绍两人后,江竹筠(小说《红岩》中江姐的原型)满脸羞红,手足无措,呆呆地立在原地竟不知说什么好。她没有想到,会以这样一种方式,这样一个身份和这位重庆地下党响当当的人物见面。

倒是彭咏梧显得大方,热情地伸出右手:"你好,江竹筠同志,今后就要委屈你了。"

"你好,彭咏梧同志。"江竹筠机械地应和着,也伸出右手。当彭咏梧那双大手热烈地握住她,她顿时感觉一股暖流传遍全身。

江竹筠赶紧镇了镇神,偷偷打量了一下眼前这个男人:浓眉阔额、方脸厚唇,敦厚中透出一股儒雅之气,一看就是值得信赖的人。"这就是我以后的'丈夫',也是

江姐照

我配合的领导。两种截然不同的身份,我将如何与他相处呢?"她想。

1943年5月,在成都工作的江竹筠接到了组织安排的一项特殊任务:回重庆与中共重庆市委第一委员彭咏梧假扮夫妻,以掩护地下党开展工作。

就这样,这对以前从没见过面的革命同志,此后,将要以"夫妻"的名义,长期共处一室。白天,他们要像真夫妻一样,相亲相爱,不能让周围群众和特务看出破绽;晚上,他们虽同处一室,却要坚守革命同志之间的礼仪。这项任务,对于年仅23岁,还没有结婚的江竹筠来说,比领导一次武装起义还要艰巨。

江竹筠是那种为了革命可以舍弃一切的人,她很快便进入了角色,像一位正式的"太太"那样,每天早上提着菜篮子,到市场上买回各种食品,合理搭配营养,然后弄给自己的"男人"吃。晚上彭咏梧工作太晚,她会将亲手熬的莲米汤或银耳汤送到他的桌上。经过这么悉心的一段时间调理,彭咏梧之前患的严重肺病竟然好了,原来苍白的脸色也红润起来。邻居们经常看到这对"夫妻"手挽手,有说有笑一起出去散步。"真是一对恩爱的小夫妻!"他们由衷地赞叹。

这样长期朝夕相处,江竹筠对彭咏梧产生了一种特殊的感情。她依赖她的四哥(在私人场合,江竹筠叫彭咏梧"四哥"),她迷恋这个家,她分不清她现在所拥有的,是现实还是幻想。但理智又时常提醒她,这只是工作,何况,彭咏梧在老家云阳还有一个妻子和儿子。她不愿意去想,也想不明白这么复杂的感情,只好努力地工作。然而,工作和生活哪里分得开呢?

彭咏梧也在备受着煎熬。这位"妻子"无微不至的照顾,让他工作起来充满干劲,他喜欢这种家的感觉。但是,每当他心安理得地接受"妻子"的关怀时,内心便会升起一种深深的自责:我是有妻室的人呀,我欠妻子和儿子太多了。

一种莫名的情愫在两人心底悄悄滋生,但是,谁都没有捅破感情上的最后一层薄纸。

1944年春天,江竹筠发现有特务跟踪自己。党组织为了保障市委机关的安全,将她转移到成都,安排考入四川大学。

江姐一家人合影

暂时的分别,让江竹筠和彭咏梧都有机会静下心来清理自己的感情。但是,经过将近一年的共同生活,两人都已深深地烙进了对方心灵深处。此时的分别,让这种感情如熊熊的烈火,即将燃烧,两人却不得不将它扑灭,压在心底。

这种情感的折磨很快就结束了。鉴于工作的需要,组织批准江竹筠与彭咏梧结婚,组成正式的家庭!

1945年暑假,江竹筠回到重庆,终于见到了分别半年的"四哥",两人激动万分,百般恩爱。蜜月很快过去了,8月下旬,江竹筠带着对丈夫的深深眷恋回到成都继续学习。这时,她收到一份意外的礼物——她怀孕了。

第二年4月,江竹筠被同学找了一辆黄包车送到华西医科大学协和医院妇产科。却被医生诊断为难产,需要动手术。这时,江竹筠做出了一个大胆的决定:做剖腹产手术的同时,一并做绝育手术。她做这个决定,完全是考虑到革命工作的需要,没有与彭咏梧商量。当时地下斗争形势残酷,她和彭咏梧时刻都处于生死边缘,哪有条件去生儿育女!

半个月后,当彭咏梧风尘仆仆赶到成都,得知妻子做了绝育手术,虽然难过,却对妻子的做法充满了理解。当时孩子还未取名,彭咏梧想了想,说:"孩子是云阳人,又出生在这风云变幻的年代,就叫彭云吧!"

彭咏梧不能久留,很快回了重庆。1946年7月中旬,江竹筠带着出生才三个月的小彭云,也回到了重庆。现在,他们终于有了一个正式的、完整的家了。

1947年秋,中共川东临委决定由川东临委委员彭咏梧去下川东地区,在"抗捐、抗丁、抗粮"三抗基础上,组织武装斗争,江竹筠一同前往协助工作,担任川东临委与下川东地工委的联络员。夫妻俩愉快地接受了这一艰巨的任务。

小彭云如何安排,却成了夫妻俩心头的痛。经过反复思考,江竹筠决定暂时将小彭云寄养在好友王珍如那里。临别,夫妇俩急匆匆地到附近街上的店铺给彭云买了件美军毛毯改制的儿童大衣和一顶小军帽。但由于衣服太小,江竹筠又急忙赶到店铺,换回一件同样的儿童大衣。夫妻俩亲手给彭云穿戴好衣帽后,带着彭云到千秋相馆照了一张合影。这张照片,也是他们一家唯一的合影。

11月底,彭咏梧和江竹筠离开重庆,踏上了到下川东组织武装起义的征程。这次分别,竟然是彭咏梧与儿子彭云的永诀。第二年元月,彭咏梧率领游击队在奉节、巫山交界地突围时,为了掩护同志壮烈牺牲。

此时,江竹筠刚回重庆汇报了工作,带领几名准备补充到游击队的干部在云阳董家坝彭咏梧外婆家等待和接头人见面。当彭咏梧牺牲的消息传来,她犹如万箭穿心,几欲昏倒。

但她强忍着内心的悲痛,继续投入到革命工作中。1948年6月14日,由于叛徒的出卖,江竹筠不幸被捕,6月15日,特务将她由万县押往重庆,关押在渣滓洞看守所。1949年11月14日,被特务秘密杀害于歌乐山电台岚垭。

中国名城掌故丛书

● **重庆掌故**
Chongqing Zhanggu

民间故事

廪君的传说

巴人最早的祖先叫廪君。为什么叫他廪君呢？廪，仓廪，储存粮食的库房，即是老百姓的衣食父母。

相传很久很久以前，位于湖北清江流域的武落钟离山崩裂，出现了两个石洞。一个红得如丹，一个黑得如漆。从红色洞中出来的人姓巴，他们的头领叫务相。从黑色洞中出来的人，总共有四个姓：瞫氏、樊氏、相氏、郑氏。这五个姓氏的人在生活中各自为政，谁也不服从谁，因而常常发生争执和殴斗。由于这种群龙无首的局面对大家都没有好处，于是他们便约定要选出一个有武力有智慧又能服众的首领。竞选的方法是，谁能把长矛扎在洞壁上，谁就做廪君。瞫、樊、相、郑的人谁也没扎住，只有务相用矛扎进了洞壁，而且矛上还能挂住剑。那四个姓氏的人，还是不服，他们用土做船，在船身上雕刻绘画，然后约定说，如果谁做的船能浮在水面上，就可做廪君。还是唯独务相做的船能浮在水上。于是所有五个姓氏的人都心悦诚服，一致拥戴务相作为廪君。

务相乘着他做的土船，带领他的部众，顺夷水（清江）而下，要告别世代的洞穴生涯，到新的地域去开拓未来。他们来到了盐阳这个地方。这儿的女神对廪君说："我们这个地方鱼、盐都有，土地广大，我愿跟您一块儿生活，你就不要再走了吧。"廪君说："我作为一国之君，要替大家寻找能生产粮食的土地，我不能停止。"女神便用温情来感化他，夜晚便同廪君一块儿睡觉，早晨就变成了飞虫轻轻离去。各种神灵都跟着这盐水女神。它们飞舞起来遮蔽了太阳，让廪君举步维艰。他想打击盐神，却没办法分辨目标，也不知天地

传说中的巴祖廪君

和方向,像这种情形持续了十天。后来,廪君想了一个办法,就把一丝青线送给盐神,并对她说:"你缠上这个,如果适合你,我就与你一块儿生活;不适合的话,我就要离开你。"于是盐神接过去缠在了自己身上。廪君到了一块带花纹的石头上,望着飞虫胸上有青线的,就跪在石上射它,一下子就射中了盐神。盐神死了,天也就开朗了。

廪君又带领他的部众乘上船,下行到了夷城这个地方。那儿石岸曲折,泉水也弯弯曲曲,远远看去像大洞穴似的。廪君感叹说:"我刚从洞子中出来,现在又进洞子里生活,这可怎么办呢?"话音刚落,河岸马上就崩塌了,宽有三丈多,而且一个台阶接着一个台阶的。廪君登了上去,岸上高处有平坦的石头,长二丈,阔五尺,面积有一丈。廪君在上面休息,拈阄测算,结果都说要建城。于是,他就在这石头旁边带领大伙儿建立起城镇,并同他的部众在这里生息下来。

廪君死后,他的魂魄化为白虎。

一代又一代的巴人,以白虎为图腾就是为了纪念这个顶天立地,英勇智慧,给他们带来福祉的祖先——廪君。

▶ 巫山神女 ◀

瑶姬,是王母娘娘的第 23 个女儿,她心地纯洁,美丽动人。王母娘娘特别疼爱,把她视做掌上明珠。瑶姬活泼好动,心眼多,脑筋灵,就像云中的大雁一样关不住。她嫌家里闷,常常一个人悄悄出门,去瑶池赏荷花,或攀蟠桃树摘星星。有时候,还偷偷在天河戏水。母亲拿她没法。

有一天,王母娘娘心烦出来散心,恰好碰上瑶姬正在拨开白云朝下望。王母娘娘一见,气得火冒三丈,对她说道:"你在天宫有吃有穿,享不尽的荣华富贵,还不满足?莫非想去人间受苦。"

而女儿却说，再苦又怎样？可自由呀，就像这蓝天飞翔的白鹤。一副桀骜不驯的样子。王母娘娘更是气愤，心想，这"女大不中留"，干脆就将计就计，让她下凡，去东海龙王处走一遭吧。

东海龙王早就打过瑶姬的主意，也向王母娘娘求过婚姻之事。只是当时瑶姬还小，没有说定。眼下见她来做客，便格外殷勤。龙宫里，让人眼花缭乱和幽静的景色让瑶姬感到既好奇又胆怯。丰盛的宴席上，只有他们两个，瑶姬的心里怦怦直跳。东海龙王暗暗靠拢她，色迷迷地说："我们是天生的一对儿。你母亲让你来，不就是为这桩婚事吗？"

瑶姬一听，顿时感到中了圈套，一气之下，离开了龙宫，连天上也不回去了，直奔人间。她来到巫山下，见百姓扶老携幼，哭哭啼啼往外逃难。她正想上前打听，忽见上空乌云滚滚，有十二条孽龙正在兴风作浪。雷声震天，山洪暴发，房倒屋塌……瑶姬心想：这不都是东海龙王的属下吗？

于是瑶姬赶紧驾云，靠近那些孽龙，好言相劝，叫它们潜回东海里去，别做坏事。

孽龙说："黄毛丫头，别多嘴！碍你什么事？"接着，闹腾得更凶了。

瑶姬忍无可忍，于是从头上拔下了一支碧玉簪，朝着十二条孽龙一挥，一道闪光之后，立刻风停雨住，云散天开，十二条孽龙全死了，坠落到地上。

可是孽龙死后还害人，它们的尸体变成了十二座高山，挡住东去的江水，这里便成了一片海洋。百姓们还是不能安居乐业。瑶姬看到百姓受苦，不忍离开他们，也就留了下来。

又过了好多年，大禹到这里来劈山开峡，瑶姬知道了，便交给他一本《黄绫宝卷》，教他用锤、钎凿石，造车、船运土。大禹在她的帮助下，带领众人凿石运土，几年后，三峡开通了，江水流进了大海。百姓安居乐业了，瑶姬也心情舒畅了。

再后来，瑶姬暗慕楚襄王，于是他们私下相会。襄王见到瑶姬

巫山神女峰

巫山神女

后，被她的美貌倾倒，除了深表相见恨晚之情外，屡诉衷肠要与瑶姬永结连理。然而仙凡阻隔，怎么能如愿以偿呢？襄王返宫后对神女仍念念不忘，瑶姬为了安慰他那一片痴情，于是在梦中与襄王结合后，赠给他一个玉佩，含泪而别。然而襄王情丝难断，想踏遍巫山再觅佳人，神女不忍心看他那副痴情，于是再现法相，并告诉襄王前缘已逝，勉励他收拾情心，为了百姓生计专心社稷大业。

再说，王母娘娘知道瑶姬自毁了龙王亲事，杀了孽龙，并与楚王交媾之事，又气又疼。于是，把天上全部女儿找到跟前，要她们去把小闺女找回来。

22个姑娘便腾云驾雾来到巫山，找到了瑶姬并转告了母亲的心思。可瑶姬说："我也想妈妈。但我不能回去，我离不开这儿的百姓。"

姐姐们埋怨说："人往高处走，水向低处流。你为什么偏要待在这荒山野地呢？"

瑶姬说："姐姐，现在百姓正在受苦，我不能忍心走开不管呀！……"

大姐狡黠地打断妹妹的话："得了吧，你是在留恋楚襄王吧？"

瑶姬的脸上飞过一朵红云："那件事已成历史。我当真是担心穷苦百姓，你们看……"边说边指着远处田里干枯的禾苗、一群奄奄一息的病人及几位正被虎豹追赶的平民……她赶紧抓了把泥沙撒过去。泥沙变成了几十支箭，把虎豹射死了；瑶姬又从头上拔下几根头发，撒在几位病者的面前，头发立刻变成了起死回生的灵芝草，救了他们的命；望着天旱的田土，瑶姬难过得哭了，她流下的眼泪，顿时变成了雨，哗啦啦，禾苗得了雨水，田里又是一片青绿。

姐姐们看得眉开眼笑，便纷纷议论起来：有的觉得应该帮助百姓，愿意陪着瑶姬留下来；也有的离不开妈妈。瑶姬数了数，一边十一个，正好是对半。于是大家高高兴兴地分手了。留下来的是翠屏、朝云、松峦、集仙、聚鹤、净坛、上升、起云、飞凤、圣泉、登龙和瑶姬自己——她们便是而今的巫山十二峰。

而那紧挨着长江、耸入蓝天的是神女峰。那峰顶上有一个俊秀美丽的影子，若隐若现，像石头又像美女，飘浮于天地人间，那就是神女瑶姬。

呼归石

相传很久以前,重庆发大水,天连水、水连天,一片汪洋。庄稼淹没了,房屋冲塌了。躲在山顶的人们日夜呼救,苦苦哀告天帝祈求斥退洪水,可天帝无动于衷。百姓的苦难终于感动了一位名字叫鲧的天神。他在鸱鸟和神龟的帮助下,赶退了洪水,拯救了百姓。

可天帝知道这件事后,命令侍臣杀死了鲧。大地又是洪水一片。鲧虽被残暴的天帝害死了,但他那颗正义爱民的心却没有冷却,变成了他的儿子——大禹。

大禹从天上降临人间,到了江州(现在的重庆),又和涂山九尾狐的女奴相遇,二人情投意合,便结为了夫妻。

大禹结婚后的第四天,他来到凤凰山察看水情。水神又兴风作浪,长江浊浪排空。只见一位老人牵着一个小孩,步履艰难,小孩指着一株桃树喊道:"爷爷,我饿,给我摘几个桃子吧!"老者踉跄上前,刚爬上树,一个恶浪扑来,冲走了他们……大禹见此景象,心想,如此下去,将有多少人家被洪水吞没啊!于是立志要把天下的洪水导入大海。于是急速转身回家,对涂山女倾诉了自己的理想:"妻子啊,我要到很远的地方去疏通九河,你支持我吗?"

聪慧的涂山女点头答应却恋恋不舍地把大禹送下了山去,一直送到江边

朝天门外呼归石(夫归石)

沙滩上。只见大禹摇身一变,变成一条犀牛,头上长着一支独角,尖似利刃。然后沿江而上,戳坚石垒山,铲淤泥为土。

大禹走后,涂山女天天站在石坡下,望着大禹远去的方向,思念哭泣不止……

光阴荏苒,大禹治水一去就是三年。这天已是黄昏,大禹回到涂山脚下,远望家门,只见山洞里射出一道亮光。啊,妻子还在等着我哩!他正上岸启步,耳听得江水拍打山岩的巨响。回头一看,上游疏通了的地方,流水欢畅;但下游的洪水仍然遮天蔽日。大禹心中一颤:河未全疏通,我怎么能回家呢?于是,他又变成犀牛,跳入滚滚洪水之中。

大禹刚刚一走,涂山女顿觉好生奇怪:怎么啦,那咆哮的江水竟变得如此平静?她飞步跑出洞口,站在山坡上眺望,只见一头犀牛正在下游戳石。她明白了:这就是她的丈夫!于是她站上江边的石头上,深情呼喊:"禹呀!快归来吧!"

又过三年之后,大禹将长江的洪水完全疏通治平。然后怀着喜悦的心情,第二次回到涂山脚下,只见穴洞里仍然亮着灯光,还听见思念的歌声。大禹情不自禁地加快了脚步。可是,当他走近自己家门口时,一阵阵山风吹来,对大禹说:"大禹呀,你可知道?你治水的事情传到了天庭,天帝指令山精水怪搬来一座巫山,又把长江堵塞了,快去疏通吧!"

大禹折过身来,毫不犹豫地又离家而去。

涂山女听见洞外传来熟悉的脚步声,急忙出门探望。脚步声已变成了拱山穿岩的巨响。涂山女又跑到她前次呼喊大禹的地方。那坡石头比原先更高了,原来涂山女思念大禹的深情感动了龙王,龙王派神龟蹲在那里,好让涂山女登高远望。

一天,涂山女像往常一样,站在坡上,手搭凉棚,瞪大眼睛远望江流,思念丈夫:禹呀,长江已经畅通,你早该回来了。突然见远远走过来一人。高高的个子,宽宽的肩膀,瘦瘦的脸膛,两道浓黑的剑眉下,闪动着一对智慧的眼睛。啊!这不是别人,正是她的大禹!涂山女喜出望外,拉着大禹说:"终于把你等回来了,我们回家吧!"

大禹治水

"不行啊,还有汾河、渭河、淮河呢!"

"你手都磨出厚厚老茧,太劳累了。"

"我的身体不是很结实吗?"

"你的衣服也该补一补,草鞋也该换一双了。"

"唉,时间宝贵啊!"大禹抚摸着妻子的肩膀,"天下洪水不平,我不能回家……"大禹安慰妻子几句,便又转身走了。

涂山女追赶丈夫,却渐渐看不见他的影子了。她伫立在江边,又见江心闪现出一头破浪前进的犀牛。涂山女高声呼喊:"禹呀,我就站在这里等你一辈子!"

真的,涂山女等呀等呀,等了九百九十九天,天天呼喊着:"禹啊,你归来呀!"日久天长,涂山女化为江边的一块石头。石头上至今还留下斑斑花纹,仿佛她长长的头发飘洒在江中。浪花簇拥着她的身躯。

在那儿,永远回荡着一曲爱情的挽歌"禹——归——来"啊……

杨柳街的故事

话说张献忠带领他的农民军,在通远门炸开一个墙角后,便潮水般涌进了重庆城。士兵们挥舞着"只杀贪官,不扰庶民"的旗帜,一边追剿明军残勇,一边安抚百姓。可是市民受官府的宣传太深:认定张献忠是杀人狂,十恶不赦。所以只有选择逃亡。于是通往佛图关的土路上,奔逃着携儿带女如惊弓之鸟的难民……

在慌乱的人群中,张献忠突然看见一个年轻妇人,背上背着一个孩子,手上还牵着一个小孩在匆匆奔跑。手上牵的那小孩不过四五岁,而背上背的男孩至少也八九岁了。他下意识地觉得很奇怪:怎么这个女人背着大的而牵着小的呢?小孩哭嚷着,边跑边抹着眼泪。妇女不理

逃难路上遇到张献忠

睬他,只是急着赶自己的路。

张献忠在心里骂道:"他娘的,这四川女人怎么这么狠!"于是便赶在那年轻妇人前面,下马来想问个究竟。

张献忠大步流星走上前去,双手一恭:"大姐,打扰了。"

年轻妇人感到手脚无措,心想这么个大男人来找我干什么?她垂下眼帘,下意识地将两个孩子紧紧抱在怀里。

"大姐,这两个小娃是你什么人?"张献忠问

"军爷,他们是小妇人的娃儿。"妇女带着颤音说。

"都是你娃儿?"

年轻妇人点头。

"都是你娃儿,为啥不背小的而背大的呢?"

"军爷,这小的是我亲生的。这大的是我丈夫前妻生的,在这兵荒马乱之中,我怕丢了大儿,对不起丈夫死去的前妻……"

"啊!"张献忠这才恍然大悟。不禁油然顿生敬意。心里暗叹道:真是难得的妇道人家呀,重庆城竟有如此好心的人!于是继续问道:"你丈夫呢?怎么不来帮你?"

"他……到外地去了。"

"外面这么乱,你一个人带小娃出来做啥?"

"哎呀,军爷,你还不晓得吗,那张献忠杀进城来了。"

"大姐,那张献忠杀来又怎样?他是杀官府绅粮,你怕个啥?"

"不不。说他是杀神投胎,见人就杀。我们是出来逃命的……"

张献忠大笑起来。

"大姐,你见过张献忠吗?"张献忠问妇人。

少妇摇头。

"大姐你看,咱这样子像不像张献忠?"

少妇难为情地抬起眼睛,瞥了一眼面前这个长长髯须、一脸英武刚毅的高大男人,迅速垂下目光,摇了摇头。

副官王尚义上前插话道:"大姐,他就是张献忠。咱们义军的大王!"

张献忠再次哈哈大笑起来……

少妇一下给惊呆了,"咚!"的

一下双腿跪在了地上。

"大王开恩,小妇人冒犯了……"

"大姐,见外了。"张献忠将她扶起。"咱老张也是平民百姓。朝廷欺人太甚,才起来造反。咱只杀官府、绅粮。天下百姓都是咱亲人绝不伤害!你们娘母三人,不要再逃了,还是回城去吧!"

少妇心里拿不定主意。心想这炎凉世态,谁知道这些话是假是真?于是拱手道谢后,称下乡看亲戚,于是打算转身离去。

突然有人拍马来报。

"大王,有几个兄弟遭毒死了!"

张献忠大惊:"怎么个毒死的?"

"大家渴了,去喝井里的水。接着就肚子疼、口鼻来血……"

站在一旁的少妇转身来对张献忠说道:"大王,官府逃跑的时候,叫人把水井都填了。来不及填的就放了毒药,还倒了垃圾粪便。你们可千万别吃呀!大王,若不嫌弃,你们到我家去吧。我后屋有口井,可去解解渴。"

当张献忠及其官兵喝上少妇家的井水后,个个连声赞叹。

张献忠旋即叫护卫拿出两锭银子,亲自送到少妇跟前。

少妇急忙推辞道:"不,不。大王,一点小事,不必计较……"

"得人滴水之恩,须当涌泉而报,大姐解我燃眉之急,理当厚谢!"说罢,将银两按在少妇手上。两手一拱:"告辞了!"于是起身欲踏鞍上马。

少妇急忙又赶上前来,将银子捧到张献忠马前:"大王,小妇人不愿图这重赏……"

张献忠纳闷:"大姐,我张献忠闯荡江湖,讲的是情义二字。不能白受别人恩德呀?"

"大王,我不图这银两……只求这乱世中一家人平安……"她打住话头,不好意思直白地说心里话。

张献忠似乎明白了她的心意,于是说道:"大姐,放心。有张献忠在,一定保障你家平安。银子你就收下吧!"

他见少妇表情还有几分狐疑,于是朝四周瞧了瞧:满眼是摇曳多姿的柳条,便一下拔出腰间的佩剑,对准柳树,"嚓!"的一声砍下一枝条柳,将它插在了这少妇的家门上,转身向身边的人吼道:"传令各营,门上插柳枝的人家,谁敢骚扰,立斩不怠!"

左右皆答:"是!"

"大姐,习武之人,信义如山,绝无戏言!"

少妇见张献忠这番仗义,不禁向张献忠深深鞠了一躬:"谢大王!"

左邻右舍的人打听到少妇的这番经历,于是纷纷仿效,也在自家门上插上了柳枝。

果然，在张献忠占领重庆城的日子里，凡在家门上插有杨柳枝的住家都平平安安，农民军秋毫无犯。

后来，人们为了纪念这位少妇的美德及杨柳枝给他们带来的平安，于是将这条街取名为"杨柳街"。这个街名一直沿袭了近三百年。直到1937年以后，国民政府才将它同桂花街、三教堂、油市街合并，改名为现在的"中华路"。

珊瑚女

有一位青年叫大成，是重庆人。父亲孝顺正直，英年早逝。弟弟叫二成，年纪尚小。

大成的妻子陈珊瑚性情贤淑，谨慎而孝道；而她那守寡的婆婆沈氏却强悍乖张，对她百般挑刺，常常迁怒于她。大成却是个懦弱的孝子，明知妻子受气还是顺从母意，反倒还责怪妻子甚至殴打妻子。这种日子愈演愈烈，最后大成终于休妻并遣送其回娘家。

珊瑚被休后，曾一度欲自杀被劝阻。后来被送到大成的婶母王氏家寄居。沈氏知道后，经常前来谴责和讥骂王氏，王氏也毫不相让，大骂沈氏不仁不义。夹在这狭缝中的珊瑚不愿连累王氏，又投奔到大成的姨母于温家寄居。于温家只有一个寡媳和一个小孙子，待珊瑚亲如婆媳。

沈氏想给大成再谋婚事，但乡里人了解沈氏的脾气和为人，女方都不愿意嫁到他家。

后来，二成长大后，娶了个悍妇臧氏。凶悍超过沈氏。她驱使婆婆就像叫唤婢女。沈氏反倒畏惧了，对臧氏低声下气。大成、二成也束手无策。沈氏怄气患病，于温得知后前来看望她（她们是姊妹）。于温的儿媳也天天送美食来——这些都是珊瑚做的。于温

道出真情后,沈氏才后悔自责,思念珊瑚。于是,沈氏和珊瑚言归于好。

后来,两兄弟分家了。大成把良田全让给了弟弟后,弟富兄穷的现象日益明显。但珊瑚与大成男耕女织,虽然家穷但一家人和睦。而臧氏仍隔院指桑骂槐,还暴虐逼使奴婢自杀,被告到了官府。二成将田产全卖给任翁,让大成去签署田契。大成之父投梦给任翁,告之二成夫妇是"逆子悍妇不足怜惜",并让大成到紫薇树下取地窖藏金赎回了田产。臧氏得知有金窖,先去发窖,却尽是砖块;而珊瑚去看,砖块又都变成了白银。大成将白银与二成对半分配。可二成将钱背回家去后又变成了砖块。臧氏怀疑大成在欺骗,又来闹事。大成又将自己的银子全给了弟弟还债。而债主又告是伪金。二成又将田券交债主自卖,扣除债款后返回二成的银子仍大半是铜。臧氏令二成将伪金送兄以试探,结果又变成了真银。大成用此银去赎回了田产。臧氏又来闹事,珊瑚将换回的田券全部付与臧姑。

当夜亡父托梦谴责二成"不孝不悌",臧姑却嗤笑二成信梦。直到她的两子暴死才恐惧而悔过。后将田券送归大成,从此改恶向善,孝母敬嫂。大成的三个儿子两个中了进士,人皆说,孝悌终有善报。

(摘自蒲松龄《聊斋志异》)

巴渝灵异传说

渝州滩

位于重庆城西南方向三十里,即江津往东北沿江八十里的地方有一个大石滩,与岷江汇流,波浪翻腾,时止时发;水流险恶,经常酿成船翻之祸。有一个古老的传说:说是以前有个叫和来的巴州刺史,有一天船行至此滩时,不幸船翻人亡。和来的女儿及大儿子,每逢路过,怅然悲痛。和来的女儿有两个儿子,年龄都很小。有一次,和来女将家里的金珠为两个

儿子做了锦囊并系在了他们颈上后，于是自己便悄悄离家而去。乘船到了父亲遇难之处，呼了一声："父亲，我来了！"接着跃身跳入江中。六天以后，她给哥哥投梦说："二十一天后，我和父亲一起自江面而出。"她的哥哥如约并派人守护在江面上。二十一天过后，果然他妹妹及父亲浮出了江面。

现在还有个石碑立在这石滩之旁，作为纪念。

巴人伐木

很久以前，巴人有个习惯喜欢砍伐树木来做板材。唐朝开元年间，有一百多个巴人从褒中到太白庙沿线一带随山砍伐森林。太白庙前有百余棵松树，各自有数十围之大。巴人惊喜道："这是老天在赏赐我们！"于是准备停当，大砍大伐。在砍倒了二十多棵松树之后，有个戴帽子拄拐杖的老人对他们说："它们是神树，为何要砍伐？"开始巴人都不理他，仍砍树不停。

于是老人又说："我是太白神。已砍倒的就算了，还未砍的就不要再砍了。"巴人还是不听。老人说："如果你们再不停止砍伐。就会丧命。这对你们没有好处。"这么说，也没有让巴人停工。

老人便登山呼喊："斑子！"突然，便先后来了几只老虎。一下子便把巴人撕碎了，仅有五六个人获免。神对他们说："你们几个表现稍好点就不杀了。赶快走吧。"

后来，那些被砍倒的树到了天宝末年都还尚存。

（摘自《太平广记》）

磁器口的"龙隐"传说

在所有关于沙坪坝区磁器口古镇的简介里，我们总能看到这样的文字：传说明朝初年建文帝朱允炆被迫削发为僧来渝，隐避于宝轮寺，此地由此曾改名为"龙隐镇"。在今天,通往嘉陵江边的巨大牌坊上,还书写着"龙隐门"三个大字。

口口相传的故事,给如今的旅游热门景点磁器口,增添了几分皇室的神秘色彩。磁器口和建文帝的渊源,到底有多深?

相传经过4年的"靖难之役"后,明成祖朱棣挥师杀入京师,建文帝朱允炆仓皇出逃,辗转四方。为躲避永乐皇帝的追杀,建文帝一路颠沛流离,最后从云南进入四川,到达重庆。

到达重庆郊外的建文帝不敢入城,便来到南泉一个山峰挖掘了一口井,修建了房子,从此准备隐居。而这座山峰,就是今天南泉的建文峰。

一日,建文帝到建文峰顶的水井打水,辛苦劳作后就歇下来小憩。梦中,他遇到一位仙翁,经其指点,得知西北处一湾江水碧绿,一座形如隐龙的山,山崖上有一方方正正的白岩巨石镇山,该是他修身之地。这地方给建文帝留下十分深刻的印象。梦醒后,他托人打听到,在重庆城溯嘉陵江上游30余里之处确有一个白岩镇。他还惊奇地发现:这和梦里所见一模一样。

择日,建文帝只身前往白岩镇,路经李子坝时,曾在三圣宫歇息,经过化龙桥时,有位年长的道长看到建文帝身后有条小金龙时隐时现地跟着,便认定他为真龙天子现身。于是,后人称这座桥为化龙桥,过桥的路叫龙隐路。

到了白岩镇,建文帝逗留在宝轮寺,终日过着以晨钟暮鼓相伴、参禅打坐入定的日子,每天吃的是粗茶淡饭,一待就是五年。正由于建文帝在这寺庙里隐居多年,后来这个宝轮寺就换了名字为龙隐寺,并在明宣德七年(1432年)和成化十一年(1482年)进行了两次规模宏大的修缮。据说,历经两次修缮后,在大雄宝殿里就隐藏着一对龙的身影。一条张口龙影射的是永乐皇帝,一条闭口龙影射的是建文帝;那条张口龙看上去耀武扬威,闭口龙却神似奈何。白岩镇,也因此渐渐被后人称为龙隐镇。

此地之所以曾被人称为龙

磁器口龙隐门

隐镇,在民间还有另一种说法。如果站在高处看,从如今的磁器口到童家桥、小龙坎、平顶山,看到的地形地貌宛若隐伏的一条巨龙。遇到大旱时期,嘉陵江石门段会现龙骨,就是恐龙化石,当江水上涨后,龙骨便消失不见。古人认为那是龙隐了身子,所以才称之为龙隐镇。

龙隐镇一直是嘉陵江上重要的水陆码头,为嘉陵江下游物资集散地。后来改名为磁器口,则是因为瓷器的缘故。1918年,地方商绅联合在青草坡创建新工艺制瓷的"蜀瓷厂",瓷器质地好,品种多,产品远销省内外。镇上瓷器业鼎盛时达70余家,瓷器在很长一段时间里成为龙隐镇的主要产业。后来,龙隐镇改为了瓷器口;再后来,因"瓷"字通"磁",便叫做了磁器口。因其千年不变的纯朴古风,让它成为江州古城的缩影和象征,并成为如今外地游客到重庆城区后必去的景点之一。

金竹寺的送信传说

"朝天门江边的石梯坎见不到底,一直通到金竹寺。"关于金竹寺的传说,在重庆历史上流传甚广。一个叫张老大的人,原本是从乡村出来的,在重庆城里做力夫,艰难度日,不觉过了20多年,仍一贫如洗,光棍一身。

追根溯源,张老大应当是山城棒棒军的开山鼻祖,一根扁担,两根绳子,出卖自己的力气为生。张老大还从事长途运输,偶尔替客商挑担送货到成都等地。

一次,张老大往成都送完货物后,住在一家小客栈里过夜,等待第二天返回重庆。晚间,来了一位衣衫破烂的老者,他央求众人替他捎一封信到重庆去,因为眼见老人很贫寒,大家都不答理他。张老大为人忠厚,一贯有惜老怜贫之心,他承诺了这个事情。

老者把信交给了他,一再叮咛:"这封信很重要,烦劳一定要把信交给长老本人!"信的地址写着:朝天门外金竹寺。看到金竹寺这个地名,张老大好生奇怪,自己在朝天门一带住了20多年,从来没有听说过这个地名。

老者对他说道:"金竹寺是个小寺,不大出名,不过一打听就会知道!"张老大晓行夜宿12天,经过了"三驿"、"六铺"、"八场"(成渝大道上的"三驿":龙泉驿、双凤驿、白市驿;"六铺":鸿门铺、大面铺、石盘铺、莲池铺、峰高铺、邮亭铺;"八场":贾家场、合兴场、球溪场、高楼场、大安场、狮子场、永兴场、函谷场),回到重庆,张老大记着给老者送信,在朝天门到处打听金竹寺,可是无人知道。一连几天，他跑遍了各个码头，也打听不到金竹寺，信也一直送不出去。

张老大是个诚信老实的人，信送不出去，他眉头紧皱，寝食不安。一天晚上，张老大坐在朝天门街口一家茶馆喝茶，正与人说着打听不到金竹寺这个地方的事。

忽然有人对他说道："那不是金竹寺的人吗！"

张老大抬头一看，只见街上走过来一个小和尚，手里提着一个灯笼，上面写着"金竹寺"三个大字。张老大急忙走上前去对小和尚说道："小师父是金竹寺的吗？我有信要送到你寺庙里！"

小和尚说道："好！请跟我来吧！"

小和尚带着张老大往朝天门码头下面走去，走完了石梯坎，来到江边。小和尚径直往江中走去，江水往两边排开露出一条青石板路，前面忽然出现一片茂密的竹林，竹林中掩映着一座寺院。那些竹子十分高大粗壮，黄澄澄金灿灿的，张老大看了十分喜爱。

进了寺院，张老大把信交给了长老，长老非常感激，坚持要送一点礼物给张老大以表谢意。张老大推辞不要，长老一再坚持要送。

见长老诚心要送，张老大就说道："我是下力的人，那给我一根竹子，能做一根扁担就行了！"

长老就让僧人砍了一截竹子送给张老大，小和尚又把张老大送出寺院。回到家里，时间已经是深夜，张老大倒头便睡。第二天醒来，张老大准备把那根竹子做成扁担，却发现竹子已经变成一根金棒。

关于金竹寺的龙门阵流传至今，有人说这个力夫其实叫刘诚，也有人说是叫老陈，还有人说送信的不是力夫，本身就是一个信差。曾经，还有行船两

传说中的金竹寺就在江心处

江的船工们,把嘉陵江口的一块礁石称为金竹寺。如今,这个传说连同一路向下走的石梯坎让人永远遐想。

青狮白象锁大江

佛教里素有"青狮献瑞,白象呈祥"的说法,象征祥瑞之地。传说在佛教法会上,释迦牟尼端坐在莲花台上向信徒讲经说法,左边侍文殊菩萨专司智慧,顶结五髻,手持宝剑,表示智慧锐利,一青狮表示智慧威武;右边侍普贤菩萨,骑一六牙白象,象征功德圆满。

在老一代的重庆人间,就流传着一个"青狮白象锁大江"的传说。

据说明清年间,重庆经济发达,文化繁荣。为锁住风水,就在长江两岸分别兴建有一座青狮、白象,镇河妖,保平安,锁财富。青狮与白象隔着两岸遥相对峙,保佑重庆风调雨顺。别以为传说只是传说。人们在如今的南滨路上确实还能看到一座青迹斑斑的石狮子,而青狮眼望的对岸,便是渝中区的白象街。

慈云寺就在重庆两江汇合处的对岸,所坐落的山就是涂山,正对着的就是长江和朝天门广场,筑于狮子山崖,在中国寺院建筑中别具一格。它原本是座观音庙,唐代时期就已建成,后经重新修葺扩建,又更名为慈云寺,是当时全国唯一的僧尼合庙的佛教寺院,香火极为旺盛。最富传奇色彩的还是那头俯卧在寺门前的青狮,传说因慈云寺地处于羊角滩下,门坎石上,河流水急滩险,风水不够好,于是就有了这头青狮,用来镇慑坏风水。同时,又与江对岸的渝中区白象街上的大白象遥相对峙。"青狮白象锁大江"由此得名。

稍懂一些重庆历史的人都知道,"十七座重庆城门,九开八闭。"望龙门和太平门两道古城门扼喉长江,远眺南山,城门之间就是这条背城临江的白象街。白象街得名于街

白象街

口有个白象池,白象池边有一尊汉白玉雕塑的白象。因此,便有了"青狮白象锁大江"的起源。

北宋年间,所谓的招贤馆就设在白象街;明代以来,白象街紧挨着巴县衙门、川东道台、重庆府署等一通通庙堂,旁边又是望龙门、太平门等临江码头,是最为繁华之地。自1891年重庆开埠后,洋人外商在长江北岸白象街一带设洋行;抗战之前,白象街在重庆甚至川东一带都是最豪华的街道。自到迁都之后,重庆人口猛增,喧嚣的闹市从商业街所在的下半城,转移到了以督邮街为中心的上半城,白象街这才日渐冷落。

盛况已逝,繁华不复,但"青狮白象锁大江"的传说依然流传于坊间里巷,威猛的青狮和龇牙的白象常常被重庆老人提起。另有一说,旧时重庆,江南江北,客商往还全赖舟楫,应为保客货安全而立此二石像。一南一北,隔江对峙。如今,青狮历经沧桑依然俯卧在慈云寺山门前,近年来重庆市政府也重新打造了"白象",让历史传说复活再现民间。

▶ 三塔不见面 ◀

重庆南岸有三座塔,传说是不能见面的,也就是站在其中一座塔上观望,是无法看见其他两座的。传说这三座塔镇压着一条火龙,分别压住火龙的头、身、尾;所谓三塔不见面,若是这三座塔见了面,火龙复活现世,便灾难降临,城区会因为江水猛涨,汛涝成灾,老百姓将受苦受难。

这个民间传说中的"三塔不见面",说的是南岸境内的三座宝塔:文峰塔、报恩塔和鹅卵石塔。

重庆人常常提到的文峰塔,主城区有两座。其中一座是江北塔子山的白塔,另一座是南岸文峰山的文峰塔。南岸的文峰塔,通高24米,全系用石砌成,虽也是呈六角七级楼阁式,因屹立山巅,更显气势。此塔建于清咸丰元年(1851年),至今已有161年历史。

报恩塔在南岸龙门浩莲花山麓的觉林寺中，建于乾隆二十二年（1757年）。旧时，龙门浩河岸石梁上还有一座高不过三尺，通体为鹅卵石垒砌成的宝塔，清开国之初便屹立于此，何人所造，语焉不详。

这三塔镇住的是一条怎样的"火龙"？传说，后羿射日时，并没有把第九个太阳九儿射掉，九儿被太阳之女所救并释放到凡间。九儿到了凡间就现出了他的真身：火龙。尽管火龙并无伤害人间之心，但因他自身为火，走到哪儿哪儿就有灾难。于是，火龙所到之处，人们就拼命地驱赶他。无奈之下，火龙只好逃往重庆藏身。重庆的人们自然又想将火龙赶走。

此时，有位出家人现身说道："若是将他赶往别处，他又会去危害别人，所以只能将他打入地下，以绝后患。"于是，人们齐心协力，把火龙打入在地下。火龙在地下也不安分守己，昂头摆尾，引得山川震荡、地裂石崩。这时出家人施展全身法力，搬来两座塔，将火龙的头尾压住。可功效并不大，听说必须再用一座塔压住其龙身，才能相安无事。人们便祈求上天，玉皇大帝遂派托塔天王李靖前往。李天王用手中之塔将火龙之身镇住，并在头塔和尾塔上施展了相应的法术，使三塔永不见面，重庆才从此恢复了平静。

野史说，清咸丰年间川东道台认为，自清以来，偌大一个重庆城竟无人金榜题名，为挽救文风，特地在江南山巅造七级宝塔一座。据传，南岸文峰塔落成后，每当正午日照中天时，江南之文峰塔与禹王庙侧的七级宝塔，双双倒映入大江之中，只见长江中两个塔尖相依天成，重庆文脉由此续接上了。江南三塔，所处地势，高低错落，尤其是那江梁上的鹅卵石塔，水涨塔消，水退塔现，三塔自然是不能见面的。

文峰塔

报恩塔

中国名城掌故丛书

● **重庆掌故**
Chongqing Zhanggu

社会民俗

川江号子

话说洋人立德乐驾驶"利川"号机器轮船,于1898年2月14日从宜昌出发,开始了机器船首次逆流穿越长江三峡直抵重庆朝天门码头的壮举。这是一次冒险之旅,奔腾万年的峡江,将第一次被机器轮船的轰鸣声打破宁静。

"利川"号经过千难万险,终于到达重庆云阳县境内。在兴隆滩前,一向勇猛精进的立德乐也犹豫了。这是一个因山崩而形成的乱石浅滩,一块巨石挡着主航道,两边滩涂水深仅四英尺(1.22米),曾损毁木船无数,长江上的老把式过往此处,无不提心吊胆,更何况"利川"轮的轮盘入水就有三英尺六寸(1.07米),加上航道弯弯拐拐,异常曲折,稍有不慎,必然船毁人亡。

经过反复探察现场,并聘请长期穿行于峡江的老船夫一起商量后,立德乐制定了一个万无一失的方案。他雇请了300名纤夫,分成三队,两队向前快速将轮船拉过险滩,一队在船的旁边准备,必要时使劲拽,使船横移,而不至于搁浅。同时,他雇请了当地有丰富经验的领江。经过研究,决定从巨石左边水路,借滩上的回水之力,直冲而上。

做好一切准备,随着一声令下,"利川"轮轰隆隆的机器声,伴随着300名纤夫齐声吼出的"川江号子",一起在峡谷中回响,震撼山野——

船过峡江呀,
人心寒!哟嗬也,嗬哟嗬嗬,

纤夫行走在川江上

最怕是兴隆滩呀,

鬼门关!嗨,哟嗨,

一声的号子,

我一身的汗!嗨,哟嗨,

一声的号子,

我一身的胆!嗨,哟嗨嗨,

三声号子又一滩,

我的连手,哟嗨也,嗨哟嗨嗨……

正当上滩之际,只听得"咔嚓"一声,往前拉的一根纤绳绷断,百来个川江纤夫顿时跌倒在地。大家顾不得身上的伤,立即奔向另外一根纤绳,蹬直了双脚,双手紧紧抠住岸边的岩石,吼着更为雄壮的号子,齐心协力,经过将近一刻钟的拼搏,终于将"利川"轮拉过险滩。

随着"利川"轮首航川江成功,长江航道上的机器轮船越来越多,木船越来越少,曾经响彻峡江两岸的川江号子,与木船一道,一步一步走向历史。

特别是解放后,新中国整治长江水道,炸毁了大批险滩、暗礁,机器船彻底取代木船,生产劳作中的川江号子渐成绝唱。

所谓川江号子,就是在举世闻名的长江三峡上,船工和纤夫们为了协调步伐、壮胆鼓气,发明的许多不朽的船工号子。从重庆至湖北宜昌之间660公里航道上,有阻碍航行的险滩311处,像青滩、泄滩、崆岭滩、兴隆滩等有名的"鬼门关"就有37处。在机器船进入三峡之前,木船要通过这些险滩,全靠船工和纤夫的人力,所以,统一动作和节奏就显得非常必要,这是川江号子诞生和发展的基础。

纤夫塑像

川江号子慷慨激昂,阳刚雄性,既是技术活又是艺术活,就像汽车的油门一样控制船只的行驶速度。根据江河的水势水性不同,明滩暗礁对行船存在的危险性,以及摇橹扳桡的劳动节奏,号子的节奏、音调、情绪也不同,如船行下水或平水时,要唱"莫哟号子"、"桡号子"、"二流摇橹号子"、"龙船号子"等,此类号子音调悠扬,节奏不快,适合扳桡的慢动作,也是船工在过滩、过礁的紧张劳动后,体力、精力上的劳逸调剂;闯滩时,得唱"懒大桡号子"、"起复桡号子"、"鸡啄米号子",此类号子音调雄壮激越,具有强烈的劳动节奏,适合闯滩时紧张激烈的场景;船行上水拉纤时,要唱"大斑鸠号子"、"幺二三号子"、"抓抓号子"、"蔫泡泡号子",此类号子一般旋律性强,拉纤时船工很累,为缓解紧张情绪、统一脚步和力点集中的需要而形成;过险滩时,要唱"绞船号子"、"交加号子",此类号子以激烈、雄壮的音调为特点。

对号子头的要求很高,既要熟悉传统号子调子,又要熟悉川江航道的情况,并且头脑灵光,能即兴创作,有的能连唱几天而不重复。从某种意义上说,号子头就像个行走江河的行吟诗人,他们大量运用赋、比、兴等手法,让旅程具有诗歌的意趣。

随着川江号子逐渐淡出川江航道,为了使这门艺术瑰宝不成绝唱,一批有识之士开始收集、整理川江号子,并致力于将其搬上舞台。老船工陈邦贵(已于2012年2月7日去世,享年95岁)就是其中之一。1987年,法国阿维尼翁艺术节"世界大河歌会"上,当年71岁的陈邦贵和同伴们演唱的川江号子,一炮走红,震惊了所有听众。热情的法国姑娘跑上台,给了陈邦贵一个热烈的拥抱。

2008年奥运会期间,川江号子从朝天门唱到了天安门。2010年上海世博会,川江号子从长江头唱到了长江尾。

川剧

民国四年(1915年)四月的一天,重庆江北城问津门旁鞭炮齐鸣、热闹非凡,重庆第一个川剧科班"普益社"正式开班。四五十个孩子,整齐有序地站列在"厂棚"内,听候班主训话。

班主名叫罗文江,是江北县的一位乡绅,资产颇丰,思想也比较开通。从清末开始,川戏就在川渝一带盛行,特别是重庆,更是川剧科班活动的重点区域,川南、川北的科班,要想闯出一片名声,无不以重庆为起点站和重要舞台。罗文江是一位资深川戏发烧友,不但积极参与"玩友"打唱活动,而且将一些剧本词句修改,编成零星成段的新唱词,供"玩友"们自娱自乐。

罗文江虽是江北县的乡绅,但他在城里也有自己的产业,在朝天门接圣街开了一家"阳春茶园",江北城汇川门外开了一家"汇江茶园",生意都不错。当年的"茶园",实际上就是一个简易的戏院,有舞台,有科班表演,茶客们一边欣赏戏剧一边品茶。

有感于活跃在重庆各大"茶园"的科班,全是外地组织培训的,重庆本土的一家也没有,罗文江决定组建本土第一家科班。于是,他在江北城问津门城墙内自建了一座捆绑瓦房作为厂棚,内设一个戏台,然后召集江北县四五十名贫苦儿童,招请一些川剧各行老角,于民国四年四月正式开班。每天闭门教习,就像一所学校。这些儿童有的是完全无依无靠的孤儿,有的是父母自愿送去学习的,全为男性,没有一个坤角儿。罗文江宣称创立"普益社"的宗旨是:"改良戏剧,救济贫苦子弟"。

不久,罗文江将"普益社"更名为"普益科班"。经过几个月的训练,"普益科班"便开始边学习边演出,正式设卖茶座,每天分为上、下两场。由于收费低廉,每天看客打拥堂。更有一些人,纯粹是为了看稀奇专程来捧场。

一年多后,科生中资质聪慧者脱颖而出,成为各种角色的优秀人才,生、旦、净、末、丑,都有演唱出色的。罗文江见时机已成熟,特地在江北城正街修建了一座新戏院,取名"重光茶楼"。面积虽不算大,但内部设备却一应俱全,绝不输于当时同类型的戏院。

茶园开业那天,就是"普益科班"正式对外公演之日。罗文江特地邀请了各机关团体的负责人,以及县官、驻军等前来捧场。演出大获成功,轰动一时。

然而天有不测风云,没过多久,罗文江便去世了。"普益科班"随之解散,所有学员自寻出路,分散到其他戏班,从此渐渐被人们遗忘。

"普益科班"虽然解散了,但罗文江所开的风气之先,却得以传承,以后重

川剧《上关拜寿》剧照

庆的科班逐渐多了起来。到后来，竟然形成川剧四大流派之一——"下川东派"。所谓川剧的四大流派，是依各种声腔流行地区和艺人师承关系的不同，以川西岷江、川南沱江、川北嘉陵江、川东长江等四条河道为中心而形成。一是"资阳河派"，主要在自贡及

充满诡异色彩的傩戏面具

内江地区各县市，以高腔为主，艺术风格最为谨严；二是"川北河派"，主要在南充及绵阳的部分地区，以唱弹戏为主，受秦腔影响较多；三是"下川东派"，主要在以重庆为中心的川东一带，特点是戏路杂，声腔多样化，受徽剧、汉剧影响较多；四是"川西派"，主要在以成都为中心的温江地区各县，以胡琴为主，形成独特的"坝调"。

川剧的角色与京剧大同小异，分生、旦、净、末、丑等，以生、旦、丑角戏居多。川剧的服装与脸谱与京剧也有相似之处。以明代服饰为基础，参照唐、宋、元、清的服饰制成一种统一式样，没有朝代、地域和季节的分别。

川剧在唱腔方面的最大特点是，由昆腔、高腔、胡琴、弹戏、灯戏等五种不同声腔组成，这在中国剧种中都是十分罕见的。

川剧还善于运用绝技塑造人物，烘托环境，营造气氛。变脸、藏刀、吐火、踢眼等杂技动作，配以川剧的服饰，在特定的剧情中展现，诡异、神奇而震撼。难怪一代天王刘德华也被深深吸引，拜在"变脸大师"彭登怀名下。

改革开放以后，包括川剧在内的传统戏剧逐渐式微，院团举步维艰，生存困难。但重庆川剧院在院长沈铁梅的带领下，在重庆独自撑起了传承川剧的大旗。沈铁梅被称为"川剧声腔女状元"、"川剧皇后"，2011年6月，她"三度探梅"成功，成为川剧历史上第一位，也是西部地区第一位三度获得有"中国戏剧奥斯卡"之称的"梅花奖"。梅花奖设立28年来，此前只有4人获此殊荣：京剧表演艺术家尚长荣、越剧表演艺术家茅威涛、话剧表演艺术家宋国锋以及河北梆子表演艺术家裴艳玲。

吊脚楼

李调元是清代著名的戏曲理论家和诗人，出生在四川罗江，与遂宁的张问陶（张船山）、眉山的彭端淑合称"四川三大才子"。

话说李调元某日来到一个小乡场。那乡场有一过街楼，楼上是旁边戏楼的耳房，楼下是一个小酒馆。李调元在小酒馆坐下来连喝了几碗酒，已有了几分醉意，便开始摇头晃脑吟诗作乐。

李调元的大名谁人不知？店主早就认出了他。店主也是一个读过几天私塾的人，粗通文墨，便有意和这位"蜀中才子"开个玩笑，于是对李调元说："我出一联，你若对上，则酒钱全免；若对不上，则双倍付钱，如何？"李调元正无聊之际，见有人主动过来陪自己玩，自然高兴，自负地说："请出。"店主指了指过街楼左右两边的路，说道："两头是路穿心店。"李调元愣了一下，没回豁过来，陷入了沉思。店主也不理会他，径直招呼客人去了。

李调元边想边饮，不知不觉间手中的酒碗已经空了，竟然还是没有对上。只见他满脸通红地站起身，把双倍酒钱放在桌子上，悻悻地出了酒馆。

来到场口，只见江边悬崖上，几根杉木和楠竹支撑着一间木楼，看似风雨飘摇实则异常坚固。此时，一阵江风吹过，李调元顿时头脑清醒，文思泉涌："三面临江吊脚楼。"一句佳联脱口而出。可惜为时已晚，李调元只有扼腕叹

吊脚楼

吊脚楼浮雕

息的份。他心疼的倒不是那几个酒钱,而是堂堂"川中名士",竟然在阴沟里翻了大船。

给李调元挽回点面子的吊脚楼,是一种很有特色的川东民居,尤其是山城重庆(重庆位于四川东部,直辖前属于四川省的地盘),由于"城是一座山,山是一座城"的特殊城市面貌,更是将吊脚楼发挥到极致,成了重庆一道奇异的风景。难怪,20世纪90年代重庆媒体评选"重庆十八怪"时,"房如积木顺山盖"竟位列榜首。

重庆城依山而建,长江、嘉陵江穿城而过,两江四岸,悬崖峭壁,人们"重屋累居",久而久之,竟形成一片片绝世独立、层层相叠的吊脚楼。著名作家张恨水在《说重庆》一书中,将重庆吊脚楼称为"世界上最奇怪的建筑";中国科学院院士、建筑大师齐康盛赞吊脚楼为"世界一绝"。

吊脚楼一般是穿斗结构或捆绑结构,随便拣几根木棒或者楠竹,背靠山壁、面朝大江捆扎在一起,铺上木板、盖上破瓦,能遮风挡雨就成了安身立命的家。如果是独自一间,远远望去,像是鸟笼,歪歪斜斜、晃晃荡荡,似乎风一吹就要倒下来。如果是一大片,则鳞次栉比、层层叠叠,互相依靠,似乎只要一分手,全都要倒下来。可是,就是这种风雨飘摇的吊脚楼,却年年抵抗洪水的侵袭、风雨的肆虐,依然顽强挺立,一如重庆人的意志。如果说四合院民居反映了北京人的大气和安稳,石库门建筑反映了上海人的精细和开放,那么,吊脚楼反映的则是重庆人的顽强精神和坚韧不拔。

吊脚楼总是嘎吱嘎吱叫,楼板总是闪悠闪悠晃。几匹亮瓦把天光透进屋里,使楼上显得既温馨又神秘。有的吊脚楼向江河一面挑出一个阳台,作为晾晒衣物、休息"打望"的场所,但那阳台极小,仅容一人侧身坐下。吊脚楼一般没有厕所,也没有厨房。家家门口摆一个柴灶或一个煤炉,下面垫上几块砖隔热,但依然十分危险。因此,重庆城的火灾特多。翻《重庆市志》的大事记,从清乾隆以来,到解放前夕,几乎是四五年就有一次特大火灾,一烧就烧掉半边城。1949年的"9·2"火灾,因一个老太婆失手,引燃了灶前的柴火,结果燃了几天几夜,把朝天门、东水门、千厮门一带化为灰烬!

如今,随着旧城的改造,传统的吊脚楼已经逐渐淡出人们的视野。仅存的吊脚楼在高楼大厦的缝隙里,就像看透世事的老人,似乎就要被时光的尘埃湮没。但不管社会如何变迁、城市如何发展,曾经为重庆人遮风挡雨的吊脚楼,依然是山城人集体记忆中无法抹去的精神符号。

▶ 巫文化 ◀

上古洪荒时期,天地混沌,民风未化,神、仙、巫、妖、人、鬼等共同生活在世界上。

在巫的故乡灵山,居住着巫咸、巫即、巫盼、巫彭、巫姑、巫真、巫礼、巫抵、巫谢、巫罗这十个当时最著名的大巫师,被称为"灵山十巫"。所谓"灵山",就是现在重庆的巫山地区。这灵山十巫个个巫术高明,不但精通占星术和占卜术,还通晓祈祷祭祀和迎神降仙的秘诀,有的甚至还对采卤制盐的技术深有

巫文化之傩戏表演

研究。

据说，灵山中有天梯可直达天庭，十巫经常从天梯上下，向下传达天神的旨意，向上通告民众的诉求，同时也通过天梯进入山中采药，为民众治病消灾。

这灵山十巫个个都大有来头。其

巫师的面具

中巫咸是皇帝的国师，又是帝尧的医师；巫即、巫抵、巫彭都是当时有名的神医；巫肦是巴人头领廪君的远祖；巫礼主要司职巫教中的祭祀礼仪；巫谢是巴人廪君部落中五姓之一；巫姑是"十巫"中唯一的一位女巫，相传她就是巫溪的盐水女神；巫真是巴子"五姓"中郑氏的始祖；巫罗为巴郡板楯蛮"七姓"之首罗姓，是后世巴族的酋长。

远古时期，有一位人面蛇身跑得最快的神人叫做贰负，性喜杀戮。他的臣子名叫危，同样性情凶残。一天，危无缘无故将蛇身人面的神兽窫窳杀死了。皇帝大怒，将危羁押起来，并命令十巫赶快救治窫窳。十巫领命之后，用不死的仙药竟然将窫窳救活了，变成了龙首。

这是有关巫的最早的传说和故事，从中可以看出，原始巫文化最早的发祥地，应该是在重庆的巫山地区。这一点，已经得到当世学者的论证和认可。

学者们还有一个共识是：人类文化来源于早期巫文化！

近代人类学家把对巫术的研究作为理解原始文化的主要途径，把巫文化当做原始文化的主导形态，并视之为宗教与科学最初发展的阶段。

作为原始文明的发蒙，巫是文学艺术、科学技术的最早源头，其中包括后来日益发展成熟的武术、体操、诗歌、戏剧、音乐、舞蹈、书法、美术、建筑、医药、天文、地理、语言、文字、数学、化学等。许多现代社会现象都可以在巫中找到古老的模糊的踪迹，比如占卜、星相、风水、跳神，等等。

巫文化的影响深远，至今在偏远山区和少数民族地区比较流行。比如羌族端公踩铧头：当有人患肚痛、腹胀等疾病时，端公将一铧头放在火塘中烧红，然后取出，赤脚踩上去跳舞，最后把脚踩在患者腹部，由下而上轻轻抚擦三次，患者的病立即痊愈，而端公却毫发无损；云南省屏边苗族自治县的巫师把烧得通红的铁犁头放在舌尖上舔，舌尖虽发出"吱吱"的灼伤声，巫师却安然无恙；重庆渝东南土家族称当地的巫师为梯玛,他们可以在烧红的炭火上自由行走而不灼伤足底……

巫的时代已经远去,但即便是今天生活在城市里的我们,也能在生活中随时找到它的遗痕:成语"小巫见大巫",方言"不落教"、"巫教得很",等等……

滑竿

1944年10月17日,沙坪坝南开中学内张灯结彩、热闹非凡,校友们从四面八方赶来,庆祝南开建校40周年,同时也为老校长张伯苓庆祝68岁寿辰。

张伯苓(1876—1951年)是天津人,中国现代著名的教育家,被誉为"南开之父"。他于1904年在天津创办南开中学,此后又建起了南开大学、南开女中、南开小学。到1937年以前,南开已形成了从小学、中学到大学的完整体系。"七七"事变后,南开被日军飞机炸成废墟,大学部先迁长沙,继迁昆明,与北大、清华合组成西南联大,张伯苓任校委会常委。1936年迫于抗战形势的紧要和南开学校的生存发展,张伯苓亲自到重庆,在沙坪坝先后购得800余亩土地,创办了重庆南开中学。

张伯苓提倡教育救国,南开建校40周年,他便担任校长40周年,桃李满天下,其中不乏国、共两党要员和社会名流。双重喜庆,学生们自然会放下手中一切事务前来祝贺。

周恩来也在百忙之中来到张伯苓居住的津南村。当他看到住所内有一乘滑竿,就请老校长坐上去,拉上站在一旁的张

行走江边的滑竿

励生一起,两人抬着张伯苓在院子里走了一圈。张伯苓笑得合不拢嘴。在他看来,这一乘滑竿意义不凡,因为周、张两人同为南开校友,分别在共产党和国民党中担任要职,又都是军委会政治部副主任。的确,周恩来此举不仅表达了自己对张伯苓和南开的尊重,而且也巧妙地表达了国、共两党合作的意思。一年以后,毛泽东飞抵重庆,与蒋介石举行"重庆谈判",国、共两党第二次合作。这是后话。

抬滑竿

第二天,南开校园的壁报上出现一段顺口溜:"国共两部长,合作抬校长,师生情谊厚,佳话山城扬。"

张伯苓老校长乘坐的滑竿,正是山城重庆特有的一种代步工具。滑竿始于何年何月已无从考证,但它从轿子演变而来,却得到民俗学家们的共识。滑竿轻巧灵活,大道小道皆可行走,尤其适合山区小路,因此曾在重庆特别盛行。抗战时期,蒋介石在汪山建官邸,进出官邸唯一的方式,就是坐滑竿。

"滑竿"之名是怎样得来的?一说是用滑溜溜的竹竿绑扎而成;另一说是它轻便快速,滑得快,所以叫滑竿。两种说法似乎都有一定道理。

滑竿制作简便,两根三米多长的斑竹竿,两头尺把长的短杠作抬肩,中间用竹片编成软扎,前系脚踏,冷天垫毛毯,热天撑凉篷,软扎上可坐可卧。

滑竿一般两人抬,一前一后。后者视线被坐滑竿的乘客挡住,须前者传话告诉路上的情况,前后一呼一应,于是就产生了"报路号子"。如,前面路很平直,前呼:"大路一条线,"后应:"跑得马来射得箭。"要上桥了,前呼:"人走桥上过,"后应:"水往东海流。"前面的路上弯拐多,前喊:"弯弯拐拐龙灯路,"后应:"细摇细摆走几步。"路上有牛粪,前呼:"天上一枝花,"后应:"地下牛屎巴。"路上有个小孩,前呼:"地下娃娃叫,"后应:"喊他妈来抱。"发展到后来,见啥说啥,生动风趣,除了报告路况,还有振奋精神、鼓舞干劲的作用,与船夫号子有异曲同工之妙。在重庆的许多风景点,至今仍有滑竿可供游人乘坐。

说到滑竿,不得不说说抬滑竿者为我们贡献的一个生动的词语——敲竹杠。旧时抬滑竿的一些滑头,想从坐滑竿人的身上多捞点油水,于是两人商量好,当滑竿抬到半山腰,其中一人敲几下竹竿棒,两人就放下滑竿,想出各种理由向乘坐者加价。山高皇帝远,坐滑竿的人无计可施,一般都只好乖乖就范。这种带有强行勒索意味的行为,为大多数人不耻,因此人们便把强行提价称做"敲竹杠"。

山城棒棒军

2011年元旦节,万州城上空乌云密布,时而飘下几丝小雨,使天气更显阴冷。

"棒棒"老郑在凄风苦雨中守了整整一上午,一个业务也没有接到。这个58岁的男人,来自重庆忠县涂井乡清平村,是家庭的顶梁柱,多病的老伴和儿子儿媳离婚后丢下的两个小孙孙,还在老家盼望着他挣点钱回家过年。

到下午4点多,终于等到一个客户。一位40来岁的中年人,要老郑将两大包货物从小天鹅市场挑到高笋塘女人广场,劳务费10元。这个价格,别的"棒棒"都嫌少,不愿去,但老郑的想法不同:一天没有业务,伙食费、住宿费还要倒贴将近20元,不如挣一点是一点,还可以暖和暖和身子。

看老郑挑上担子,雇主自顾往前走。老郑紧赶慢赶跟在后面,来不及歇一口气、换一下肩。万州是重庆的第二大城市,整座城市建立在一片接近45°角的山坡上,比山城重庆还要"山城"。郑棒棒挑着两担货物,吃力地一步一步登上一坡陡峭的石梯,重重地缓了一口气,猛一抬头,"也,老板到哪里去了呢?"他加快脚步,一路追赶到目的地高笋塘女人广场,还是没有发现雇主的身影。

这下好了,货物在肩上,主人却丢了。郑棒棒心里那个急呀,比自己丢了货还心焦。在市场上找了一圈,没有看到雇主,他索性挑着两担庞大的货物往回走,期望能在路上碰到。一路

棒棒

寻过去，都快要到出发点了，还是没有看到主人。怎么办呢？干脆站在原地等吧，郑棒棒想："货主一定会找过来的。"

寒风裹挟着冷雨，像刀子一样拍打着老郑的脸，他的手、脚都麻木了，鼻涕流了出来，身子也禁不住发抖。天渐渐黑了下来，老郑正在犹豫如何处置这两包货物时，老伴的电话来了。老伴前两天又生病了，输液又花了100多元钱，让他寄点钱回去。老伴还要他春节回去的时候，再买件棉衣，因为上次买的棉衣暖和，给孙子当棉被盖了。他没有告诉老伴，上次那件棉衣，实际上是货主正要丢弃他捡回来的。

看实在等不到货主了，老郑将两包货物寄存在女人广场物业管理办公室。踩着城市寒冷的灯光，他朝自己的出租屋走去……

力夫图

这两包货物全是羽绒服，按商场其他老板估计，价值起码上万元。一路上，老郑想，要是能给老伴买一件这样资格的羽绒服，那该好安逸呀！

第二天，万州城飘起了新年第一场雪，天气更加寒冷。老郑一觉醒来，发现浑身酸痛，头昏沉沉的一点力气也没有——头天在雨中等待雇主，衣着单薄的他感冒发烧了。

郑棒棒强打起精神，先去物业办公室，得知没有人前来寻货物后，又开始在风雨中奔波，满城寻找货物的主人。

这一找又是四五天，他没有接一个业务。直到1月5日，实在没辙的老郑只得求助媒体，希望媒体帮忙更大范围地寻找货主。而这一天，他又接到来自老家的电话，老伴突发尿结石和肾结石，住进了忠县

山城棒棒

石宝镇卫生院,等他回去交住院费。手头的钱只够回家的路费,老郑犯难了,到哪里去找这么多钱呢?

有工友给他出主意:"干脆将两包货处理了。"老郑断然回绝:"我缺钱,但不缺德!"之后,他借了2 000元钱,坐上了回老家的汽车。

但老郑心里始终挂记着两包还没有找到主人的货物。安顿好老伴,他又匆匆赶到万州,继续整天整天寻找货主。

直到第十四天,没有抱任何希望的货主终于现身。看到自己的货物完好无损,货主激动万分,掏出500元钱奖励郑棒棒,并连声说:"是我低估了棒棒。"

"我只要10块力钱。"老郑有些不好意思,婉拒了雇主的报酬。

郑棒棒大名郑定祥,是山城棒棒大军中的一员。他用最草根、最朴素的方式,演绎了一段"缺钱不缺德"的平凡故事,一度在网络上疯传,给诚信缺失的现代社会,注入了一丝救赎的信心。

山城棒棒军,也就是力夫,是重庆特有的一道风景线。因山城重庆爬坡上坎,货物、行李无法直接送达,需要人力搬运,因此应运而生。他们的工具只有一根竹棒、两条绳子,因此而得名。

鬼城庙会

很久以前,四川大竹县龙水镇有一个家财万贯的卢员外,他的独生女卢瑛,年方二八,不仅生得眼如丹凤,唇似樱桃,身材苗条,体态端庄,而且琴棋书画样样精通。

有一年,卢员外到外地去收账,一走就是半年,音信全无。卢瑛母女俩天天望眼欲穿,也得不到卢员外的信息,心中焦急不安。此时,二月香会之期即将来临,镇

"神曲之乡"丰都鬼城

上组织的敬香队，正要去丰都名山敬香。员外夫人想：久闻名山神仙灵验，何不前去祈求神灵保佑老爷平安归来？于是安排好家中事务，带上女儿卢瑛，跟随上香的队伍来到丰都。

丰都是远近闻名的"鬼城"，因为西汉的王方平和东汉的阴长生在这里修道成仙，后人误会"阴"、"王"二人为"阴王"，即"阴间之王"，以讹传讹，丰都也就成了阴王居住的"阴曹地府"了。丰都的名山，被道家列为七十二福地之第四十五福地，山上古木参天，云雾缭绕，古道纵横，殿宇连环，钟鼓不绝。卢瑛母女跟随万千香客，诚心诚意，一路叩拜，来到天子殿。

各路神仙鬼怪上街巡游

卢瑛从未出过闺房，猛然看到佛面金身的阎罗天子被塑造得五官端正，气宇轩昂，庄严中带几分英俊，威武里又有几分慈祥，不像其他神像那般面目狰狞、奇异怪诞，于是心里动起了少女的小心思：没想到世上还有这样英俊伟岸的男子，日后若能寻得这般品貌的夫婿就好了。

谁知，她刚这么一动念头，便见阎罗天子真的垂下眼帘，对着她含情脉脉地笑。卢瑛心里一惊，霎间羞得双颊绯红。这时，员外夫人礼拜完毕，拉着卢瑛走出殿外。却不知从哪里飞来一只小蜜蜂在她耳边"嗡嗡"地说："你父亲三日后便可回来。"卢瑛听后非常高兴，立即告诉母亲，而员外夫人却笑她在胡说。

卢瑛母女敬香回家后的第三天，卢员外果然突然回来了。并说他梦见天子爷爷的书童告诉他，家里有桩事等他回来做主。

几天后，卢瑛坐在窗前绣花，那只小蜜蜂忽然从窗外飞了进来，围绕着她的脸颊、耳根边飞边问："小姐好漂亮，嫁与不嫁？"

卢瑛顿时满脸绯红，没好气地说："嫁给谁呢？"

小蜜蜂回答："天子爷爷。"

卢瑛吓了一跳，问："天子爷爷是神，我是人，如何嫁呀？"

小蜜蜂说："这个自有办法。嫁与不嫁？"

卢瑛被小蜜蜂纠缠得没办法，拿起香扇一边扑打小蜜蜂一边嬉笑着说：

"嫁、嫁、嫁,去、去、去。"

听她这么一说,小蜜蜂飞出窗外不见了。谁知,从这时起,卢瑛开始神情恍惚,茶饭不思,莫名其妙地病倒了。

当天晚上,卢员外夫妇同时梦见空中仙乐齐鸣,热闹非凡,一队车马停在了自家院坝。在管弦金石,音乐迭奏声中,阎罗天子被众人簇拥着走下轿,并与凤冠霞帔、金翠珠玉的女儿卢瑛一起来到他们面前拜了三拜。女儿双眼含泪看着父母说,自己已被封为天子娘娘,三月初三是她与天子成婚之日,让父母去丰都看望她。然后便跟随阎罗天子坐进轿中,伴随一片霞光升到半空,向西南方缓缓离去。

夫妇俩惊醒后,急忙跑到女儿闺房查看,哪里还有卢瑛的影子,只见被子叠得整整齐齐放在床头,室内空无一人。两人惊愕不已。

天一亮,卢员外夫妇便急忙赶到丰都名山,当他们走进天子殿,在后殿小神龛里果然找到了供奉着的天子娘娘,不仅模样和女儿卢瑛分毫不差,而且肌肤柔润与真人无异,夫妇俩见状不禁失声痛哭起来。

方丈听到哭声后,匆匆赶来,问明缘由后安慰他们说,女儿的肉身能成仙做了天子娘娘,这是前世修来的福分呀。

天子娘娘三月初三大婚的消息不胫而走,附近的善男信女都准备了丰厚的祭品,前来丰都朝拜天子爷爷和天子娘娘。特别是四川大竹一带的人,将天子爷爷视为亲戚,不但备办全猪、全羊,几十斤重的大烛,三尺长的青香,锣鼓喧天,唢呐交响,浩浩荡荡前来祭拜,而且在大竹县还修建了一座天子娘娘庙,香火旺盛。

丰都鬼城三月初三举办庙会的习俗,一直流传至今。而"阴天子娶亲"、"城隍出巡"、"钟馗嫁妹"、"鬼国乐舞"等惊奇谐趣的表演,则成了鬼城庙会的保留节目。

◆ 铜梁龙舞 ◆

相传东海龙王患了腰痛病,痛苦不堪。龙宫里各路虾兵蟹将、海夜叉、龟丞相、龙太子、小龙女等,想尽一切办法,都没有将龙王的病治好。一天,龟丞相给龙王出主意:"听说人间有神医,能治百病,大王何不上岸走一遭?"东海龙王犹豫片刻,终于下定决心:"也罢,这是最后的办法了。他日若受天庭责罚,总好过现在这般终生痛苦吧。"

于是，东海龙王变身为一个老者，悄悄上岸来到重庆铜梁求医。大夫给老者把脉时，大吃一惊，此老者脉象大不同于常人。再看老者面相，鼻孔大、下巴尖、额头突出……也大异于常人。大夫毕竟是见过世面的，知道来者并非人类，于是起身关上医馆的门，对老者说："你就放心恢复原形吧。"

铜梁龙舞不夜天

东海龙王见已被识破，也不解释，一下子恢复了龙身。大夫根据龙王描述的病情，在龙王腰部的鳞片下，找到了一条蜈蚣。当蜈蚣被捉下，龙王的病顿时好了。

龙王感激不已，以泄露天机来感谢大夫以及人类对他的帮助，他悄悄告诉大夫：人们只要照着他的样子，造一条龙四处游走、舞动，就能保佑风调雨顺、五谷丰登、人丁兴旺。

从此以后，铜梁便兴起了舞龙的习俗。据传，铜梁龙舞起于唐宋，盛于明清，誉于当今。

铜梁人舞龙有不少讲究。过去沿袭汉代的春舞青龙、夏舞赤龙、秋舞白龙、冬舞黑龙的规矩。现在逢年过节舞彩龙，舞到人家门前就暂时停下来，龙头频点向主人拜年祝福，然后再上下翻腾，左盘右旋。这时，主人必须鸣放鞭炮以示欢迎，并有所答谢：装着钱的"红包"或糖果、香烟等。

铜梁龙经过数百年的演变，种类繁多：有头大、胫长、节内点灯，以灯光取代烟火的"正龙"；还有用竹编作龙骨，纸扎龙头，布做龙脊，借助灯火而起舞的"彩龙"；用皮纸或绢绸做皮，彩绘鳞甲，龙身能伸缩转动的"肉龙"或"蠕龙"；天旱时求雨，舞动时可泼水的"黄荆龙"；用白花扎成，用来祭祀亡灵的"孝龙"；用稻草扎成，插入竹竿，执持起来耍舞的"草把龙"；以及由孩子们耍舞的，用一棵棵大白菜插上竹竿，点燃红烛，中间串以绳索的"菜龙"……

当然，最让人震撼的还是被冠以龙舞之首的"火龙"，舞以铁水打金花，辅以不同材质的导引火、口中火、脊上火、腹中火、场中火、升天火等，组成一片狂热的立体火阵，极为热烈多彩。每到元宵节，人们便有钱出钱、有力出力，购买火药，制造火龙，配以烟架、禹门等多种火焰表演。最长的火龙长达40多米，表演时场面壮观、惊险奇特。交织的火花、炸鸣的鞭炮、激烈的打击乐，

国庆50周年铜梁龙舞天安门广场

浓郁的乡土气息，充分调动着人们的观赏热情。民间传说认为，火烧龙火花袭人，可以除去身上晦气，可为来年祛病免灾，事事称心如意。火花越大、鞭炮越响，舞龙人和观龙人就越有兴致。

中国是龙的故乡，龙是炎黄子孙的图腾，龙已经渗透到中国人的文化基因里。难怪，凡是重大的节庆活动，都能看到龙的身影，国庆35周年、国庆50周年、2008北京奥运会、国庆60周年，铜梁龙舞进京献艺，技惊全国，被称为"中华第一龙"。

▶ 走马故事 ◀

从前有一个媳妇，父母去世得早，她孤苦伶仃地嫁到夫家。婆婆见她无依无靠，便时常欺负虐待她，不但让她承包了家里所有的家务，每天从早到晚也做不完，而且从来都不让她吃新鲜饭菜，每天总有吃不完的剩菜冷饭。终于有一天，媳妇忍无可忍，将剩饭剩菜全部倒进了潲水桶里。"没有残羹冷炙，总会让我吃上一口热汤热饭吧。"她想。

不料，她的这一举动刚好被正准备前往天庭的灶神菩萨看见了。灶神菩萨是专门监督人间善恶的，每月的初二和十五两天，都要到天庭向玉帝报告他在人间看到的和听到的情况，然后玉帝根据他汇报，奖善罚恶。"好哇，白白净净的大米饭就这么倒掉了，也太糟蹋粮食了吧！"灶神菩萨严格履行自己的职责，一到天庭就将刚才看到的情况如实向玉皇大帝作了汇报。在中国古代，不孝和浪费粮食都是重罪，是要受到雷劈的。玉皇大帝立即派遣雷神去惩罚这个媳妇。

当天晚上，媳妇睡着了，梦到去世的母亲突然出现在她面前，满脸焦虑地对她说："女儿呀，你糟蹋粮食是要受到天谴的，玉皇大帝派来惩罚你的雷神，已经在路上了。"媳妇一下子惊醒了，满身是汗。她意识到自己真的是做错了，无论如何也不该浪费粮食呀。这时天也快亮了，她立即起床，拿漏瓢将潲水桶里的米饭全部捞了起来，用簸箕将米饭洗净滤干，揉成饼子的形状，放到油锅里煎好后，放到碗柜里。

天亮了，雷神来到媳妇家。惩罚人家，总得有罪证吧，雷神来到潲水桶边一捞，哪里有什么米饭，连一颗米的影子都没有。雷神性子急，一下子火冒三丈："好个灶神菩萨，冤枉这家媳妇不说，还让我白跑一趟！"他不由分说就给一同赶来的灶神菩萨几个巴掌。雷神力气大、出手重，灶神菩萨还没有回过神来，耳朵就被他打聋了。从此，灶神菩萨再也听不到人间的善恶之声了，人世间做坏事的人也就越来越多了。

再说婆婆看到碗柜里用剩饭做的粑粑，尝了一口，又香又脆。当她得知是媳妇用剩饭做的，觉得媳妇越来越能干，慢慢对她的态度也就转变了。从此以后，媳妇也不再吃剩饭了。

魏显德讲完这个故事，故意顿了顿，看大家的反应。不出他所料，茶馆里立即爆发出"嗡嗡"的议论声：原来是灶王爷耳朵聋了，难怪有的坏人没有受到惩罚哟；这个媳妇硬是有点聪明哟，还发明了一种美食；这么坏的婆婆，雷神啷个不去打她吔……

魏显德是重庆非物质文化传承人，他因为能讲述1 500多个故事，而被中国民间文艺家协会授予"中国十大民间故事家"的称号。他的胞弟魏显发，同样可以绘声绘色地讲述上千个民间故事，两人被联合国教科文组织的专家称为"中国的格林兄弟"。

魏显德、魏显发兄弟所居住的走马镇，是重庆九龙坡区的一个镇子。这里流传着一种以"走马（赶马）"为职

走马镇的民间故事会

业的人群口头创作并传承的民间故事，人们通常称其为"走马故事"。走马故事究竟起源于何年何月，如今已不可考，大致应该与走马建场的历史相当——即明代中期，距今至少已有四五百年历史。

赶场天听一回走马故事

走马镇之所以故事荟萃，和它特殊的地理位置有关。在铁路和公路出现之前，这里是重庆到成都大道上的一个重要驿站，又因西临璧山，南接江津，号称"一脚踏三县"。旧时，从重庆出发到走马已是人马困乏，人们都选择在这里住宿，于是，走马场商贾云集，客栈满员，饭馆兴隆，茶馆、烟馆、赌馆更是人声鼎沸，各种趣闻、典故成为南来北往的人们茶余饭后的谈资，久而久之，这些传说和故事就融进了当地的记忆之中，并且代代口耳相传，造就了今日的"民间故事之乡"。

2006年，"走马民间故事"被列入国家级非物质文化遗产保护名录。之后，九龙坡区还成立了走马镇民间故事保有会，致力于走马故事的搜集、整理、保护和传承工作。

▶ 东泉裸浴 ◀

相传秦灭巴以后，将巴国的青壮年男子全部抓了起来，押到北方下苦力，修筑长城。

重庆巴南区东泉镇五布河岸边的木耳山上，住着一位叫冬娃的少年，十六岁，父亲早逝，与母亲相依为命，靠打柴下山到集市上卖维持生活。这天冬娃卖了柴换了些生活必需品，正准备赶回山上，不料一队士兵冲过来，二话不说就将他押上了去北方的路。冬娃甚至没有来得及与母亲告别。

这一去就是整整十年，十年的非人摧残，冬娃失去了双臂。回到家时，母亲已双目失明、奄奄一息。冬娃见状，悲伤难抑，跪在地上大哭不止，呼天喊地,泪如雨下。如此百日,竟然惊动了天神。

文殊和普贤菩萨实在看不下去了,便相邀到凡间抚恤母子俩。两位菩萨来到五布河边,见这里山清水秀、河水润洌,非常喜欢,忍不住宽衣解带,跳入河中沐浴圣体。河水欢腾,水温骤然升高,竟形成了温泉。

两位菩萨洗浴完毕,又接引冬娃母子来到泉边,叫母子俩裸体进入灵泉洗濯。不一会儿,奇迹出现了,母亲双目复明,冬娃断臂再生,两人均变得仙风道骨,尘世的蹉跎一扫而光。

灵泉可治百病、葆青春的消息迅速传开,附近村民争相从四面八方赶来,天体裸浴,放松身心,强健体魄。久而久之,竟形成一道奇特的民俗,传承至今。村民们还自发约定规则:男女分时段裸浴——如果女人在洗浴,男人回避,过一会儿再来;如果男人在洗浴,女人则在旁边的竹林或树下等候,待男人洗完后再去。特别是夏天,天天傍晚如此。

东泉裸浴,是一种传统文化,是一种乡风民俗。它与近年来不少地方都在开办的"天体浴场"完全不同。要说"天体",这才是名副其实的"天体浴",让大家真正接近天然,顺应天性,回归自然,没有任何商业痕迹,天人合一。

安逸!东泉天体浴

▶ 秀山花灯 ◀

宋真宗(赵恒)的第一个皇后死后,刘妃和李妃同时怀孕了,显然,谁生了儿子,谁就有可能被立为正宫。刘妃心怀嫉妒,唯恐李妃生了儿子被立为皇后,于是买通宫中总管都堂郭槐和接生婆尤氏,趁李妃分娩昏迷时,将一只剥了皮的血淋淋、光油油的狸猫换走了刚出生的太子,并命令宫女寇珠勒死太子,宫女不忍心,暗中将太子送到八贤王处抚养。皇帝看到狸猫,以为李妃产下一个妖物,从此将李妃打入冷宫。不久,刘妃生下一个儿子,顺理成章被立为太子,刘妃也被册封为皇后。

谁知六年之后,太子夭折,真宗再无子嗣,于是将皇兄八贤王之子赵祯收为义子,并立为太子。这位赵祯,正是当年被宫女寇珠救下来的李妃之子,被立为太子,也是实至名归。

真宗驾崩以后,太子登基,号仁宗。宋仁宗即位以后,在包拯的帮助下,终于知道了真相。此时,李妃因年年月月对着孤灯悲愤哭泣,早已双目失明。仁宗愧疚不已。因相传花灯能祛病除灾,象征光明幸福,为了祈求生母的眼睛重见光明,仁宗许下红灯三千六百盏,在京城大闹花灯。

同时,为了讨母亲欢心,仁宗还下令各地带着地方特产进京朝贡。当时,秀山地区有龙、石、张、罗、方等五姓番,总共四五百人一起进京。大家在京城尽情游玩之后,返回之日,悄悄带回了两盏花灯,希望能沾皇帝的光,给家乡秀山也带来平安吉祥,光明幸福。花灯从此在秀山地区一代一代流传下来,并逐步演变成一种艺术形式——秀山花灯。而当年进京的龙姓和石姓,成了秀山的花灯世家。

秀山花灯一般从正月初二开始,正月十五结束。花灯班子每年出去表演之前,有一个特别的"启灯(请灯)"仪式,花灯客(民间花灯艺人)首先要在自家堂屋设灯堂,供奉"金花小姐"、"银花二娘"的神位,并敬各位花灯祖先,同时将花灯的历史传说唱上一遍,才可以正式开始走村串寨表演。

秀山花灯表演的场地不限,院坝、堂屋、街头巷尾,只要有一块平地即可。有一种特别的"高台花灯",需要传统的木方桌二至三张重叠搭成高台,花灯客在

秀山花灯新秀

最上面一张桌子上表演。

表演的形式一般是"二人转","赖花子"围着"幺妹子""跳团团",保留有原始的女性崇拜的特点。"花灯二人转"中的"赖花子"实际就是丑角,手拿一把用棕叶做的蒲扇,做出各种搞笑的动作,逗大家发笑。

秀山花灯歌舞

欢乐总是短暂的。到正月十五晚上,花灯班子就在河边坝子举行辞灯仪式,祭拜神灵,唱《送灯调》,由掌调灯师傅领唱一遍春节期间所有演唱的花灯曲调(称"收调")。然后焚烧花灯及神位,并将跳灯人的衣服从火上抛过,祈求跳灯人一年平安。

土家族赶年

秦良玉是明末战功卓著的抗清名将,她是中国历史上唯一单独载入正史,将相列传的巾帼英雄,也是唯一凭战功封侯的女将军。丈夫马千乘去世以后,他继承了丈夫的职位,出任石砫(今重庆石柱土家族自治县)宣抚使。

土家人喜欢的白头帕

这一年，年关将近，渝东南地区土家人家家户户都在备年货，准备过一个欢欢喜喜、热热闹闹的年。秦良玉突然接到皇帝诏书，要求她立即率领"白杆兵"，北上抗击入侵的清兵，保护皇帝。

"眼看就要过年了，总不至于让士兵们不过年就奔赴战场吧！"秦良玉为难了。一边是国家社稷的安危，一边是兄弟子民们的亲情，忠义难以两全呀！她左思右想，终于想出了一个兼顾二者的良策：提前过年！于是她发出一道命令，所有土家山寨，根据自身情况，提前一天或几天过年，大年三十这天早上，所有"白杆兵"出征。

大红春联添喜色

土家山寨顿时忙碌起来，纷纷贴出喜庆的春联，挂上大红灯笼，玩狮子、舞龙灯，提前邀请三亲六戚团年"吃年饭"……由于时间太过紧迫，来不及置办宴席，亲人们就将猪肉大坨大坨地砍开，与香菇、粉条、豆腐、萝卜、白菜、大蒜等数十种菜一起煮了，端上桌，为子弟兵饯行；连酒也来不及一碗一碗地倒，就直接在酒坛里插上一根竹管，抱着坛子喝。虽然仓促，土家人仍然把年过得有滋有味。

大年三十这天一早，"白杆兵"个个了无遗憾、士气高涨，在亲人的目送下，跟随秦良玉雄赳赳气昂昂地出征去了。

到达前线，士兵们个个英勇无比，奋勇杀敌。秦良玉率领"白杆兵"血战浑河，重创清军主力，收复永平四城，战功赫赫，受到明崇祯皇帝御笔亲书四章表其战功。

为纪念这位民族女英雄，土家山寨自此之后每年提前过年，"赶年"习俗一直沿袭至今，大多数土家山寨提前一天，若逢腊月大是二十九日，若逢腊月小是二十八日开始团年"吃年饭"，也有提前几天团年的。土家人过"赶年"，家家桌上都有一道数十种菜与大坨猪肉煮在一起的"合菜"，俗称"团年菜"；家家桌上都有一坛插着竹管的酒，名叫"咂酒"。这些习俗，都是当年的延续，也是对当年"白杆兵"出征的一种纪念。

据专家考证，土家人应该是巴人的延续。或许土家人是重庆人的先祖。

重庆人性子急,脾气火暴,什么事情都喜欢"赶",不知与而今在渝东南武陵山区土家人的"赶年"是否有某种内在的联系。

▶ 万盛踩山节 ◀

万盛的关坝、石林、丛林、黑山一带,在崇山峻岭之间,世代居住着苗族的一个分支,因为头上缠红帕子、衣服饰红花边,被称为红头苗。这一带地处山区,各村寨之间相隔很远,来往非常不便,所以村寨与村寨的交往比较少。

有一位叫冷懂的苗家大户,家业大,人口多,儿女们长大成人后个个年轻俊美、勤劳善良。特别是小女儿米紫彩,自幼乖巧可爱,长大后更是美若天仙。然而天有不测风云,一天,不知从何处突然飞来一只小鸟,站在她家屋前的大树上鸣叫:"米紫彩嫁给我!米紫彩嫁给我!"米紫彩顿时晕倒在地,口吐白沫,人事不省。说来也奇怪,当小鸟飞走以后,她就会慢慢苏醒过来,恢复如初。米紫彩从此患上怪病,只要小鸟一来,她就会发作。

冷懂最疼爱这个小女儿,四处寻医访药,每个医生的答复几乎都一模一样:赶紧除掉这只小鸟!冷懂和寨子里的人想尽了一切办法。但这只小鸟机警得很,只要一察觉有危险,立即飞走,危险消除了又飞回来。

正当冷懂一筹莫展的时候,这天,有个身材魁梧、英俊潇洒的苗家小伙从寨子经过。冷懂看小伙子背着弓箭,猜到他是个猎手,于是请求他帮忙除掉小鸟。小伙子爽快地答应了,悄悄埋伏在树下,张弓搭箭,只等小鸟再犯。小鸟哪里知道有埋伏,果然又飞来了,还没有在树枝上停稳,只听得"嗖"的一声,便一头栽了下来。冷懂一家人高兴

踩山会的姑娘

得不得了，等他们反应过来的时候，小伙子早已匆匆离去。

小鸟被除掉以后，米紫彩的病真的好了。冷懂希望她早日成家，了却自己一桩心事，于是请

踩山会寻意中人

左邻右舍介绍了好多苗族小伙子，但米紫彩就是不同意。原来，她的心中早就有了意中人——那位救她的苗家猎手。父亲也看出了她的心思，决定成全她，但是，莽莽群山，这么多苗寨，到哪里去找这个人呢？

还是父亲冷懂聪明，思忖良久之后终于想到一个万全之策，何不于正月初三这天，邀请所有的苗寨，在不远处的石林举办一场"踩山会"活动，既沟通了村寨之间感情，加强村寨之间联系，又可以找到女儿的意中人，何乐而不为？

"踩山会"的时间到了，远远近近苗寨的人们都闻讯而来。大家在石林的平坝上吹着芦笙跳着舞，唱着歌儿拉着家常，更有青年男女，在欢闹嬉戏中增进了了解，成双成对地走到一起。"踩山会"活动持续了三天，人们才依依不舍地离去。

米紫彩在"踩山会"上，终于如愿以偿，找到了自己的另一半，从此过上了幸福快乐的生活。

而"踩山会"活动，被苗族人代代沿袭下来，演变成苗族一个重要的传统节日，成为展现苗家传统绝技的一个重要舞台，也是苗家青年男女寻找自己人生另一半的重要场所。苗家人的淳朴、自然、浪漫、热情、能歌善舞，都在这个活动中得以体现。

后来，当地政府为发展旅游产业，促进地方经济发展，将"踩山会"活动改造成"踩山节"，并在征得苗族人民同意的前提下，将时间改到每年的5月1日。这一节日延续至今。

中国名城掌故丛书

● **重庆掌故**
Chongqing Zhanggu

美食江湖

重庆火锅

清朝末年，有一位八府巡按到重庆来查案子。由于水土不服，到达没几天竟然病倒了，吃任何东西都没有味道。什么药都试过了，就是不见好转。

这天，巡按心头闷得发慌，独自走出衙门来散散心。他一路漫无目的地四处游走，不知不觉来到朝天门附近的吊脚楼区。这里居住的大部分是在长江上谋生的船工，他们用能找得到的石头、木棒、竹子等简陋材料，搭建出一片壮观的吊脚楼，然后在里面生息繁衍。

突然，巡按闻到一股特别的勾人食欲的味道，浓烈的牛油底味中，刺激的麻辣犹如冲破迷雾，显得异常突出，而紧随在麻辣之后的，是一种厚重而特别的香味，隐隐约约、时浓时淡。巡按循着香味一路找过去，只见一家男女老少六七号人，围坐在一口大铁锅周围，你一筷子，我一筷子，吃得好不热闹。大铁锅下，红泥炉子将火烧得旺旺的；大铁锅里，红汤翻滚，热气蒸腾。巡按从来没有看到过这种吃饭法，狠狠地咽了一下口水，顿时胃口大开，想吃极了。但堂堂巡按大人，哪里放得下这个架子，只好强忍食欲，转身就往回走。

回到衙门，巡按立马要求厨倌儿也弄这么一种下有火上有锅的食物。厨倌儿接到任务，立即按照巡按的指引，来到船工们居住的吊脚楼。只见几乎家家户户都是这么一种吃法。船工豪爽，不但给厨倌儿讲解怎么做这种"火锅"，而且邀请他一起吃。厨倌儿自此深得"火锅"之精髓，回去以后照样煮了一锅，并且又根据自己的理解添加了一些香料，味道比在吊脚楼吃的还要好。

巡按哪里像一个吃不下东西

独享火锅

重庆城抗战岁月的小火锅

的人，一屁股坐下来就没有停过筷子，直到满身大汗、痛快淋漓。第二天，病竟奇迹般好了。

重庆火锅的发明者，正是那些在长江上风里来雨里去的船工。旧时的长江水道凶险，滩多浪急，随时都有可能把木船掀翻。船工们提着自己的生命和大自然抗衡，被称为"死了还没埋的人"——与之对应的是挖煤的窑工，被称为"埋了还没死的人"——所以养成了重庆人豪爽、耿直、火暴的性格。

船工处于社会最底层，劳累辛苦，生活简单。看见杀牛后的牛下水（毛肚、牛肝、腰子和牛血旺等内脏）没人吃，便捡来或者象征性给几个钱买来，洗干净后放到鼎罐里，然后加些老姜、盐巴、辣椒、花椒之类的作料一锅煮了，就着"老白干"，吃了蒙头便睡，一天的劳累顿时消散得无影无踪。花椒必须多放，因为有温中散寒、除湿止痛的功效——船工常年在水上漂，难免患上风湿疼痛等病——这也成了重庆火锅的一大特色。

这种吃法很快流传开来，有人竟用一对箩筐挑着沿街叫卖。箩筐一头放的全是牛下水，生切成薄片摆在几个碟子里；另一头放着红泥炉子，上面一只大洋铁盆被分成数格，盆里煮着麻辣牛油和卤汁。食客自选一格，站立摊前，拈起碟里的生片，且烫且吃。吃后按空碟子计价。价格低廉，经济实惠，吃得方便热烙，所以深受码头力夫、贩夫走卒和城市贫民的欢迎。这种吃法，被称为"水八块"。

直到民国二十三年（1934年），才有人把"水八块"搬进小饭店。从担头移到桌上，泥炉依旧，只是将分了格的铁盆换成了赤铜小锅，卤汁、蘸汁由食客自行配合，以求干净而适合众人口味。慢慢地这种小饭店越开越多，在重庆城对岸江北的一条小街上几乎全都是这种饭店，而且吃的人相当多。

到今天，重庆火锅已经登上大雅之堂，火锅店在全国到处开花，越建越豪华，火锅的菜品早已经突破了牛下水的界限，越来越高档，生猛海鲜，飞禽走兽，无奇不有。然而，重庆人最热爱的火锅，依然是大排档；重庆人最喜欢烫的菜，依然是毛肚、鸭肠。

夏天的夜晚，三五个重庆崽儿，光着膀子赤裸上身围坐在翻滚的火锅边，满身流淌着血性的汗水，猜拳行令声若洪钟……这样的场景，外地人永远无法理解，只有重庆人自己知道，这种阳刚的表达，是重庆人 DNA 的释放。

▶ 麻辣小面 ◀

重庆人尚麻辣，重庆美食中集麻辣大成者，火锅当仁不让。外地人不解，以为重庆人都是火锅泡大的，"你们重庆人天天吃火锅，怎么受得了哟？"

问这话的人，不算真正了解重庆，至少对重庆的饮食文化没有深入研究。其实，最能代表重庆这座城市的美食，并不是名声在外的重庆火锅，而是遍布重庆大街小巷的麻辣小面。同样是麻辣，重庆火锅热烈、直白、沸腾、气势若虹，犹如邂逅一场轰轰烈烈的爱情，让人死去活来；而麻辣小面则敦厚、细腻、五味俱陈、绵里藏针，恰似同床多年的老夫老妻，没有爱情只有亲情。爱情是不能当饭吃的，所以重庆人吃火锅也是非常克制的，一周最多一次，足矣；但亲情却可以相互温暖，所以重庆人对麻辣小面，那是相当地依赖，一天不整上一碗，就觉得浑身没得劲。

重庆人可以说有小面情结。每天早上洗漱完毕，就急吼吼地冲到楼下街边角落的小面摊，还没有来得及坐端正，就听见老板冲着正在下面的师傅吼道："又来一个二两，重麻辣，少面多青。"面摊的老板们，充分表现出重庆人聪明能干的一面，对天天光顾的熟客，连吃面的习惯都记得一清二楚，省得你每天重复说了。

当然，也有不太熟悉的顾客，或有什么特殊的口味，就需要跟老板交代清楚了。

"老板，起硬点。"
"要得，二两提黄。"
"不要花椒，多放点菜。"
"要得，少麻重青。"
"干溜哟。"
"没得问题，干溜就

豆花小面

干溜。"
……

这些只有重庆人才听得懂的术语,俨然袍哥人家的江湖切口,勾勒出一幅活脱脱的麻辣小面风情画。

在重庆,只要有几个人的地方,就一定会有面馆(摊),由此可见麻辣小面在重庆的江湖地位。但是,无论地处富丽堂皇的闹市中心,还是偏居凋敝冷清的乡镇一隅,麻辣小面的精髓,无外乎"粗中有细"。

所谓"粗",就是要风格粗犷。煮面的锅,一定要够大;锅中的水,一定要够宽;而且,这锅水一定要煮过多次面,以至于变得够浓稠,这样煮出来的面才够味;用来煎油辣子的海椒,一定要够粗……所以,重庆人吃麻辣小面,一般不愿意在家里,家里小锅小灶,哪里做得出那种粗犷的感觉?

所谓"细",就是对作料和味道的要求,一定要精细。麻辣小面之所以好吃,作料是关键。一碗标准的麻辣小面,起码的作料就有:白花花的猪化油、清亮亮的小磨香油、油浸浸的芝麻酱、天原厂的味精、黄花园的酱油、阆中的保宁醋、黄黄的姜汁、白白的蒜水、碧绿的葱花、切成粒的涪陵榨菜、磨碎了的花生粒、酥香了的芝麻粒,当然还有不可或缺的红亮亮的油辣子、异香扑鼻的花椒面。作料大致差不多,谁家的面好吃谁家的面不好吃,关键就看如何搭配了。这可是个技术活,也是面摊老板的独门绝技,即使你想偷师学艺,如果没有老板亲自点拨,看是看不会的。

重庆人对麻辣小面的喜爱,不分男女老少有没得钱,也不管是开宝马的还是坐公交的,大家或坐或站或蹲,一人端一碗,吃得酣畅淋漓其乐融融。以至于重庆某报评选"重庆十八怪"时,"不吃小面不自在"理所当然地与"空调蒲扇同时卖"、"背起棒棒满街站"、"女士喜欢露膝盖"等并列其中。近年来,有好事者在网络上发起评选"重庆小面50强",居然整出了不小的动静儿,成了重庆人街头巷尾热议的话题。更有麻辣小面的

来二两红汤小面

超级发烧友,呼朋唤友逐一品尝小面50强,来了一个小面十日游。

估计也只有重庆才会如此,居然有人专门为小面创作了一首歌曲。这首《小面》MTV一经在互联网上出现,便引起大量围观。作者用R&B等时尚的表达方式,算是为麻辣小面定了一个调:

> 能不能简单一点生活,
> 过得太腻了就像火锅,
> 二两它也能装满快乐,
> 小面虽平凡但却自我。

▶ 江湖菜 ◀

> 食客不怕寻路难,
> 爬坡上坎只等闲,
> 吊锅狗肉腾热浪,
> 鱼鳅鳝段笑开颜……

好吃的重庆人,最爱吃那些江湖厨师自创的江湖菜。啥子是江湖菜？就是那些菜谱上没得,全凭厨师的经验与手感,怎么麻辣、怎么"霸道",就怎么炒的菜,属于"野道"。如果你不放心,往厨房里头一打望,看到厨师将花椒、海椒像"不要钱"一样大把大把往锅里头甩,这就对啦！地道的江湖菜,要的就是这种豪爽。

20世纪80年代,退休后的朱天才用自己多年积蓄的2万元,在重庆市区到歌乐山镇的必经之路旁建了个小屋,出售稀饭、馒头

鳝段猪尾巴

之类价格低廉的食品。一段时间以后,老朱意识到光卖这个的确不行,利润太微薄了。

但在这个偏僻的地方能卖什么呢?重庆人喜欢吃火锅,平常来小店吃饭的大多是赶路人,哪里有心情和时间坐下来慢慢烫火锅哟。老朱想,干脆就地取材,用歌乐山的农家土鸡,做一道炒起来快、吃起来方便的菜。

说干就干,老朱将土鸡打整干净,然后加入大蒜、泡椒、花椒一起红烧,这种家常味的菜,毫无特色,客人自然不会买账。赶路的人口味重,总是要求老朱将麻辣加重点。一天,泡椒用完了,老朱索性就用干海椒和干花椒将那砍成细丁的土鸡肉爆炒,出锅后一尝,麻、辣、鲜、香,味味俱全,个性鲜明。还没有端给食客,自己就开始流口水了。老朱给这道菜取了一个"很重庆"的名字——辣子鸡。后来,老朱根据食客的反馈,不断改善,最终形成了辣子鸡的风格:在辣子里面找鸡。也就是说,作为调料的辣椒,比主料鸡肉多得多,吃的时候,需用筷子不停地在辣椒里翻找鸡丁。外地人光看一看那满盆红彤彤的辣椒就被吓住了,这是炒的辣子还是炒的鸡肉呢?他们完全无法理解,这正是重庆江湖菜的精髓所在:将某种调料的味道放大到极致——要麻,就麻得找不到舌头;要辣,就辣到变成腊肠嘴……

辣子鸡一举成名,重庆人蜂拥而至,大有没有吃过辣子鸡就不算真正的重庆人之势。歌乐山俨然成了"辣子鸡"的代名词。朱天才一家也因此赚得盆满钵满。

老朱万万没有想到,他的一次无意之举,却开创了重庆餐饮江湖的一大流派——江湖菜。随着辣子鸡的流行,重庆的江湖菜此起彼落,什么泉水鸡、辣子田螺、啤酒鸭、来凤鱼、盘龙黄鳝、水煮鱼……真是你方唱罢我登台,各领风骚三五月。

重庆江湖菜最大的特点是"土"、"粗"、"杂"。

所谓"土",就是指江湖菜非常朴实、原始,极具乡土气息。这是由于江湖菜的发明者大多为民间高手,渔夫、村姑皆有可能,绝少专业厨师,因此调味我行我素,独树一帜。再加上江湖菜馆一般都位置偏远,资源有限,故多半就地取材,调料自制,靠山以鸡,临水则鱼,因地制宜,道法自然,以麻、辣、鲜、香为号召,油重料厚地制作出一道道有风味、有新意、不墨守成规的江湖菜式,正好暗合了重庆人的重口味,形成了自己特有的风格。

而"粗",则是指江湖菜那粗犷豪放的气质。在原料上粗犷自然,鸡肉要么大块大坨、要么乱刀斩成细丁,大蒜一定是整瓣下锅;在烹调上不拘常法,大把辣椒,大瓢花椒,煳辣壳里藏鸡丁,红油汤里游鲫鱼;在形式上不拘小节,烧土灶,用粗碗,大盘盛肉,大盆装汤。食客粗犷豪爽,大碗喝酒,大口吃肉,吆五喝六,吃麻尝鲜,怎一个爽字了得!

江湖菜之"极致"

"杂"是指江湖菜具有兼收并蓄的"杂交"手法,麻辣鲜香之余,让人感到似曾相识,又搞不清套路,让人匪夷所思,却又叫人拍案称绝。

重庆人之所以追捧江湖菜,和重庆独特的地理环境、气候特征有关。重庆特有的山地江河形成雾多湿重的环境,促成了重庆人"尚滋味,好辛香"的饮食习俗,于是,以吃感觉、吃风味、吃麻辣为主的重庆人,哪里有新、奇、怪的饮食,就扑向哪里,听说辣子鸡"霸道",就一窝蜂奔向歌乐山;据传南山出了"泉水鸡",结果南山就成了吃泉水鸡的根据地;磁器口出名最先也不是因为它的千年古镇,而是那里的毛血旺和椒盐花生。重庆人似乎很享受这种追逐美食的感觉,哪里出了什么新菜品,立即口口相传广而告之。

重庆的江湖菜变化之快、翻新之速,有时连地道的重庆人都有追不过来的感觉,只不过这些菜除了主料不同,口味都万变不离其宗,紧扣麻、辣、鲜、香,外加一个烫字,一如重庆这座城市的性格:豪爽耿直、敢爱敢恨、个性鲜明……也许,只有这样一个复杂而又矛盾的重庆城,才能如此吸引本土的重庆人和来重庆的外地人,试想又有几人能抵抗一座城都在翻滚的热情?

现如今,以江湖菜起家的饭馆,很多已经不复初创时的草根、粗陋,而变得时尚精致起来。比如顺风123,短短几年时间,已经从街边大排档摇身变成了气派的连锁酒楼。他们学会了做概念,搞包装,还学会了玩点小诗意:"打虎梁山去,喝酒顺风来,书剑过江湖,还看一二三。"这已经不是不登大雅之堂的江湖菜,而是时尚江湖菜了。

不过,江湖还是那个江湖,菜还是那道菜,即使换了门面,却仍然换不了食客对江湖的向往,以及对江湖菜的无上宠爱。

八大碗

八仙过海的时候，不慎惊动了龙宫，东海龙王大怒，率虾兵虾将出海，与八仙展开了一场激战。

双方势均力敌，八仙渐渐饿得力不从心，决定退到海滩，吃饱了再说。于是分头寻找食物，谁知此处海滩与世隔绝，偏僻荒凉，连半个人影都没有，哪来充饥的美味佳肴？个个垂头丧气地回来了。

只有曹国舅不辞辛劳，腾云驾雾行至重庆上空，突然一股异香扑鼻而来。曹国舅心中大喜，急忙按下云头降落凡间，循着香味来到一个农庄。他化身为一个农夫，前往宅院窥探一番。

只见院子里八个人正围坐一张四方桌，猜拳行令，畅怀痛饮，诱人的菜肴一个接一个地端上桌。曹国舅想着激战多时的众位仙友，赶紧顺舟顺水拿了七样菜肴，正准备离开，又想起何仙姑不食荤，返身回来又为其独带了一样素菜——青菜豆腐，总共八大碗。神仙做事，向来光明磊落，临走时特意留下一张字条：国舅为众仙借菜八大碗，日后定当图报。

众仙等候多时，早已饥肠辘辘。见曹国舅带来这八大碗美食，不顾形象地一阵狼吞虎咽后，只觉美味登峰造极，天上人间无与伦比。酒足饭饱之后，众仙精神倍增，再战东海龙王，一举大获全胜。

胜战之后，八仙齐刷刷来到农庄，说明原委，并兑现诺言，替当地村民排忧解难。以后人们为纪念八仙并讨个吉利，将方桌改为八仙桌，每桌坐八个人，食八大碗菜，成为重庆地区一道独特的民俗。

如果你运气好，至今可以在重庆偏远农村看到这样的场景：

民间八大碗厨子

农家院坝上,十数张八仙桌随意摆放,每桌八人长幼有序,大家酒酣耳热大快朵颐,几位妇女双手捧着大土碗穿梭席间,将一碗一碗美味佳肴送上餐桌。院坝角落里,用砖头石头临时搭建的烽火灶上,直径一米多的大铁锅里沸水翻腾,锅里放着高过人头的蒸笼正冒着呼呼热气……这正是传统"八大碗"宴席的现场。重庆农村,但凡婚丧嫁娶红白喜事,主人家都要大办宴席,热闹异常,堪比过年。

八大碗宴席的座次安排,也是有讲究的,上席一定是德高望重的长者,更以上席左边座位为尊。坐此位置者,一举一动无形中影响其余七人的举动。若此人不动筷子,那全桌人只好眼巴巴地看着满桌美味吞口水,哪怕周围其他桌子已经一片狼藉。

喝酒一定是用大土碗,一桌一个。酒一般是当地土法烤制的包谷酒或者红苕酒,满满一碗。坐上席左边的尊者首先颤颤悠悠地端起酒碗,意味深长地吧上一口,顺手将酒碗传给上席右者,如此这般,逆时针方向一路传下去,到第八次的时候,酒碗又回到了上席首座人手上。只见他把酒碗轻轻放到面前,举起筷子指向桌子中央的菜说道:"开船"。于是,全桌客人的筷子才会齐刷刷地伸向桌子最中间的菜碗。每一双筷子都准确无误地指向离自己最近的那一块食物,绝不会发生争抢的情况。吃完一筷,大家会自动放下筷子,继续转着圈子喝酒。

八大碗的内容,虽在各个乡镇不尽一致,但基本上大同小异。头碗一般是"鸡蛋卷肉",下面是芋儿等打底。然后陆续有"糯米丸子",即用猪肉丸子裹上糯米,然后上笼蒸熟;"红烧肘子",整只肘子放入五香料卤锅煮至五成熟,然后捞出将皮炸黄加作料上笼蒸烂,再加作料勾芡,成菜油浸鲜

八大碗的一条龙服务

亮;"烧白",猪三线肉过水、上色,并将肉皮炸酥以后切片,面上盖农村自制腌菜蒸至入口化渣;"夹沙肉",将豆沙夹在两片肥肉之间,用糯米饭打底,蒸至酥软作甜食上桌……你会发现,八大碗里很多菜都使用了"蒸"这道工序。对啦,这就是所谓的"三蒸九扣"了。

盐巴

在巴人曾经建都的重庆,人们至今习惯将食盐称为"盐巴",不难想象,食盐和巴人必然有着深厚的渊源。

远古时期,深井采卤制盐技术还没有发明,内陆地区食盐的供给,主要通过三峡地区的天然盐泉。而当时渝东、鄂西一带的天然盐泉有三处——巫溪宝源山盐泉(大宁盐场)、彭水郁山镇伏牛山盐泉、湖北长阳县清江盐泉。巫溪宝源山是已知中国最早的盐泉,距今已有5 000年历史,至今仍流淌不息。

这些宝贵的盐泉资源,都在巴人的掌控之中。特别是巫溪宝源山盐泉——大宁盐场(宁厂古镇),如今虽然地处偏僻贫穷落后,但远古时期却是一个大城市,曾是中国最富有的地方之一。最繁盛时,常住有14 000余人口,四方商旅荟萃云集,大约有10万人以盐业为生。整个盐场上下长5里,场上人来人往,河上百舸争流,形成了"万灶盐烟"的奇观。

大宁盐场四周崇山峻岭,猿猴也难攀登。盐最早出川,要么沿着狭窄险要的山道,翻越秦岭背出去;要么顺着汹涌澎湃的大宁河,突破急流险滩运出去。勤劳勇敢的巴人在崇山峻岭中开辟了4 000里盐运山道,称为"秦楚大

泥巴盐罐

道";同时还开辟了400里盐运水道,沿大宁河至长江,再由长江三峡顺流而下,或逆流而上,运往全国各地;第三条是300里引盐栈道。巴人沿大宁河岸边,凿修成300里长的栈道,滚滚巫溪盐泉沿大宁河直下巫山。

奇秀的大宁河畔有数不尽的盐泉

巴人用盐与周边民族开展贸易,建立了一个农业资源贫瘠却"不耕而食,不织而衣"的东方乐土。正是因为巴人对盐的绝对垄断地位,所以时人以"巴盐"为正宗,也称之为"盐巴"。

盐巴在当时是一种重要的战略物资,在给巴人带来尊严的同时,也带来了战争。纵观巴人的历史,就是一部战争史。

为了扩大盐巴的销路,楚武王三十八年(公元前703年),巴王派遣使者到楚国,请楚王介绍巴国与邓国通商。楚国的盐巴全部依赖巴国供给,自然不敢怠慢,赶快安排使者前往邓国。岂料邓人贪财,不但抢走了巴人带去的盐巴和货币,而且谋杀了两国的使臣。巴王大怒,出兵讨伐邓国。楚王无法向巴国交差,只得派大将斗廉率军前往助阵。

楚文王有一次与巴人联合伐申,巴人有恃无恐,中途转而攻楚,楚国大将楚子最终兵败,死于乱军之中。对此,楚人也是敢怒不敢言,生怕失去巴人的盐巴。为了笼络感情,楚人一方面与巴人世代通婚,另一方面却随时准备从巴人手中抢夺盐泉,小战争、小摩擦不断。

战国晚期的巴国贵族奢侈骄淫,贪图享乐,不但无意开拓新的盐泉,甚至不惜放弃一些地远人稀的小盐泉。而此时,蜀郡太守李冰却带领蜀人开凿盐井,汲取地下卤水煎煮食盐,形成四川地区独有的井盐。如此一来,蜀盐基本能自给,巴盐失去了成都平原这个巨大市场。内忧外患之下,巴国逐渐衰落,不得不眼睁睁地看着一处处巨大的盐场落入秦、楚、蜀之手。公元前316年,张仪率秦军攻入成都。张仪因"贪巴道之富",同年即攻取巴国,巴国国破。

秦军攻占巴国,本是贪图巴国的食盐,岂料楚人却坐收渔翁之利,自枳(今涪陵)以下,陆续占领平都(今丰都)、临江(今忠县)、鱼复(今奉节)等沿江都邑，并乘机接管了巴人的全部盐场。张仪忙碌一场，却是为楚人打工，自然不服气，中国历史上最长的一次因盐而起的拉锯战争由此拉开序幕。楚襄王在巫山与枳屯集重兵，抵御秦兵达 90 余载。这是后话。

黄花园酱油

汤志轩是浙江诸暨人，幼年丧父，家境贫困，靠母亲替人帮佣为生。后来随母亲帮佣的主人从浙江诸暨迁到辽宁丹东、沈阳等地。汤志轩只读过七年私塾，长大成人后，他先是做挑担卖山货的货郎，省吃俭用攒了一点钱，于1925 年与两位同乡集资 1 000 元，在沈阳盘下了一家南货铺，改名为"三阳春南货铺"。两年后，因三人意见不合，另外两人退股，南货铺由汤志轩独自经营，并改名为"南稻香村"。为保证商铺货源充沛、质优价廉，他设法从全国各地进货。

"九一八"事变后，东北三省沦陷。汤志轩眼看日寇肆意横行，商家已无法正常经营，决定将资金从沈阳转移到上海，并在家乡浙江诸暨购置了 60 多亩地。随后，他以上海为基地，继续开拓自己的老本行南货业。当时，上海生

纯土法酿制酱油

产的卫生酱油,在浙江一带成为抢手货,汤志轩敏锐地感觉到这一行业大有可为,准备进行重点开发。

而此时,湖北沙市"同兴酱园"生意萧条,资金亏蚀过半,无法支撑下去,急于寻找下家。当合作伙伴濮庆忠受"同兴酱园"老板应祥焕委托找到汤志轩,真可谓机缘巧合,双方一拍即合。

汤志轩接受了濮庆忠的提议,决定增资改组"同兴酱园",扩大生产经营范围。他亲自前往沙市,着手增资改组事宜,并将店名改为"老同兴绍酒酱园"。

"老同兴绍酒酱园"开业以后,汤志轩从内部管理、生产工艺和业务经营三个方面进行了大刀阔斧的改革、调整和创新,并加大了宣传力度,效果很快显现:短短两年之内,"老同兴酱园"的产量和利润跃居当时沙市19家酱园之首,利润达到开业初期股本总额1万元的2.6倍。随后,相继在湖北宜昌、湖南常德和沅陵、四川万县、云南昆明等地建立分园。

1940年6月,日军相继占领沙市、宜昌,汤志轩决定西上重庆筹组分园。他带着酱油生产工艺,集沙市、宜昌两园所出资金和各人新增投资共11万元,在重庆神仙洞(渝中区兴隆街,旧址尚存)开设了老同兴系统中资本最雄厚的重庆分园。由于经营得法,"老同兴"很快在重庆声名鹊起,成为战时重庆人必不可少的调味品。

1949年解放以后,公私合营,重庆"老同兴"因地处黄花园,被更名为"黄花园酿造厂"。以后几十年中,黄花园酱油完全垄断重庆的酱油市场。"黄花园",成了酱油的代名词。

上了点年纪的重庆人或许对这样的场景仍记忆犹新:每次经过解放碑,在"三八商店"斜对面,总会看到排着长长的队伍,每个人手里拿着一两个玻璃瓶或塑料瓶。

是的,你没有猜错,他们都是"打酱油"的。看来,"打酱油"一词的发源地应该在重庆。只不过,当年的排队"打酱油",是一种物资匮乏下的积极人生,而今天的网络流行语"打酱油",则是现实困境中的诸多无奈。

重庆人对黄花园酱油的喜爱,可以达到直接用酱油泡饭的程度。一首当年流行的儿歌,是最好的诠释:

黄斯黄斯马马,
请你阿公阿婆过来耍耍,
酱油和的饭饭,
豆瓣炒的嘎嘎。(嘎嘎,重庆方言,指肉)

涪陵榨菜

清朝道光年间，忠州（今重庆忠县）人邱正富因为天天吃鸡鸭鱼鹅，大鱼大肉，致使食欲减退，身体渐渐消瘦。一天夜晚，他迷迷糊糊入睡，梦见一位鹤发童颜的老道走过来，向他面授机宜：涪州（今重庆涪陵区）天子殿用包包菜做的泡菜最下饭。醒来后，他立即前往天子殿晋香。

老和尚用庙里自制的斋饭招待远道而来的香客。其中有一种泡菜，颜色青生生、入口脆嘣嘣、味道鲜嫩嫩，邱正富特别喜欢吃，急忙问老和尚是用什么菜做的。老和尚答道：本地包包菜。邱正富大喜，向老和尚讨了些种子以及栽种包包菜和制作泡菜的方法，心满意足地回忠州去了。

邱正富回家以后，按照老和尚传授的技法，种出了包包菜，然后制作成泡菜，虽不及天子殿的嫩脆，但还是很好吃。他的食欲开始好起来，精神状态一天比一天好。可是第二年再种，菜怎么也长不出包包了。邱正富以为老和尚使了法，又去天子殿晋香，并献上一大笔善资，再次讨回种子，可是仍然与第一次一样，头年灵验，第二年又长不出菜头。

邱正富一心想吃包包菜，只得到涪州天子殿以东的洗墨溪这个地方买下一块地方，举家搬迁过去居住。从此以后，年年有包包菜做的泡菜、咸菜享用，最后活到93岁，无疾而终。

这是流传于涪陵地区的

各色榨菜任挑任选

家家户户晾做榨菜

传说。其实，传说并非全部都无根无据，许多传说本身就是历史事实附会而成。比如涪陵榨菜的发明者，与上面这则传说就有很多相似之处。

两者都姓邱，并且，最先开始生产榨菜的地方，正是城东的洗墨溪边。不过，如今洗墨溪已经不复存在，代之而起的是"红光桥"这个新地名。在红光桥一带，有一座邱家院子，正是涪陵榨菜的发明者邱寿安的故居。

邱寿安是湖北宜昌人，并在宜昌开设了"荣生昌"酱园，生产销售调料、酱油、豆瓣等，兼营各种腌菜。家中雇有四川资中人邓炳成负责干腌菜的采办整理和运输。

清光绪二十四年（1898年），邱寿安来到涪州城西的洗墨溪，发现这里的人用青菜头腌制的泡菜非常可口，他以商人的眼光看到了里面蕴藏的巨大商机，决定改良腌制青菜头的工艺，使它便于运输和保存。

经过反复实验，他发明了用压豆腐的木箱让青菜头脱水的方法，并将这种新工艺制作出来的腌菜制品取名"榨菜"。

试制的几坛榨菜送到宜昌，客人们品尝以后都觉得鲜香可口，为其他酱腌菜所不及。于是，邱寿安在涪陵洗墨溪购置房产，专用于生产榨菜，并在附近买了20担谷的土地，用于种植青菜头，安排邓炳成负责，开始批量生产。他还严令家人及长工保密加工方法，连年扩大生产和销路。

光绪三十四年（1908年），邱寿安的弟弟邱翰章因经商顺便捎运80坛榨菜试销上海。当时无人问津，于是在报上登广告，又以切细的小包榨菜在公共场所送给行人品尝，并附上食用说明书，产品渐为消费者接受。至宣统二年（1910年）上海一年已能销四五百坛。当时已有人将涪陵榨菜转运国内其他市场,以至南洋各地。民国初年(1912年)以后,邱氏加工榨菜的技术广泛传开,涪陵榨菜加工业开始兴起,并带动涪陵青菜头种植业快速扩张。

到今天,"涪陵榨菜"已获得原产地商标,并成为与德国甜酸甘蓝、欧洲酱黄瓜齐名的世界三大酱腌名菜之一,名扬天下,形成了一个庞大的产业。

涪陵榨菜不仅可直接用于佐餐,而且成了渝派川菜一道非常重要的调料。重庆美食之所以名扬天下,涪陵榨菜的贡献也不可忽视。

永川豆豉

相传明朝时期,永川城有一姓崔的富家小姐,容貌俏丽,聪明能干,温柔贤良,在当地小有名气。然而天有不测风云,刚到谈婚论嫁的年龄,父亲竟一病不起,崔家从此开始破落。守孝三年之后,崔氏嫁给了城东河边开小饭馆的男子,过上了起早摸黑的清苦日子。

一天,丈夫外出,崔氏带着孩子在蒸黄豆。黄豆刚起锅,就听到店门外一片杂乱之声,原来有官兵要从这里路过。此时正值兵荒马乱之际,官兵烧杀抢掠的事情时有发生。崔氏慌忙中将一筲箕黄豆顺手倒在后院的柴草下,然后化装成丑陋的老太婆,带着孩子逃了出去。

半个月后,崔氏回到小饭店。刚走到后院,便闻到异香扑鼻。循着香味找过去,竟然是柴草下的黄豆发出的。此时,黄豆已经发酵,并生出近半寸长的白霉,变成了"毛霉豆"。崔氏本想扔掉毛霉豆,但又觉得可惜,"不如留着饥荒年辰家人佐餐。"她想。于是,将黄豆上的白霉洗净,加盐装进坛子里,放在屋角便忘了此事。

次年开春正遇青黄不接,蔬菜稀缺,崔氏突然想起屋角还有一坛毛霉豆。打开坛子后,一股异香扑鼻而来。倒出豆子一看,颗颗清香

现代豆豉生产线

散粒、色泽晶莹、光滑油黑。放进嘴里一尝,入口化渣,回味中带甘甜,简直是人间美味。

从此之后,崔氏靠做永川豆豉发了家。凡是到永川的商人,都以吃崔氏店里的豆豉为荣。

永川豆豉的做法也慢慢传开,并逐步演变成川菜不可或缺的调味品之一。可以这么说,辣椒造就了川菜阳刚硬朗的主要特征,永川豆豉成就了川菜温婉柔和的次要特色,让川菜具有了麻辣之外的另一面。

比如回锅肉和盐煎肉,一个微辣回甘,一个咸鲜浓香,都是川菜中的经典菜品,就像川剧中的文生和旦角,是用来撑场面的,属于台柱子。所以,学习传统川菜,首先要学的就是这两道菜,这两道菜拿捏好了,基本就可以出师了。

民间散卖豆豉

然而,现实情况却发生了变化,回锅肉和盐煎肉被一些小餐馆糟蹋得惨不忍睹,既不"回锅",也不"盐煎",不但样子长得一个样,连味道都差不多。让正宗的川厨们情何以堪?

其实,两道菜的最大不同在于:回锅肉离不开鲜红透亮的郫县豆瓣,盐煎肉必不可少晶莹油黑的永川豆豉。

是的,秘诀就在于那一颗黑不溜秋、晶莹透亮、毫不起眼的永川豆豉。永川豆豉作为川菜必不可少的调味品,却是很多人不了解的。比如豆豉蒸鲶鱼、干烧钳鱼、豆豉蒸腊肉等,永川豆豉都是主要调料。就像缺了永川豆豉的盐煎肉不是盐煎肉一样,如果这些菜少了永川豆豉,也就不是那个味了。

▶ 白市驿板鸭 ◀

明朝末年,农民起义军张献忠的队伍从湖广一路杀过来,到了重庆境内。传说张献忠心狠手辣,无论小孩老人妇女病人,见到就杀。于是老百姓纷纷外出躲避。

特别是白市驿，由于地处重庆到成都的主干道上，是成渝之间的第一大驿站，为进出重庆的必经之道，老百姓更是惊恐万分，纷纷到附近的山上躲了起来。

果然，没过多久，张献忠的队伍就成串成线地从白市驿开过去。但出乎老百姓意料的是，那些兵并不像传说中的那样凶恶，不但一个个规规矩矩，从不骚扰穷苦百姓，而且专门收拾平常欺压穷苦百姓的有钱人。

等张献忠的部队全部离开以后，人们陆陆续续下山回家。有人提议："有钱人平常在我们头上拉屎拉尿，只有张大帅能替我们出气。我们何不去找张大帅，跟他一起打天下？"

"要得！"老百姓被欺负久了，早就有了造反的想法，只是苦于没有人带头。这下可好，出了一个替老百姓做主的张大帅，于是大家纷纷响应。

这帮人出发的时候，白市驿的男女老少都来送别，拿的拿粮食，送的送衣服鞋子，有的人把自家的鸭子杀了，抹上盐腌着，要带去给张大帅补补身体。

一行一百多人一路紧赶慢赶，三天了还没有追上张献忠的队伍。而鸭子却放不得。人们想了一个办法，就地取两片竹篾，交叉着将鸭子撑开绷起，挂在包裹外面让它自然风干。

又追了一个星期，还是不见前面的队伍。有人提醒："这么热的天，鸭子怕是要变味哟。"有人出主意："干脆像腊肉那样熏了，放一年都不得坏。"于是大家四处找来柴火，把所有鸭子集中起来，熏得两面焦黄，闻起来喷香，看起来油浸。

这下子没有后顾之忧了，大家放心大胆一路追过去，硬是追上了张献忠的部队。晚上，张献忠设宴招待来投靠的人，下酒菜里就有他们送来的鸭子，

传说中张献忠喜欢的白市驿板鸭

被伙夫蒸熟以后，还没有端上来，香气就先飘过来了。

张献忠咬了一口鸭肉，连说"好吃、好吃"，当问到这是什么鸭子时，大家傻了眼，不知道如何回答。张献忠继续问道："那你们是从哪里来的呢？"大家异口同声地说："白市驿。""那这就是白市驿板鸭嘛！"白市驿板鸭从此有了名字，制作工艺也流传了下来。

到抗战时期，国民政府迁到重庆，以山城为陪都，更将飞机场修在了白市驿，原本就商贾云集的白市驿，又成了进出重庆的空中门户。白市驿板鸭的名声，随着来往的达官贵人商贾旅客，被传播到全国各地。板鸭销量大增，竟成了重庆的一张名片。

而白市驿板鸭的制作工艺，也被风趣幽默的重庆人浓缩成了一句至今流传的歇后语：白市驿的板鸭——干绷。不过，不知道为啥子意思却变成了"没有这个条件却冒充了不起"，也就是"打肿脸充胖子"，甚或装酷、装嫩……

▶ 合川桃片 ◀

清朝晚期，合川县城的糕点生意热火朝天，各糕点铺纷纷使出各自看家本领，推出自家特制的糕点招揽生意。其中，要数祥云斋糖果铺最为霸道。

这家糖果铺选用上等糯米、核桃仁、白糖、蜜玫瑰等原料，加工制作出一种芳香四溢，香甜可口的糕点，并起了个雅俗共赏的名字——合川桃片。这一口味新颖的糕点一经推出，就像在坊间丢了颗重磅炸弹，立即受到了众多食客的青睐。一时间，桃片成为了风靡一时的时髦甜点。其他糖果铺见有利可图，也开始争相效仿，纷纷推出自家特产的合川桃片吸引顾客。

有一家名叫同德福的糕点铺，当家的名叫余鸿春，他对祥云斋的桃片进行

入口香糯的桃片

了反复研究和改进,生产出来的桃片比原来的颜色更白、更加绵软。这种外观与口感上的改变,得到了资深食客的一致好评。一时间,同德福名声大噪,门庭若市,就连合川县举人张石特也亲自带着合川的这一特产去成都、北平(今北京)等地,作为礼物馈赠师友。至此之后,合川桃片的名声逐渐传播到全国各地。

到了民国时期,同德福的当家余鸿春去世,他的儿子余复光子承父业,接管了糕点铺。

余复光不是一个墨守成规的人,他不仅精明干练,而且极富经营头脑。为了在众多竞争对手中立于不败之地,余复光进行了一系列的改革。他首先从原料着手,进一步提高原材料的品质,如糯米一律用上熟大糯米,糖则是当时市场上最好的英国太古公司的白糖和台湾白糖,其他如桃仁、麻油等也都采用上等优质品。

这种毫不吝啬的用料与用心,无疑使同德福桃片的口味更上一层楼。但余复光是个精益求精的人,他深知好的制作工艺同样是决定产品优良的关键。因此,他严格要求每个步骤都必须精工细作,并认真研究刀法,使每片桃片厚薄均匀、大小相仿,将每斤桃片控制在250片左右,从而改善桃片的外观。

除此之外,余复光对于同德福桃片的选料、磨粉、搅糖、蒸块、包装等每道工序,都制定了详细的规章,要求按章办事。为了保证质量,他甚至专门设立了"质量检查"这一岗位,严把质量关,做到不合格的产品决不准出门。

正是在余复光的用心改革之下,同德福桃片的质量在同行业中遥遥领先,并在国内外获得了多个奖项。1926年,驻合川的川军28军第三师师长陈书农主持召开的合川、武胜、铜梁、大足、璧山五县展览会上,同德福桃片又一次得到一等奖。三师旅长杨杰华还亲笔题写了"片片飞来是桃花"的匾额,送与同德福。同年,同德福桃片在美国费城世博会上获得金奖,并被誉为"世界第一桃片",从此名扬海外。

百年来,中国的历史几经变迁,但合川桃片的知名度却与日俱增。直到今天,我们除

民间土法做桃片

了吃到最传统的香甜味,还可以吃到椒盐、八珍、红豆、黑米、黑芝麻、绿豆等多种口味,合川桃片也不仅仅只是那一块入口即化的糕点,它已成为了我们对城市的一种记忆,让我们在回味的时候,内心深处不由自主地涌起一抹沁润心脾的香甜。

▶ 江津米花糖 ◀

陈汉卿是重庆市江津长冲乡人。由于家境贫寒,从16岁开始就进城谋生。他在县城的糕点店赊点糖果、杂糖等,放进一个特制的玻璃匣子里,然后肩挎玻璃匣,手执拨浪鼓,一路"嘣嘣、咚咚"沿街叫卖。陈汉卿每天起早贪黑,非常勤奋,出入茶坊酒肆,为人机敏,生意自然不错,几年之后,竟然小有积蓄。

而他并不满足于做一个每天卖别人糕点的"售货郎",他的目标是拥有一家自己的糕点作坊。1909年,24岁的陈汉卿花光了自己的积蓄,与弟弟陈丽泉一起,在县城通泰门外钟姓茶馆内租了半片铺子开设糖果店,取名"天太斋"。几年之后,兄弟俩又将小什字街张元臣茶馆租下一部分,前面摆设柜台,后面做作坊,自行生产糖果糕点,并将招牌改为"太和斋"。陈汉卿终于可以销售自己生产的糖果、糕点了。

江津民间有一种待客的常用茶点——炒米糖,就是用洗干净的沙子将阴米炒到熟透膨胀,然后熬制红糖与炒米混合,待冷却后切片保存,随时取出作为待客的小吃。制作"炒米糖"是江津的风俗之一,家家必不可少,不但工艺麻烦,而且往往口味不佳。

陈汉卿以一个商人的敏锐眼光,看到了需求与供给之间的矛盾,他决定改良"炒米糖"的制作方法,批量生产投放市场。经过反复试制,并征求顾客意见,最终,陈汉卿摸索出了一套完整的制作工艺。改阴米沙炒为油酥,改红糖为白糖,再加冰糖、桃仁、花生、芝麻等辅料,经过15道工序,于1924年制成了洁白晶亮、酥脆化渣、香甜爽口、营养丰富的油酥米花糖。产品一

土法爆米花

过往年间沿街叫卖的炒米糖开水

问世,大受欢迎,迅速占领市场,并成为江津的一大特产,人称"江津米花糖"。

抗战时期,进出江津的外地客人增多,米花糖这一风味独特的食品,成了外地客人到江津必买的礼品,于是销量猛增,声名远播,成为享誉全国的名牌产品。

因为陈汉卿当年的贡献,成就了一个庞大的产业,到今天,江津每年米花糖的产值达上亿元,江津米花糖已经走出国门,远赴日本、欧美等。

但任何事物,有其利必有其弊,就像工业革命给我们带来便利的同时,也给人类带来了无尽的灾难。同样因为陈汉卿当年的创新,重庆一项意味深长的民俗,消失在历史的尘埃中……

"炒米糖开水哟……"20世纪三四十年代重庆的街头巷尾,不时会传来一声悠长而寥远的叫卖声。随着声音由远而近,一个挑着担子的小贩缓缓而来,担子一头是一个红泥火炉,上面放着一个锡水壶,火炉里杠炭烧得绯红,水壶里的开水冒着蒸汽;担子另一头是碗勺和炒米糖。有稀疏的行人经过,或是腹中饥饿,或是受了诱惑,叫住小贩。更有临街的小楼,几个闲着无事的太太搓麻将,听了小贩的吆喝,找出早备好的系了绳子的竹篮放下楼去,要小贩冲了炒米糖开水,再吊上来加餐。小贩一边照顾街边的主顾,一边招呼楼上的女客,直到大家都满意,才捡好钱藏了,缓缓移向前去,"炒米糖开水哟"的吆喝声,由近而远……

这一幕,随着工业化生产的米花糖大量上市并迅速被食客接受,竟渐渐淡出了人们的视野。炒米糖开水,也就成了重庆人的一道集体记忆。

忠县豆腐乳

北宋太平兴国年间,忠州(今重庆忠县)城边有一个小小的豆花店。店主刘三娘是一个寡妇,待人热心热肠,爱做好事,与14岁的儿子刘柱香相依为命。小店的生意不好不坏,勉强可以养活娘儿俩。

一天,刘三娘正在做豆花,一个猎人提着一只白鹤进店歇脚,买了一碗豆花一碗酒吃起来。刘三娘看见白鹤眼巴巴地望着自己,心中不忍,要求猎人把白鹤卖给她。猎人不肯,刘三娘再三求情,终于说动猎人,用一吊铜钱买下了这只白鹤。

刘柱香天天给白鹤涂药治伤,捉鱼、虾、螺蛳喂它。养了七七四十九天,伤好了。刘三娘对它说:"去吧,以后多多留心。"白鹤点点头飞上了天空,绕着豆花店飞了三圈,才向远处飞去。

过了不久,一个年轻尼姑,挑着一担清水,刚走到豆花店门口,竟然昏倒在地。刘三娘同儿子赶紧把她扶进店中,从锅中舀来一碗热豆浆,用汤勺舀着慢慢喂她。尼姑渐渐苏醒过来,对刘三娘母子千恩万谢,还说:"你们母子救了我一命,我出家人没有什么可报答,只有这担清水相送,用它能做出最好的豆花。"刘三娘说什么也不要。尼姑一闪身走出门外。刘三娘叫刘柱香挑着水桶去追。他人小气力小,累得上气不接下气,哪里追得上,便把桶往一棵枯树旁放下歇气。谁知桶刚落地,就化成一眼井,井水清亮亮的,喝一口,甜津津的。刘三娘当真挑水来做豆花,做出的豆花又鲜又嫩又绵实,人们特别爱吃,生意一天天好起来。

城里有个姓王的大财主,称霸一方,并且非常富有,传说财富相当于半个忠州城,人称"王半城"。"王半城"也开着一个豆花铺,但做出来的豆花又老又硬,像嚼烂棉絮,吃的人很少。他见刘三娘生意好,十

红彤彤的豆腐乳

分眼红，暗中打听，才晓得是用井水做出的豆花。他马上想霸占这眼井，带着几个家奴，气势汹汹地来刘三娘家说："这眼井是我家的祖业，我要收回，你们不能再到这井里挑水了！"

刘柱香不服，大声申辩。"王半城"打个手势，几个家奴一拥而上，拳打脚踢，把他打得半死，然后扬长而去。

"王半城"霸占了这眼井后，很得意，用井水做了一锅豆花，尝一口，硬是好吃。心里盘算着，把豆花铺开大点，肯定要发财。于是，发出请帖，选个好日子，请知州和衙门的大小官员以及城中的一些士绅来吃豆花宴。一清早，叫人挑来两担水，用两升黄豆磨成五桶豆浆，倒在锅里烧着。宾客们陆续到齐了，"王半城"向他们吹嘘这井水煮的豆花是如何如何好，讲得口水四溅，听得人也口水直流。午时过了还不见把豆花端出来，"王半城"走进灶屋一看，锅里的豆浆竟变成了一锅清水。赶紧安排重新挑水磨豆子，可是豆浆倒到锅里一煮又变成了清水。

太阳都偏西了，还是没有一丁点豆花端出来。客人们个个饿得肚子咕咕叫，七嘴八舌说起了风凉话来："王员外精明，请客不花半文钱！"……知州大人很生气，"哼"了一声率先甩袖而去，其他客人也陆陆续续走了。"王半城"脸面丢尽，带上几个家奴，拿着锄头、铁铲，冲到井边，准备挖土填井出气。刚准备动手，突然从井里飞出一只白鹤，两下就啄瞎了"王半城"的眼睛，抓破了他的脸皮，朝远处飞去。"王半城"痛得在地上打滚，回家没几天就死了。

刘柱香被打成重伤，几天滴水不进。刘三娘成天守着儿子哭，无心经营豆花店，之前做的豆花块长满了一层白绒毛。

正当刘三娘在伤心啼哭时，一只白鹤飞了进来，变成先前那位女尼姑，摸出一颗红药丸，递给刘三娘，说道："我本是白鹤仙子，前次被猎人射伤捉住，

走街串户的豆腐乳挑子

全靠你母子相救,特用井水报答恩情,谁知反而害了你们。现在恶人已除,莫再焦愁,这颗药可治好你儿伤痛。这些霉豆花,也有法子。"随即口念一偈:"长霉心莫焦,装坛加作料,待到六月后,满城香气飘。"说完,化为白鹤腾空飞去。

刘三娘对天谢过白鹤仙子,舀碗水,让刘香柱服下药丸。真是仙丹妙药,刘香柱吃下去就好了。母子俩欢天喜地,赶紧找来几个坛子,把长霉的豆花块块放进去,加进盐水、白酒和陈皮、八角等作料,用稀泥巴把坛口封好。

六个月后,揭开坛口泥巴,顿时一股香气扑鼻而来。尝一口,细腻化渣、味美香甜。母子俩欢喜得不得了。因为泡的盐水已变得好像乳汁一样,因此给它取名"豆腐乳"。就这样,刘三娘的生意又兴隆起来了。

豆腐乳在重庆农村还有一个形象的名字——"霉豆腐"。不仅仅是忠县,重庆农村普遍有做霉豆腐的习俗。每到冬季,几乎家家户户的女人们都要行动起来,做上一坛霉豆腐。这种手工自制的霉豆腐,与超市里批量生产的豆腐乳形状不同,一般块头比较大,每一块的外面裹了一张菜叶子。吃的时候,先用筷子将菜叶子拨开,然后夹一小块放进嘴里,有一股浓浓乡土气息,头脑中顿时浮现出"外婆"那慈祥而忙碌的形象。到春节腊肉香肠吃腻了的时候,来上一坨霉豆腐,那个味道,按照重庆人的说法是——不摆了。

怪味胡豆

重庆北碚是一座富有灵气的山水园林城市。抗战时期,因名人要贾云集,被称为"陪都中的陪都",意为陪都重庆的陪都。

从前,北碚的解放路有一家炒货铺,摊主熊荣成从小就跟随父母来到北碚学做生意,以经营"豆制品"为特色,在20世纪20年代初,创办了老字号"蝶花"。后来,熊荣成娶妻并和妻子一起潜心研制出了挨刀胡豆、油炸胡豆、油炸花生等风味独特、深受当地人喜爱的小吃。抗战时期,老舍迁居北碚"雅舍",无意中品尝到熊荣成夫妇制作的挨刀胡豆、油炸胡豆、油炸花生后,先是被"入口酥、香、脆"的口感深深吸引,然后"甜、辣、酸、咸、麻五味"一起在口腔里奔涌不息,除这些直观感觉外,还有想象之味,凭你想到什么味,味蕾就会获得这种味道,使人惊奇称好,由于味道奇特,难以定位,欣然取名"怪味胡豆"。又因北碚地处缙云山脚,故建议以"缙云"为名号。"怪味胡豆"之名从此名扬四海,成为重庆极具代表性的一道名特小吃。

怪味胡豆作为重庆的一项代表，可以说是当仁不让，它的味道旗帜鲜明却又复杂多变，具有典型的重庆风格和气派，在全世界都难以复制，也无法模仿。

它在食品大家族中，是唯一把酸、甜、麻、辣、咸五味同时纠缠在一起的"怪味"，但同时五味之间有如君子般和而不同，互不欺压，各自为政，互不干涉，犹如抱团过冬、包容四海的重庆人，颇具有难同当、有福同享的气概。

它天生一副天不怕地不怕、不卑不亢、知白守黑的模样，质朴中迸发出极具摧毁力的味道。不抛光粉饰，不染色掩盖，一副我行我素"老子无所畏惧"的诚实模样，有点重庆崽儿敢爱敢恨的脾气，看了就让人放心。

"怪"是它的主旋律，它不按常规出牌，一阵拳打脚踢，乱拳打走老师傅；"麻、辣、酥、脆"是它的协奏曲，它万变不离其宗，剑走偏锋般云卷云舒，却又走得再远都能找到回来的路。

它不似上海城隍庙的五香豆，虽名满天下却脂粉气太重，总感觉缺点男子汉的气概；它不像浙江绍兴的茴香豆，虽名声大噪却软绵无力，一如孔乙己的迂腐与麻木。它脆生生的一派阳刚之气，放进嘴里，须用大牙才能压碎又不至于太硬，你可以感受到它轻微的抵抗，然后就是臣服的拥抱，一股强烈、奇怪和刺激的快感，酣畅淋漓地横扫口腔。

解放后，怪味胡豆这一特产小吃一直延续下来。1955年成立五四联社，就以熊荣成先生为主，生产怪味胡豆和其他糕点。在1958年公私合营后，正式将厂名更名为重庆缙云食品厂，仍沿用熊荣成先生"缙云·怪味胡豆"的生产工艺和技术。"缙云"以"怪味胡豆"为特色，月饼、蛋糕、饼干为系列，当时在重庆与家喻户晓的冠生园齐名。

而今眼目下，重庆几乎所有的食品厂都会生产怪味胡豆，俨然形成了一个庞大的产业。

怪味胡豆

中国名城掌故丛书

● **重庆掌故**
Chongqing Zhanggu

山川览胜

▶ 长江三峡（人文篇）◀

——穿越秀丽的历史迷宫

在长江三峡这个山水壮丽的大峡谷里，曾经发生过许许多多动人的故事。有的成为了美丽的传说，有的成了可以看得到的人文景观，有的永藏水中……在千里三峡的沿岸，留下了这些宝贵的印记，三峡因而更加有趣。

奉节白帝城

白帝城是三峡旅游线上著名的景点，位于重庆奉节县瞿塘峡口（夔门）的长江北岸。白帝城雄伟壮观的气势令世人称叹：一面靠山，三面环水，背倚高峡，前临长江。

有民谚说："白帝城内无白帝，白帝庙祭刘先帝"。白帝城原名子阳城，由西汉末年割据蜀地的公孙述建立。城中有口白鹤井，升起的白气形状宛若一条龙，公孙述认定这是"白龙出井"，是上天预示他要当皇帝。公元25年，公孙述自称白帝，此城改名"白帝城"。11年后，公孙氏没做成真龙天子，反倒被刘秀所灭。当地老百姓为纪念他在乱世中带给本地十几年安宁，特意为其修建了白帝庙。公元222年8月，刘备兵败东吴，于白帝城附近的永安城（今重庆奉节县夔州城）永安宫托孤于诸葛亮。后来，白帝庙里就多了祭祀刘备的先主庙和祭祀诸葛亮的诸葛祠。到明代时，公孙述的塑像干脆被当时的官员毁弃，由刘关张三兄弟和诸葛孔明的贴金塑像取而代之。

白帝城也有"诗城"之誉。历史上，白帝城是观"夔门天下雄"的最佳地点。登白帝，游夔门，历代文人墨客喜爱在此吟诗作赋，当中不乏李白、杜

奉节白帝城

甫、白居易、苏轼、陆游等大诗人。尤以唐代大诗人李白那句"朝辞白帝彩云间,千里江陵一日还。两岸猿声啼不住,轻舟已过万重山"诗句,传唱最广。

云阳张飞庙

位于云阳县盘石镇龙宝村狮子岩下。据传张飞在阆中被部将范疆、张达暗害后,二人取其首级投奔东吴,行至云阳,闻说吴蜀两国讲和,便将其首级抛弃江中,为一渔翁捕鱼时打捞上岸,埋葬于飞凤山麓,世人在此立庙纪念,故有张飞"头在云阳,身在阆中"之说。张飞大义大勇,为人民敬仰,历年来农历八月廿八其生辰,各地群众纷纷前来举行祭祀民俗活动,颇具一定规模与影响。

史载张飞庙始建于蜀汉末年,后经宋、元、明、清历代扩建,已有1700多年历史。庙前临江石壁上书有"江上风清",字体雄劲秀逸。庙内塑有张飞像,珍藏有汉唐以来的大量诗文碑刻书画及其他文物数百件,多为稀世珍品。素有"三绝"(文章绝世、书法绝世、镌刻绝世)之盛誉。现为三峡库区内重庆市唯一全淹全迁的重点风景名胜古迹。

云阳张飞庙

忠县石宝寨

石宝寨位于重庆市忠县境内长江北岸边,距忠县县城45公里。此处临江有一座俯高十多丈,陡壁孤峰拔地而起的巨石,相传为女娲补天时遗落下来的一尊五彩石,故称"石宝"。这一巨石形如玉印,又名"玉印山"。明末谭宏起义,据此为寨,"石宝寨"由此而得名。

石宝寨古刹后殿,有一石孔,口大如杯,称"流米洞"。据传说,寨上修起庙宇后,这石孔每天都流出一些米来,正巧供庙内和尚食用,故称"石宝"。后来,和尚想多得一些米,便派小和尚偷偷地把石洞凿大,结果石洞从此粒米不流。贪心的和尚得到了应有的惩罚。

石宝寨内有三组雕塑群像,其一为巴蔓子刎首保城的故事,其二为张飞义释严颜的三国故事,其三为巾帼英雄秦良玉的故事。

忠县石宝寨

石宝寨是一座拔地而起、四壁如削的孤峰。清乾隆初年,借助架于石壁上的铁索在山顶修建了一座寺庙,清嘉庆年间又聘请能工巧匠研究如何取代铁索上山,于是便依山取势修建了这座九层楼阁。从此,香客及游人可免去攀援铁索之苦,上楼直达山顶,1956年又加以修建改为12层,如今这里已成为游客眺望长江景色的"小蓬莱"了。

丰都鬼城

位于重庆市下游丰都县的长江北岸,是长江游轮旅客的一个观光胜地。丰都鬼城又称为"幽都"、"中国神曲之乡"。鬼城以各种阴曹地府的建筑和造型而著名。鬼城内有哼哈祠、天子殿、奈河桥、黄泉路、望乡台、药王殿等多座表现阴间的建筑。

丰都鬼城

若要说清楚搞明白丰都被讹传为鬼城,最早的历史渊源恐怕要从巴蜀氐羌部落第一代鬼帝——土伯住在"鬼国幽都"说起。

当人类社会在遇到一些大自然现象无法做出正确解释的时候,便认为这一切是由鬼神在主宰。而巴族和蜀族是以氐羌部落为主,东周时,丰都曾为巴子别都,随着巴蜀两族的不断交往,政治、经济、文化、思想、习俗相互渗透,于是产生了一个共同信仰的宗教神——土伯,这就是巴蜀鬼族的第一代鬼帝。这位鬼帝就住在幽都,至今丰都还留有"幽都"遗迹,丰都也就成了鬼都。

丰都"鬼城"是人们凭想象建造的"阴曹地府",人们凭想象,用类似人间的法律机构先后建成"阎王"、"鬼门关"、"阴阳界"、"十八层地狱"等一系列阴间机构。各关卡的鬼神形象又是千姿百态,峥嵘古怪。刑具令人恐怖万分,不寒而栗。

▶ 长江三峡(自然篇) ◀

——放舟下巫峡,心在十二峰

三峡,万里长江中山水壮丽的大峡谷。它西起重庆奉节县的白帝城,东止湖北宜昌市的南津关,由瞿塘峡(全长8公里,山耸千米,崖壁削直,谷深江窄,激流浪高)、巫峡(全长40公里,曲折迂回,奇峰叠嶂,秀色画廊)、西陵峡(全长76公里,水急滩多,行船艰难,沉舟无数)组成,全长191公里。

长江经四川盆地咆哮进入三峡。从白帝城向东,就进入长江三峡中最西面的瞿塘峡。瞿塘峡分为风箱峡和错开峡两段水峡,从奉节县白帝城到巫山

夔门雄关

县大溪镇（黛溪镇），全长约八公里，在三峡中最短，也是最为雄伟险峻，大有"镇全川之水，扼巴鄂咽喉"之势。从重庆到三峡，首先映入眼帘的就是气势磅礴的瞿塘关（又名夔门），三峡大坝修建前，夔门段水势凶猛，凶险异常，山岩上镌刻着"夔门天下雄"五个大字。

三峡放舟

遥想当年，三峡风光除了凶险雄伟之处，也有柔情迷人的一面。唐代诗人元稹诗云："曾经沧海难为水，除却巫山不是云。"可见巫山云雨乃是天下云雨之冠了。清人许汝龙盛赞："放舟下巫峡，心在十二峰。"道出人们对巫峡十二峰的倾慕之情。每每彩霞漫天或雾霭锁江之时，思绪随着江轮的汽笛声飘向天远的万重山峦，停歇在三峡之间！

巫山十二峰还流传着一段优美的神话传说。古时候，王母娘娘的女儿瑶姬带着11个姐妹下凡，来到巫山后，正遇大禹治水。她们帮助大禹斩杀了兴风作怪的12条蛟龙，治理了洪水。这时她们对巫山美丽的山水风光流连不舍，于是就在群山中永远住了下来。

登龙峰

从巫山县城码头乘船东下约7.5公里，首先进入眼帘的是登龙峰，海拔1210米，为12峰中最高的，只见临江的一面悬崖峭壁，气势雄伟，六峰攒簇，层叠而起，似一条长龙跃然而腾，欲飞上九重云天，云彩缭绕峰间，又如卧龙登天之势。

圣泉峰

在横石溪的东侧，可见圣泉峰，海拔950米，山峦挺拔，悬崖如刀劈斧削。此峰屹立于山腰，峰形像一块光洁晶莹的岩石，好似一块玉牌吊在雄狮的颈下，当地人称之为"狮子挂银牌"。峰下有一股清冽的泉水，终年不绝，为三峡有名的甘泉之一。

朝云峰

随江轮东下,行至箭穿峡口,可仰望朝云峰,海拔 900 米。此段峡江湿气浓度大,蒸郁不散,朝有彩云笼罩峰顶,时而集聚,时而照射,彩云飞舞,使人领略到唐代著名诗人元稹"曾经沧海难为水,除却巫山不是云"的千古绝唱。

望霞(神女)峰

神女峰海拔 940 米,西邻朝云峰,东界松峦峰,为巫峡 12 峰中最为纤丽奇峭之峰,神女峰上入云端,下临大江,山峰旁有一尊人形石柱,形如一位俊俏的少女,亭亭玉立。它就是相传数千年、老幼咸知的巫山神女的化身。神女峰白云缭绕,霞光辉映,身影纤秀,古称"望霞峰",又名"美人峰"。每天,神女峰第一个迎来三峡朝霞,又最后一个送走三峡晚霞。

松峦峰

松峦峰在神女峰的东侧,海拔 900 米,峰峦呈圆形,古时峰顶苍松环盖,枝叶繁茂,形状好似帽盒,故当地人又称之为"帽盒峰"。古人作诗颇多,赞美此峰胜景。其中一首这样写道:"节彼层峦翠万重,何年蟠结几株松。苍烟日午高冲雁,老干春深欲化龙。"

集仙峰

集仙峰在松峦峰的东面,海拔 920 米,峰顶石列,参差矗立,高入云际,如一群神仙在云雾山上相聚。峰顶天然分开一叉,恰似一把张开的剪刀,故古人又称之"剪刀峰"。相传,每年八月十五日月明之夜,峰顶上有美妙的丝竹之音,猿鸣达旦方消失,充满浓厚的神话色彩。

飞凤峰

长江南岸可见飞凤峰,海拔 820 米。它位于长江与神女溪交汇口,山形如一只翱翔凌空的凤凰,展开双翅直下长江中饮水,那人那水之处,犹如凤凰美丽小巧的嘴,翘起双翅直上山巅,在半山腰平台上,古有授书台,相传为神女授宝书给大禹的地方。

翠屏峰

在青石镇的后面耸立着翠屏峰,海拔 820 米,山峰起于平缓山坡,漫山苍翠,郁郁葱葱,超然卓立,形如一面巨大的屏峰。关于翠屏峰的美丽,也有历代诗人咏唱赞颂。其中一首较为典型:"巫山四面屏无二,却望东南欲滴翠。

碧色分明云母光,清辉掩映琉璃器。"

聚鹤峰

聚鹤峰屹立在翠屏峰的东面,海拔为900米,峰顶怪石嶙峋,松杉茂密,四季常青,夜有仙鹤相伴,栖身于松杉之上,因故名"聚鹤峰"。每当月明星稀或凄风冷雨之时,白鹤引颈长啸,与猿啼接应,最是销魂断肠的场景,使无数游子过客洒泪沾襟,思乡不已,产生了一种感伤。

巫峡美景

上升峰

上升峰海拔860米,在巫峡"七女塘"附近。山峰高突,巍然屹立,一角斜上,有飘摇之势,好似一只大鸟在飞腾上升。到达上升峰顶,可以远看万里长江,截断巫山云雨,一水奔腾,万峰峭拔。还可看到大宁河从莽莽群峰间穿行,犹如飘在群山间的银带。

起云峰

在神女溪北岸蓝厂岩附近,海拔800米,峰腰常有云雾缠绕,由上而下渐变,突而腾飞,变化无穷。古人疑此处为巫山云雾之源。历代诗人描写此峰最多,如其中一首是这样描写的:"极目烟岚欲烧空,荡胸石壁疑翻水。地云云复起奇峰,变幻无端从此始。"

净坛峰

从神女溪上行5公里,可望见最后一峰,即净坛峰,海拔1 100米,峰峦秀净,岩石层叠如巨坛,岩色白净明亮。峰脚下有一碧绿的水潭,风景幽静。取名净坛峰,有诗人赞美净坛峰:"三清世界翠微巅,谁筑仙坛不计年。自有层城瞻紫气,更无纤翳累丹田。"

巴渝十二景
——上苍缔造的杰作

话说老巴渝十二景,不得不提到一个人,他便是清乾隆年间巴县知县王尔鉴。一个不是重庆本地的官员,又没有巴渝文化背景,缘何描绘出的巴渝十二景有如此强大的生命力,时隔260多年,生活在这座城市中的不少文化人,仍能朗朗上口地说出他的名字?

在今天看来,这件事情有点不可思议。

清代官员队伍,学而优入仕者靠的是熟读诗书。不过,为避免官员借乡土势力结党营私,古代采用了任官回避制。明初创立"南人官北,北人官南"的互调用人法,清康熙皇帝规定得更具体:一般文官不得在本籍或原籍任官,本省人不能做本省的官,即使不同省而离原籍在五百里以内的也必须回避。

这也许就是为什么王尔鉴无巴渝文化背景,却能描绘出流芳后世的巴渝十二景的内在原因吧。受传统文化熏陶,拥有深厚文化底蕴的王尔鉴,为官期间,依法办事、廉洁奉公,还把自己的薪俸拿出来补助那些贫困学生。他的官品和人品,受到重庆百姓的称颂。

正是有了这种文化背景,乾隆十六年(1751年)降任巴县知县的王尔鉴,特别注重文化事业。在他的引领下,巴县文风蔚然兴起。而他则把空余时间放在收集文史资料上,倾全力编纂《巴县志》,其中一块重要内容就是巴渝十二景。

据说,当年巴渝十二景的选定标准是:"其趣在月露风云之外,其秀孕高深人物之奇,登临俯仰,别有会心……空灵飘渺,在有象于无象之间,最称奇妙。别具幽趣,空灵不著色相……"因而,他所选取的巴渝十二景,都说得上空灵,美的地方恰巧是难以说清楚的那一部分。

王尔鉴到任重庆后,经常流连于山水之间,以探幽览胜为乐,几乎重庆的每个角落都留下了他的足迹。

探访中,王尔鉴发现长江、嘉陵江蜿蜒交汇,形似古篆书"巴"字,故称"字水"。而两江浪卷金花,满天繁星,与人间灯火上下浑然一体,五彩交相辉映,俯仰顾盼,情境各异,如梦如幻。这种"宵灯"映"字水",风流占尽天下的情景,让王尔鉴写诗讴歌:"高下渝州屋,参差傍石城。谁将万家炬,倒射一江明。浪卷光难掩,云流影自清。领看无尽意,天水共晶莹。"可见,王尔鉴是一个善诗文的官吏,关键还在于,他将自己的审美留给了后世。

老巴渝十二景

"老巴渝十二景"由巴县知县王尔鉴游历后率众评选,已有260余年历史。

金碧流香(渝中区人民公园)

从解放碑的邹容路沿坡上行200米,到临江制高点人民公园,几百年前,这里曾是"金碧流香"的所在地金碧山。

桶井峡猿(渝北统景)

渝北区有一处重庆家喻户晓的风景区——统景峡。那是一处集峡、河、泉、洞于一体,有峡险、水柔、泉暖、洞奇、石怪之誉的景区,景区面积约10平方公里。

云篆风清(巴南云篆山)

云篆山风景区位于巴南区鱼洞城郊、长江岸边,自古以"云篆风清"闻名于世。山形如鱼脊,山势曲折,蜿蜒如云篆。

海棠烟雨(南岸海棠溪)

海棠烟雨位于南岸区海棠溪。溪北从南坪山坞出,沿壑带涧,曲折入江。溪边曾多植海棠,润比温玉。历代墨客骚人常于此曲水流觞,吟那淡烟细雨中的幽姿淑态,吟那朝晖暮霭中的红装素裹。

云篆山

华蓥雪霁(四川华蓥山)

华蓥山绵亘川渝四县交界之处,山麓四面环拱,正峰孤峭插天,直出云表。秋冬之交,仍苍翠丰满,无寒山之瘦,无柘木之败。

龙门皓月(南岸龙门浩)

龙门皓月与望龙门隔江对峙。水中有二巨石,各大书楷行"龙门"二字。二石壁立,狭仅容舟,若千帆竞来,唯勇胜者可入,故有游鱼化龙之龙门神功。

黄葛晚渡(南坪涂山之麓)

黄葛渡因候渡者有黄葛浓荫庇遮得名。这里是一个渡口,以前曾有一棵黄葛古树掩盖渡旁,树围有5米左右。可惜1968年遭遇一次洪水后受损,1972年在"文革"中被砍掉了。

歌乐灵音(沙坪坝歌乐山)

歌乐山因"歌乐灵音"而得名。一说"大禹会诸侯于涂山召众宾歌乐于此",一说李冰之子二郎治水有功,玉皇大帝派天宫仙乐队表彰,乐作如闻钧天之音,仙乐风飘,响彻山林。

洪崖滴翠(渝中区沧白路)

洪崖洞在洪崖厢,悬城石壁千仞,洞内可容数百人,上刻"洪崖洞"三个大篆字,并有北宋文豪苏轼、黄庭坚题刻诗章数篇。昔日,此处时而涓涓滴翠,时而晴雪飞布。

洪崖洞

字水宵灯(渝中区半岛)

山城夜景自古雅号"字水宵灯"。因长江、嘉陵江蜿蜒交汇于此,形似古篆书"巴"字,故有"字水"之称。"宵灯"更映"字水",风流占尽天下。

缙岭云霞(北碚缙云山)

缙云山雄峙于嘉陵江温塘峡西岸,拥朝日、香炉、狮子、聚云、宝塔、猿啸、莲花、玉尖、夕照九峰,横亘数十里。山名"缙云",因山上云雾多带红色,《说文》曰"赤色为云霞"。

佛图夜雨(渝中区佛图关)

相传"佛图夜雨"这一景源于佛图关迎庆门内的夜雨寺。夜雨寺前曾立有夜雨石,后世逢月夜便有雨水渗出,地气蒸腾,使佛图关烟雨朦胧。

佛图关南门

新巴渝十二景

1989年重庆市民评出了"新

巴渝十二景"。"新巴渝"是相对于"老巴渝"而言,"老巴渝"在两百多年前,就由巴县知县王尔鉴评定。1989年版"新巴渝十二景",则集结了更多的民间口碑。

缙岭云霞(北碚缙云山)

缙云山山脉由东向西分别耸立着9座形态迥异的高峰,其中莲花峰最高,狮子峰最秀,香炉峰最奇,宝塔峰最著名。站在这些山峰上,无论是日出还是日落,都有红霞相伴。

北泉温泳(北碚区北温泉风景区)

重庆北碚缙云山下,嘉陵江温塘峡边,镶嵌着一颗熠熠生辉的明珠,它就是名扬四海的重庆北温泉。

独钓中原(合川区钓鱼台)

钓鱼城坐落在合川城东5公里的钓鱼山上,其山突兀耸立,相对高度约300米。山上有一块平整巨石,传说有一巨神于此钓嘉陵江中之鱼,以解一方百姓饥馑,山由此而得名。

大足石刻(大足县大足石刻)

大足石刻位于重庆市大足县境内,是我国石窟艺术中的优秀作品,不但内容丰富,而且雕刻技艺精湛,被誉为"唐宋石刻艺术圣殿"。

四面飞瀑(江津区四面山)

四面山位于重庆江津区境内,四面山是全国罕见的瀑布之乡。四面山的岩石均为砖红色砂岩,它们裸露在悬崖峭壁,形成一处处天然岩石造像和壁画。

南山醉花(南岸区南山)

重庆南山雄峙于长江之滨,每年春风拂来之时,最美妙的,莫过于南山樱花开放。每年初春,樱花紧追海棠之后吐蕊,满园粉霞弥漫,说不尽的旖旎艳丽。

南山花海

统景峡猿(渝北统景)

桶井峡以猴子驰名四方,崖上曾经猴子成群,所以清代王尔鉴选定的"巴渝十二景",将其定名为"桶井峡猿"。后来,"桶井"更名为"统景",意谓此处集山川之秀、统天下之景。

南塘溪趣(巴南区南温泉)

南温泉公园位于南泉风景区内,以温泉闻名于世,发现于明朝,始建于清,为硫酸钙镁钠型热泉,水温39—42摄氏度。是深受市民喜爱的温泉公园。

南温泉

歌乐灵音(沙坪坝歌乐山)

歌乐山因松柏茂密,山风吹拂,松涛阵阵;明代宪宗成化年间修建了云顶寺,该寺大雄宝殿飞檐翘角上12对铜铃随风振摇,风声、涛声、铃声混响,以至空谷传音,万籁齐鸣。

山城灯海(重庆夜景)

夜色降临,万家灯火高低辉映,如漫天星斗,极为瑰丽;两江环抱,双桥相邻。江中百舸争流,流光溢彩。桥面千红万紫,宛如游龙,动静有别,有似不夜之天。

今日山城灯海

长湖浪屿(长寿区长寿湖)

长寿湖位于长寿境内而得名,是我国西南地区最大的人工湖,湖面辽阔,碧波万顷,碧水盈盈,烟波浩渺。

朝天汇流(朝天门两江交汇)

朝天门的最大特色在于两江交汇之场景壮观,旋涡滚滚,清浊分明,形成"夹马水"风景,其势如野马分鬃,十分壮观,声势越发浩荡。

▶ 朝天门 ◀

——迎官接圣大码头

相信很多重庆人,小时候都听父辈们念说过《重庆歌》。在这首重庆人家喻户晓的童谣里,开头就是"朝天门,大码头,迎官接圣"。原来所谓"迎官接圣",乃是朝天门在古代最主要的功能。

相传在古时候,由于重庆地处山区腹地,陆路艰险,必须穿越"难于上青天"的蜀道。因此,皇帝派遣传达圣旨的钦差和到任的官员们,宁可多费一些时日,绕开艰难险阻的蜀道天堑,舍近求远地绕道湖北,从宜昌逆水而上向重庆进发。当他们循着长江水道历经月余时光抵达重庆府时,朝天门便是迎接他们的第一关,地方官员也在朝天门码头上的"接官厅"迎接上差。

到了明洪武年间,指挥使戴鼎扩建重庆旧城,按九宫八卦之数造城门十七座。在这"九开八闭"的十七座城门中,朝天门就是其中规模最大的一座。之所以叫"朝天门",一是因为它延续了古代"迎官接圣"这一功能,二是因为当时明朝的首都在南京,朝天门的地理位置恰好正对着帝都,因此戴鼎便将此门命名为"朝天门"。

由于承担着"迎官接圣"的重任,所以在戴鼎修筑的众多城门中,朝天门是规模最大、最雄伟的一座,景色也最为壮美。据清代有关图经记载,当年的朝天门屹立在江崖高处,三面环水,一面靠山。城门为双层结构,正门之

旧时朝天门码头客船

外还有瓮城。瓮城门额上刻有"朝天门"三个大字，而正门额上则刻有"古渝雄关"四个大字，在"九开八闭"的十七座城门中最为恢弘大气。

然而时光如刀，岁月无情。600多年后的今天，当年"迎官接圣"而尊崇无比的朝天门早已被巨大的广场和新建的码头所代替。当年雄伟的朝天门老城门早就因为1927年的码头扩建，以及1949年那场令朝天门附近两公里内都化为乌有的"9·2"大火灾，只剩下残破的城基墙垣。再加上近年来朝天门的不断修建，老城门早已从人们的视线中消失了。

早在汉晋时期，朝天门就是连接汉沔和荆襄的水陆要冲；元明两代，朝天门都是川江水路上的重要驿站（元代称"朝天水站"，明代则叫"朝天水驿"），并设有重庆递运所；到了清代，朝天门更是沟通眉州、泸州、叙州、嘉定、成都、保宁等70余个水驿的交通中心……重庆城千年来的繁华昌盛，很大程度就在朝天门得以展现。

不过鲜有人知的是，其实在清康熙朝以前，朝天门码头由于承担着"迎官接圣"的重任，因此是被官府列为专用的官码头，不准商船、民船在码头靠岸，甚至不允许老百姓在此逗留。这个规矩直到康熙中期才被当时奉命到重庆巡查的清代名臣张鹏翮所废除。这段轶事虽然在史书上并未记载，但却在重庆人的口中代代相传。

如今的朝天门，早已和老人们口中描述的景象相去甚远，朝天门的历史和传说似乎也在现代都市的烦嚣中被人们悄然遗忘。但是无论是今天的新朝天门还是记忆中的老朝天门，都有一个共同点——商贸繁荣。

朝天门码头两江汇合处

解放碑

——抗战的"精神堡垒"

任何一个城市都有自己的标志,任何一个标志性建筑都是一个城市历史的浓缩与见证。在山城重庆最能体现重庆人精神,则数人民解放纪念碑。因为它特有的历史内涵,牵动着人们景仰的目光,在海内外具有非凡的影响。

1940年国民政府迁都重庆,定重庆为陪都,更在重庆树立起一座代表民族抗战必胜的纪念性建筑——"精神堡垒"。抗战胜利后,改"精神堡垒"为抗战胜利纪功碑,从此便形成了碑的雏形。

1949年11月30日,山城重庆回到了人民的怀抱。次日,碑的顶端飘扬起欢庆重庆解放的第一面五星红旗。1950年10月1日,重庆人民又在这里隆重庆祝新中国成立的第一个国庆节,真可谓万人空巷,盛况空前。从那时起,纪功碑正式改名为人民解放纪念碑,重庆人习惯地称为解放碑。功勋卓著的刘伯承元帅亲自为解放碑题词。从此,解放碑成为重庆盛大集会、重大节日的庆典之地,成为重庆当之无愧的纪念性建筑。

解放碑位于重庆市渝中区商业区中心部位,民族、民权、邹容路交会的十字路口处。曾经命名为"精神堡垒"(1940)和"抗战胜利纪功碑"(1945)。解放初期解放碑曾和跳伞塔为重庆市内高耸的建筑物之一,但现在四周高楼大厦林立,解放碑已显得十分矮小,但是其知名度与地位在重庆及川东毋庸置疑。

堡垒为四方形炮楼式木结构建筑,共5层,通高7丈7尺(象征"七·七"抗战),为防日机轰炸,外表涂成黑色。解放碑碑体由一扇防盗铁门把守着。碑体里面很窄,中间是一个螺旋状的转梯。转梯一旁是碑身,另一面

昔日纪功碑,解放碑的前身

设有护栏,梯宽约一尺,每个阶梯大约有 5 厘米的高度。踩着矮矮的阶梯,旋转而上,有种穿越历史的感觉。

转梯可以分为五层,前面三层由于没有敞口,显得比较黑,需要照明才能够看清楚阶梯。四五层,碑体周围都有敞口,有光线进入可以将里面看得很清楚。敞口上用了铁丝网遮盖,每个敞口都放置着照明灯。解放碑碑体的夜间灯饰主要就是从这些敞口发出去的。灯饰的亮灭时间都是由电脑控制的,不用人工操作。解放碑的灯饰在每天下午六点半就亮灯了,晚上十点半熄灭,但是特殊节假日例外。由于灯饰比较多,电线复杂,火灾隐患对解放碑构成了威胁。在碑内的阶梯两旁,不时还能看到一两具灭火器。

今日解放碑

解放碑的第五层,算是碑体内可以到达的最高层。透过八个不同方向的敞口向周围望去,有四个方向已经被高楼阻挡,另外四个方向由于正好是四条街道,所以还可以看到更远的地方。望向远方,不禁令人遐想。

很多人都不知道解放碑设计者是谁。但是,就在解放碑的碑底,一块已经有些斑驳的块石上,留有记载。上面记载了筹备委员会的名单:张季群、吴贺清等 9 人,还有设计者的名字:黎谕。

▶ 红色圣地 ◀

——被鲜血染红的地方

小学课本中那个身处牢狱却聪明好学的小萝卜头,给我们留下了深刻的印象。他那用草纸订成的作业本、用小布头缝制的小书包,曾久久地萦绕在我们的脑际;在语文老师的带领下,我们也曾大声朗诵"人,不能低下高贵的头,只有怕死鬼才乞求'自由';毒刑拷打算得了什么?死亡也无法叫我开口"

……红岩村、渣滓洞、白公馆上演着革命先烈的悲壮故事,一幕幕,一件件都震撼着我们的心灵。

1937年7月7日,卢沟桥事件发生,抗日战争全面爆发。当年11月20日国民党政府宣布迁都重庆。

紧接着,1938年12月的一天,周恩来从桂林乘飞机抵达重庆。

就在3个月前,武汉面临着沦陷的危险,在这紧要关头,中共在武汉的机构必须尽快转移。广州、武汉失守后,广西桂林成为了中国抗战的大后方据点和重要的交通枢纽。为了随蒋介石行动,周恩来同白崇禧商议,将八路军办事处设到广西桂林,经过周密部署后,秘密的南方局机关就设在八路军驻桂林办事处内。

小萝卜头

1939年1月16日,以周恩来为书记的中共中央南方局在重庆渝中区红岩村正式成立。中共南方局在周恩来的领导下以党的机关报《新华日报》、《群众》周刊为阵地,积极宣传共产党的主张。

另一边,为执行蒋介石"攘外必先安内"的政策,国民党大肆发展特务组织,排除异己。

1939年春,军统头领戴笠为审讯、关押革命者的保密起见,亲自出马到歌乐山下一带选址,选中了原四川军阀白驹的别墅"白公馆",用重金买下改为看守所。军统将白公馆改为监狱以后,在院内的墙上写了"进思进忠、退思补过"、"正其谊不谋其利,明其道不计其功"等标语。原来的地下贮藏室改为地牢,原防空洞改为刑讯室,一楼一底的住房改为牢房。紧接着,军统又逼死了渣滓洞煤窑的主人,并霸占煤窑设立看守所,使渣滓洞也成为了关押共产党人和进步人士的重要监狱。这两座监狱内都设有所长、法官、书记、看守长、传令兵,由交警队守卫。

直到1946年5月,随着南方局与中共代表团以及其他中共公开机构一道东迁南京(随后改称南京局),公开的中共四川省委成立后,南方局在重庆的使命宣告结束。

此时,距离重庆的解放还有3年,在这不长不短的日子里,渣滓洞和白公馆的革命人士也在迎接着胜利的曙光。1949年10月1日,当新中国成立的消息传到渣滓洞和白公馆监狱后,革命者欣喜若狂。被关押在白公馆监狱的罗广斌、陈然、丁地平等人难平心中的激动,他们用一幅红色的被单和几个纸剪的五角星制作了一面红旗，红旗做好以后被藏在牢房的地板下。然而，万万没有想到的是，11月27日，除了罗广斌等少数革命者脱险以外，其他300多人全部牺牲。这就是震惊中外的"11·27"大血案。

为了纪念殉难烈士，1954年建烈士墓、烈士纪念碑和集中营旧址展览馆。

3年后，周恩来总理又来到重庆，他含着悲恸的心情亲自为罗世文、车耀先题写了墓碑碑文。罗世文（曾任四川省委书记等重要职务）和车耀先（成都市抗日救亡运动的领导人），1940年被国民党特务逮捕后关押到重庆渣滓洞监狱，1946年被国民党秘密杀害，尸体被焚烧并就地掩埋。直到1956年，有关部门才找到并挖出了两位烈士的遗骨。

"小萝卜头"虽然没有见过高墙外的世界，吃的是霉饭，住的是牢房，但是他用有限的笔头描摹了一个光明美好的世界。陈列室小萝卜头的画，虽然没有五彩的装饰，但是可爱的小鹿、骑着自行车的孩子、惟妙惟肖的飞机让人触碰到的是孩子澄净乐观的心灵。

如今，每年有上百万游人来此参观、悼念烈士英灵。

红色圣地
周公馆

曾家岩50号周公馆，坐落在重庆市渝中区中山四路的东端尽头，占地面积364平方米，建筑面积882平方米，是中共中央南方局设在城区的办公地点，南方局军事组、文化组、妇女组、外事组和党派组均设在这里。

周公馆

桂园

桂园，原国民党上将张治中先生的公馆，位于渝中区中山四路65号。1945年8月，"重庆谈判"期间，张治中先生特将此处备作毛泽东同志市内办公会客的地方。

红岩村

20世纪30年代，这里是饶国模女士经营的"大有农场"。抗日战争时期，中共中央南方局和八路军驻渝办事处设于红岩村。周恩来、董必武、叶剑英、博古、吴玉章、王若飞、邓颖超等中国共产党著名领导人曾在此生活、工作，历时8年，为中国抗日战争的胜利作出了卓越的贡献。

烈士遗址

烈士墓

1949年11月27日，震惊中外的"11·27"大血案在此发生。为纪念殉难烈士，1954年建烈士墓、烈士纪念碑和集中营旧址展览馆。

红岩英烈像

渣滓洞

渣滓洞是国民党设立的看守所，关押在此的有"六一"大逮捕案、"小民革"案、"挺进报"案、上下川东三次武装起义失败后被捕的革命者，如江竹筠、许建业、何雪松等，最多时达三百余人。1949年11月底重庆解放前夕，囚禁于此的二百多位革命志士被杀害。

白公馆

1939年国民党军统局将此地改建为监狱，1943年中美合作所改为第一监所。监狱背靠歌乐山，四周高墙、电网密布，墙外制高点上有岗亭和碉堡。大门终年紧闭，只有侧面开一小门与外界相通。狱内有牢房20间。

▶ 大足石刻 ◀

——石窟的最后丰碑

大足石刻的千手观音究竟有多少只手？在大足千千万万的石刻中，最奇的要数那千手观音了，在观音的左右两侧和头顶上方，呈放射状似孔雀开屏般地浮雕着一只只似乎是难以计数的"金"手,而且每只手掌中心都有一只眼睛,每只手中各执法器,堪称为"天下奇观"。

相传,这尊观音像造于宋代,几百年来人们一直想解开这个谜,但是,数来数去由于千手观音的手在排列上并没有一定规律,分布得纷繁复杂,所以一直都没有数清。于是,千手观音手的数量竟成了一个难题。直到清朝,宝顶山有一个小和尚,他日夜守护着千手观音。一天,他下定决心一定要破解这个祖祖辈辈传下来的难题,正好,当时要给观音像贴金箔,小和尚每给观音的一只手贴上金箔,他就往地上扔一支竹签。整尊观音的金箔足足贴了一年零三个月,小和尚一数,竹签不多不少,正好1 007支,从此,这尊观音造像也成为中国佛教艺术造像中名副其实的千手观音了。

源于古印度的石窟艺术自公元3世纪传入中国后,在丝绸之路和黄河流域,先后经历了北魏的灿烂,隋唐的辉煌。在人人都认为石窟艺术即将衰败的时候,在两宋又迎来了一个高峰,这就是大足石刻。

在重庆大足县的大足石刻里,每一个雕塑都在讲故事。

其中有一个雕像为九龙浴太子,它展现的是释迦诞生之事,释迦之母摩耶夫人40岁尚未有子。一晚,梦见一孩子乘六牙白象进入她的右腋,于是她便身怀有孕了。怀胎十月,释迦太子出生,一落地便是芳香遍地,祥云缭绕。他朝东南西北四方各走七步,步步生莲。然后一手指天,一手指地,称"天下地下,唯我独尊"。于是两位金刚力士手捧金盆凌空而至,天空九龙奋飞,喷吐冷暖二泉为太子洗礼。此雕像处本是一山水汇集口,终年流淌不息。工匠们巧妙利用水流,使造像静中寓动,表现得颇有意趣。

大足宝顶睡佛石刻

养鸡女是大足石刻中的一组经典造像,是"刀船地狱"组雕之一,展现的是一位盲眼农家女子掀开鸡笼,下面两只鸡啄食一条蚯蚓的场面。中国曾发行过一套四枚有关石窟的邮票,大足石刻的代表就是这位美丽的养鸡女。其相貌端庄,神态逼真,被专家们誉为东方的蒙娜丽莎。

养鸡女石刻

据说这位养鸡女真名叫做奚成凤,就住在宝顶山下。一次,奚成凤的鸡跑到山上佛堂里,被一个和尚打死了。奚成凤就去找当时的住持赵智凤理论,赵智凤把鸡钱赔给了奚成凤,可是养鸡肇事一事却记在了心里。于是,在修造地狱石像时,他一定要把奚成凤放进去。但当时的工匠刘思久平时颇受奚成凤照顾,为她感到不平,于是虽然凿成了盲女,却留下了幸福的微笑。

大足石刻打造在山水之间,包含着浓厚的山水人文精神,它是神的居所,人的庙堂,这种民本思想,这种人文主义观念,比欧洲的文艺复兴都要早整整400年。同时,大足石刻所在地大足县,除石刻雕像之外,还有玉龙山、龙水湖等国家级自然风光,以及千年五金、宝顶香会等创意文化产业,与石刻一起,构成一个完整的旅游体系。

▶ 涞滩古镇 ◀

——重庆唯一的瓮城

早在1 000多年前的唐代,位于合川城东北32公里的鹫峰山下,渠江河畔的涞滩一带就有了聚居的村落。渠江是古代合州通往川北的交通要道,"水码头"的鼎盛使涞滩集贸往来发达。而200多年前,重庆市合川区的涞滩古镇当时还叫涞滩古寨。

这座古寨始建于清嘉庆年间,到了清同治年间,为了防范太平军入川和李永和、蓝朝鼎起义,清政府为了加强古寨的防御体系,在古镇西城墙边,又加修了一座瓮城。这座古城长60余米,深7米,高4米,墙厚3米,呈弧形状,共设四门,明暗各半,入寨正门为归极门,意为人死后如要到西方极乐世界,必须生前入此门到二佛寺朝拜。

瓮城建成后,请来风水先生测算开门之期,只见风水先生架起阴阳八卦罗盘,东瞧西测后,最后定论说:"此门不能开,因门的对面是美女晒羞和新坟院下的痴汉晒阳物。如开此门必将遭来男盗女娼之灾……"故此当局决定将大门封闭,出入均改走两道耳门。直到解放后,合川人民才将瓮城大门敞开,迎来八方游客,在古镇寻幽览胜。

古寨三面悬崖峭壁,具有"一夫当关,万夫莫开"险要之势,清同治元年增修的瓮城为重庆现存唯一的瓮城,城内保留有四个藏兵洞,具有关门打狗、瓮中捉鳖的御敌功效。清代建筑文昌宫保存完好,古戏楼外栏木刻浮雕令人叹为观止。

合川涞滩古镇好去处

右门为长治门,与久安门(小寨门)相呼应,意为长治才能久安。左为速归门,凡历代寨内亡人出丧,也只准走速归门而出,绕道而行,则主吉。瓮城主门上书"众志成城"4个大字,以示城内早已森严壁垒。

真正让涞滩扬名立身的却是二佛寺,著名学者丁明夷赞誉其是"一颗埋在地下的明珠"。这座始建于唐,兴盛于宋,重建于清的千年古刹,其大佛通高12.5米,全身妆金,光彩射人,仿佛正在讲经说法,道不尽"说即不说,不说即说"的禅定之境。

20世纪60年代,有个造反派头头,打着"破四旧"的旗号,带来石匠工具,在二佛两足之间打了一个宽约20厘米,长约1米的炮槽,填满了炸药,准备第二天炸毁佛像。当晚入睡后,梦见二佛对他说:"我乃西天佛主,专门惩恶扬善,普度众生,广结人间善缘,毁我者亡,后果自负……"说毕无影而去。当他醒来时,被吓出一身冷汗,彻夜难以入眠。次日晨,他悄悄溜进二佛寺,取出了炸药。说来也凑巧,就在第二天,国务院关于加强文物保护的正式法规下达,二佛才免遭劫难。而今佛像前还留下了那条炮槽。

重庆古镇:龚滩古镇(酉阳)、涞滩古镇(合川)、龙潭古镇(酉阳)、路孔古镇(荣昌)、双江古镇(潼南)、塘河古镇(江津)、宁厂古镇(巫溪)、偏岩古镇(北碚)、松溉古镇(永川)、中山古镇(江津)。

天坑地缝
——探险家的天堂

从1994年以来,中国、英国、法国、爱尔兰4国的探险家多次来奉节探险,发现了庞大的地下洞穴系统,而经过七八次探险也只了解了它的一角。天坑地缝究竟有多少洞穴,现在尚不清楚,这里还会不会有惊人的属于世界级的重大景观,现在也还是个谜。

天坑地缝位于奉节县长江南岸,与白帝城、瞿塘峡景区隔江相望。天坑口四面绝壁,如斧劈刀削。天坑地缝,是一幅绚丽多彩的丹青长卷,石林、溶洞、洼地、竖井……包容万象,应有尽有。

相传牛郎与织女成婚以后,夫妻恩爱,和和美美。后来织女先后为牛郎生下了一个儿子和一个女儿。一家人更是其乐融融,幸福美满。

可好景不长,先是与牛郎相依为命的老牛突然死去,临终前嘱咐牛郎把它的皮剥下来,在紧急的时候便穿上。后来,王母娘娘得知织女私自下凡并与凡人结为夫妻后大发雷霆,并带天兵天将前来捉拿织女,牛郎爱妻心切,他挑着两个孩子,拼命地追着他们跑,眼看就要追上来的时候,王母娘娘突然用手一画,牛郎面前便出现了一条又宽又长的地缝,牛郎过不去了,情急之下他想到了老牛说的话。于是他赶紧穿上牛皮,往前一跨便越过了地缝;王母娘娘见此情景,又用手一指,这下牛郎前面又出现了一个更加硕大无比的天坑,牛郎把眼一闭,奋不顾身地跳了过去,眼看牛郎不仅跳过了天坑,而且他居然朝

奉节天坑

着织女被抓走的方向已经飞向了天空,王母娘娘见了也不由得大吃一惊,但她毕竟是法力无边,只见她再次用手一划,牛郎面前又出现了一条又宽又长的银河。

牛郎毕竟是凡人,他能飞过地上的天坑地缝,但他终究飞不过天上的银河。从此银河两边,天各一方。但他们彼此都深爱着对方,而且非常的执著,王母娘娘便同意他们每年的七月初七在鹊桥相会,看着他们相亲相爱的情景,王母娘娘也感慨地说:"无论是地上的天坑地缝,还是天上的银河都阻挡不了尘世间最伟大的爱情。"

神话传说给了我们无尽的想象,坑中有无数幽深莫测的洞穴和

奉节地缝

一条汹涌澎湃的暗河。中西探险家们曾多次深入天坑探险,探明天坑中暗河经出的水洞流向迷宫河,推测天坑中暗河来自神秘的大地缝。

天坑,是人们对地理学上喀斯特地质中漏斗的俗称。这一带的天坑可多了,简直无法统计,几乎几百米就有一个,有的洞口小如茶杯,有的大如一个球场,荆竹乡小寨村一个特大天坑,坑口面最大直径是626米,坑深666.2米,坑底的最大直径是522米,是世界上发现的最大漏斗。地缝,也是让中外科学家赞不绝口的一处绝世奇观。两道山谷之间,树林荫翳着一条神秘的深谷,远远望去,宛如大地裂开的一条大缝隙。

▶ 天生三硚 ◀

——七仙女的爱地

传说七仙女十八岁的时候,偷偷来到凡间,发现这里谷底小溪流淌,水草丰美,牛羊成群,便爱上了这地方。这一美妙之地就是现在的武隆县天生三硚。

造物者似乎特别恩赐这里,地质的变化造就了这里的奇观,不需要修饰

的地貌诠释着何为鬼斧神工，只需要来到这里，你就可以看到，在距离几百米之内就有宏大的三座天生石拱桥傲然挺立。这是亚洲最大的天生桥群，真不愧为自然界留给人类的宝贵财富。它们经历了上千万年的风风雨雨，至今却鲜为人知。

  天生三硚旁边有一处湖泊，透明如镜。七仙女每到傍晚，都要到湖里沐浴，这处湖就叫仙女湖。在这里，遇到了来放牛的牛郎，仙女爱上了牛郎，二人结为百年之好，过上了男耕女织的生活。从此，七仙女便成为织女。

  没想到，二人的恋情很快被天庭知道，玉帝发起怒来，决定让雷神和闪电二尊神来捉拿织女。牛郎携织女逃跑。雷神追上，打在地上，震出了天龙天坑和神鹰天坑。此时，牛郎织女潜入羊水河，雷神看不见，决定让闪电寻找。闪电一道电光，硬生生劈出一条地缝，这地缝便是龙水峡地缝。

  牛郎被击昏，织女被捉回天庭。织女回天庭后，日思夜盼，身体逐渐消瘦。王母看织女用情至深，被感动了，决定让他们在每年的七月初七见上一回。但由于牛郎是凡人，织女是仙人，他们只能隔河相望。那么远，他们只能用心去呼唤。

  在他们的呼唤里，各地的喜鹊都来搭桥了，羊水河的三条龙也献身为桥。天龙是上天派的，代表上天的恩德；青龙是地神派的，代表东方紫气；黑龙是水神派的，代表北方神灵。三条龙各献功德，形成天生三座天桥，气势宏伟，规模宏大。

  牛郎织女相会的过程里，喜鹊也功不可没。为了奖赏喜鹊，王母封喜鹊为神鹰。现在我们在神鹰天坑看到的那一片山崖，就是神鹰展翅的样子。神鹰在搭建情人桥的过程中，又渴又累。仙女为感念这种神鸟，在仙女山脚下引一泓清泉来给它们解渴，这汪泉便叫做报恩泉。

  每到旧历七月，报恩泉涌得更加清澈甘甜。在中国情人节这天，如果有缘分或有爱心的人，在天生三硚会看到三龙架虹，也会看到神鹰在报恩泉饮水。

  武隆天生桥又名天坑三硚，是全国罕见的地质奇观生态型旅游区，属典型

武隆天坑三硚

天硚深处人家

的喀斯特地貌。景区以天龙桥、青龙桥、黑龙桥三座气势磅礴的石拱桥称奇于世,属亚洲最大的天生桥群。天生三硚地处仙女山南部,位居仙女山与武隆县之间,由天龙桥、青龙桥、黑龙桥组成。三座桥呈纵向排列,平行横跨在羊水河峡谷上,将两岸山体连在一起,形成了"三硚夹两坑"的奇特景观。

▶ 佛图关 ◀

——一座古城的命脉

佛图关南门

一千年前的佛图关壁立万仞,磴曲千层,为古重庆陆路咽喉要隘,成渝古道必经之处。历史上,凡欲取重庆城,必先攻陷佛图关,无一例外。在重庆母城局限于环江半岛的年代,你可以想象陆上的唯一出路——佛图关,对于这座在古代军事防御大于一切的城池来说是多么的重要。

从空中俯瞰,鹅岭、佛图关一线是整个渝中半岛的重要"脊梁"。这里历来流传的掌故轶事不少,如夜雨寺的传说和"巴山夜雨"的诗情画意、南宋末年蒙军围攻重庆、明末张献忠血战佛图关、蒋介石为佛图关改名,等等。

很早以前,佛图关就是一座独立的城堡,有迎庆、泰安、顺风、大城四道关门,关墙南北临近两江之滨,以悬崖为屏障,高大坚固,佛图关呈三角形,范围较大,远望犹如雄伟的古堡,易守难攻。

三国时期,刘备托孤重臣、江州守将李严曾打算把佛图关凿断,让长江和嘉陵江的水在这里汇流,把江州城真正变成四面环水的江中之洲,最后诸葛亮怕他要在这易守难攻的江中之洲占山为王,就没点头同意。要是当年李严真这么干了,那渝中半岛的模样就跟现在三峡蓄水后的白帝城一样,"断了陆路"的重庆到今天也最多是个古城之类的景点了。

李严挖山计划落空后,他在这里的山顶上修了个小城垣驻军。古城墙的遗迹现在还依稀可辨,那时候关上有座石佛造像,所以军士们取名佛图关,这是最早的名称;明代,这里还有"巴山夜雨涨秋池"的夜雨寺;清代,有人叫这里浮图关,因为此处云雾缭绕,好似浮游两江之间;再后来,国民政府抗战练兵要收复河山,在李严曾经驻军的地方办了个军官训练团,又改这里叫复兴关;"文革"开始了,浮图关连同肖家湾一起,在那股红色浪潮中改名八一村;最后,一座电视塔在这里立起,塔下的一切归于平静,此处复名浮图关,也可以叫它佛图关,轻轨站就是用的"佛图关"这个名字,尽管站台其实已在山脚下的李子坝。

今天的佛图关已经建成了一个公园,关南边石壁上刻有中国佛教协会主席赵朴初先生题写的"佛图雄关"四个大字。园内唐、宋、明、清时的石刻、佛像、佛洞、功德碑、节孝碑及观

佛图关公园的杨闇公纪念地

景亭阁"西枕双江"、"钦贤亭"构成了该处风景的重要组成部分。

佛图关还流传着一些温婉的传说。据说佛图关上有块状如石笋的"夜雨石",白天干燥,入夜后就湿润流水,即使大旱之年,仍不断流。乡民常来此祈福,以保佑风调雨顺。唐代诗人李商隐的名篇《夜雨寄北》脍炙人口,更曾是让"佛图夜雨"名声在外:"君问归期未有期,巴山夜雨涨秋池。何当共剪西窗烛,却话巴山夜雨时。"据说,此诗就是在曾存在于此地的夜雨寺中写就。

杨闇公

钓鱼城

——上帝折鞭的神话

1235年,大宋与蒙古人的战争爆发,四川成为主战场之一。遥想当年的金戈铁马、战火纷飞,冷兵器时代的刀光剑影,怎能不让人顿生豪情。

在人类的发展历程中,战争不息,战场遍布,但随着时间的推移,历史上发生著名战役的古战场能完整保存下来的几乎绝迹。而位于长江中上游,嘉

合川钓鱼城护国门雄关

陵江、渠江、涪江汇合处的合川钓鱼城,就是迄今中国境内保存最完好的古战场遗址。

13世纪,是蒙古人的世纪,蒙古铁骑,横扫欧亚大陆,所到之处,攻无不克,战无不胜。但这样的不败神话,在钓鱼城这里,打了个大折扣。

1241年,蒙古窝阔台汗去世,蒙古内部权争不休,战事稍缓,南宋趁机对战场防御进行调整修护。1242年,宋理宗派遣在两淮抗蒙战争中战绩颇著的余玠入蜀主政,以扭转四川的颓势,巩固上游。余玠在四川采取了一系列政治、经济和军事措施,其中最重要的是创建了山城防御体系。

余玠为抵御蒙古军队的进攻,在钓鱼山筑城,之后又经王坚、张珏的进一步完善,形成了中国古代战区筑城防御建筑体系中"山、水、城、塞"合一的杰出典范。钓鱼城即是这一山城防御体系的核心和最为坚固的堡垒。

钓鱼城采取江防要塞与外城和主城相结合,垦田积粟与长期战守相结合,补给通道与藏兵运兵暗道结合的科学构筑方法,这里因地制宜地构建了拥有良田两千余亩的后勤保障系统和科学的给排水系统,合理地建设了州县官署、街道、公馆、仓库、作坊、监狱,以及东谷、西市民居等城市设施。这种城上攻防设施兼备,生产、生活与军事区域分区井然,在中国古代筑城防御史上独树一帜,是人类历史重要阶段的景观的杰出例证。钓鱼城控扼三江,以为重庆屏障。

此后,南宋合州军民在守将王坚、张珏的率领下,凭借钓鱼城天险,"春则出屯田野,以耕以耘;秋则运粮运薪,以战以守",坚持抗战36年,历经大小战争200余次,使小小的钓鱼城成为历史上最著名的坚固城池之一。

其中最重要的一场战争就是1259年击毙蒙古大汗蒙哥这一战。1258年,蒙哥大汗亲率蒙军主力攻击四川,12月派南宋降臣晋国宝来钓鱼城招降,王坚怒斥降贼,并斩杀于钓鱼城阅武场。蒙哥闻讯大怒,率军迅速围击此处,但长达半年攻克不下。待到次年6月,蒙哥汗亲自指挥战争时,被飞丸击中,后死于北温泉。

蒙哥汗战死之后,进军鄂州的忽

三圣岩石刻

必烈,进攻漳州的塔察儿,占领了大马士革、正在与古埃及马木路克王朝军队作战的旭烈兀,都为争夺汗位而匆忙回师。

"上帝折鞭处"、"东方麦加城",说的都是这座三江环绕的钓鱼城。宋蒙战争时36年的坚守和其间的开庆元年之战,使得钓鱼城名扬中外,并一举改写了世界中古历史。

来此钓鱼城,一见古战场,如今依旧可见当时的城门、城墙,以及炮台、墩台、栈道、暗道出口、水军码头、兵工作坊、帅府、军营、较场、天池、泉井、马鞍山(蒙哥中飞丸处)等宋、元军事及生活设施遗址。而在对九口锅遗址、一字城墙等的考古发现中,钓鱼城的古战场之景也越来越多地呈现在我们面前。

金佛山

——金佛从何而来

位于重庆市南川区境内的金佛山,名字中有一个佛字,但是纵观山内,没有佛也没有庙。那么佛在哪里?

金佛山春天花海一片,夏天清凉世界,秋天红叶画染,冬天玉树环枝,四季景观独具特色。曾经的金佛山,树木参天,狼虫出没,人迹稀少。直到最近两三百年间,才逐渐有人光顾。这座神秘山峦,又名金山,古称九递山。其中"递"字有升降变化之意,即山有九层、九折、九峰、重峦叠嶂之意。"九递山"这个名字是怎么来的呢?人们将这一说法归于神话传说。

据当地的老百姓流传,"九递山"的来历与李冰父子有关。李冰父子修建都江堰,触怒了镇江的水龙。于是,水龙联合八条神龙,与李冰父子对抗。九

南川金佛山雄峰

金佛山滑雪场

龙兴风作浪,但最终还是被打败了。在都江堰竣工的那天,李冰的儿子二郎神将九龙用锁链锁于大山之上,令其不得随意行动。

但是,有一天,洪水暴发,李冰父子出去巡视水情。水龙借洪水之力挣断锁链,并救出其他八条龙,试图东山再起。九龙奔向三峡,想堵塞夔门,截住江水,令蜀中变为沧海,淹没二郎庙。李冰的儿子二郎神发现九龙逃脱后,立即沿途追来。此时二更已过,九龙已到南川地界。如果九龙天亮前到达三峡,夔门被堵,将水漫全四川。在这紧要关头,二郎神设计擒住了九龙。二郎神正要斩杀九龙时,突然观音菩萨现身。观音告诉二郎神,九龙与佛门有缘,有朝一日,功德圆满佛祖自会前来接引。经观音点化,九龙就地生根,自成一峰。九龙的躯体变成九个梯次巨大的山形,被当地老百姓称为"九递山"。九龙苦苦修行,感悟佛法。也因九龙功德,此地常年风调雨顺,百姓安居乐业。

直到一千多年后的一天,一位云游的诗人在天生桥上蓦然回首,只见大山顶部一直被云雾遮掩的高处,竟是一幅阿弥陀佛与观音菩萨示显净土的巨幅画面,于是随口吟出:"朝看金佛山,暮看金佛山;金佛何崔嵬,飘渺云霞间。"传说在那个时候,九龙已修成正果,被弥陀接引而去。因金佛现身,老百姓渐渐将九递山称为金佛山了。

关于金佛山这三个字的来历,除了神话传说,未见于任何史料记载。金佛山名字的由来依然还是个谜。

当地又有一种通俗的说法,称金佛山全年有250天起雾,115天有阳光,不知道哪一个夏秋的傍晚,落日余晖把绝壁山崖映染得金碧辉煌,金光灿灿。此时,有人从远处观望,就像一尊巍峨耸立的金身大佛,于是金佛山从此得名。

白鹤梁

——世界水下碑林

想象一下,突然进入滔滔长江水下40多米深的地方,从一个镜中窥视江水中的石刻时,那是怎样的一种雄壮? 水下的博物馆,光是这个工程足以让人觉得震撼。如果你还没有乘着长长的扶梯进入水下世界,请去感受一次,不光是这种奇妙的感觉,还有与古人雕刻的水文近距离接触,沉在江底,走进历史的腹地。

白鹤梁题刻位于长江三峡库区上游涪陵城北的长江之中,是三峡文物景观中唯一的全国重点文物保护单位,联合国教科文组织将其誉为"保存完好的世界唯一古代水文站"。白鹤梁是一块长约1 600米,宽15米的天然巨型石梁。每年12月到次年3月长江水枯的时候,才露出水面。

白鹤梁的名字有一个传说,相传唐朝时朱真人在此修炼,后得道,乘鹤仙去,故名"白鹤梁"。据涪州志记载,在北魏时期有一个人叫尔朱荣,尔朱荣的弟弟叫尔朱通威,他厌倦了和他哥哥争权夺位这种生活,所以想弃官从道,来到民间修炼。通过他的刻苦修炼,就炼出一种长生不老的丹丸,当时在古代的垫江,就是现在的合川那一带卖。

长生不老的药谁不想吃呢,合川的州官知道后就想买一粒,希望自己吃

涪陵白鹤梁之一

了以后也能长生不老。尔朱通威炼丹以后号为尔朱真人，尔朱真人就说："你银子比较多，我要加价，要加十倍。"这个是有一点杀富济贫的意思。这个州官听了以后很生气，就派人将尔朱真人抓了起来，编了一个大的竹篓子，把他塞在里面，然后沉入合川的江中。尔朱真人这个时候虽然没有得道成仙，但却不是凡夫俗子，他在沉入江中以后并没有被淹死，他只是做了一个长长的梦。

白鹤梁之二

他顺江而下，就来到长江波涛中的白鹤梁题刻前，《涪州志》原文记载的是："有一石姓者打鱼人，举网而得之。"说是有一个打鱼人，举网的时候把他给网了起来，然后听到涪州城里面传来的磬声，"闻磬方醒"，磬声把他唤醒，然后他来到白鹤梁上继续修炼，并和打鱼人成了挚交朋友。有一天他们在白鹤梁上喝酒，喝得正酣的时候，朱真人就把自己炼的仙丹拿了两粒出来，一个人吃了一粒，二人就走到荔枝园那个地方，乘鹤西去，成为仙人。

白鹤梁全长1600米，由于江水冲刷被切割成了三段，古代上梁到中梁是可以通行的。

梁上刻着历代名人真迹，如黄庭坚、晁公道、黄寿、朱昂、吴革、刘甲、庞公孙、王士祯等，共300多人题写的诗词，达3万多字。荟萃"颜、柳、苏、黄、真、草、隶、篆"各体书法于一梁，大放异彩，流芳千古。

罗汉寺

——大隐隐于市

"从前有座山，山上有座庙，庙里有个老和尚……"大凡古刹名寺，大都隐藏于远山老林，比如普济寺之于普陀山、报国寺之于峨眉山、化城寺之于九华山、菩萨顶之于五台山、少林寺之于嵩山……山以寺灵、寺以山名，古刹和名山相互提挈成就了一方好风水。

然而，重庆渝中区的罗汉寺显然是个异类。

这座千年古寺坐落在重庆最繁华的市中心，周围全部是数十层的高楼，诸如东方曼哈顿、洲际酒店、旅游大厦、鸥鹏大厦，仅名字就充满了现代气息；在罗汉寺大门外一步之遥，便是熙来攘往的人流。罗汉寺朱红色的大木门，就像一把开启时光隧道的钥匙，一边是滚滚红尘，一边是渺渺梵音。

1940年7月，抗日战争时期，罗汉寺被日机轰炸，寺庙化为一片焦土，仅存大山门和古佛岩石刻群像。20多个僧人冒着日军的炮火，开始在废墟中重建罗汉寺以及罗汉堂，一直到1947年，在宗仙法师主持下，大殿、藏经楼、罗汉堂和山门牌坊等才得以恢复。

"文化大革命"期间，红卫兵闯进罗汉堂，将五百阿罗汉打得粉身碎骨，甚至连安置罗汉像的基座也被撬得七零八落。就在红卫兵们搭上楼梯，准备破坏大雄宝殿时，楼梯突然断了，好在人们及时赶到，阻止了一场更为彻底的毁灭。现在说起这段流传于民间的往事，罗汉寺的僧众更愿意相信，民众的愿望总是美好的。

1986年5月1日，罗汉寺迎来了它千年历史中的又一次盛典，经过两年的重塑，罗汉堂再次开放。在这天为五百罗汉开光举行的法会上，来自四川诸山的长老、佛教信徒三百余人，在当时四川省佛教协会会长、成都文殊院方丈宽霖法师的主持下，共同祈愿佛法永存、世界和平。

"罗汉寺"得名于清光绪十一年（1885年），当时的方丈隆法和尚仿效四川

位于渝中区闹市中心的罗汉寺

新都宝光寺罗汉堂的形式在寺内建造了五百阿罗汉堂，由此，罗汉寺名声益彰。罗汉堂的盛衰，从一个侧面反映了罗汉寺的枯荣。

罗汉寺内长20多米的古佛岩，存有宋代摩崖石刻佛像400余尊，其中有卧佛涅像（俗称"睡佛"）、观音像和供养人像等，风格颇近大足宝顶山石刻。大雄宝殿中有许多佛教艺术珍品，有十六尊者塑像，即释迦佛的16位学习成绩最好的学生；有明代的"西方三圣"铜铸像，缅甸的"释迦牟尼成道玉佛"，临摹印度壁画"释迦牟尼离宫出家图"等。寺内藏经楼收存的大藏经、梵文和藏文经典，以及古籍字画等，多为唐、明两代瑰宝，罗汉堂内造像总计524尊，皆泥塑像，其造型细腻精巧、神态逼真。

自从2006年风靡全国的电影《疯狂的石头》在此取景后，罗汉寺的名声更加响亮。

▶ 老君洞 ◀
——川东道教第一观

老君洞在哪里？它在南岸区黄桷垭镇的老君山上，是川东地区第一道观，现为全真教龙门派子孙丛林道观。沿古川黔大道（现在的黄葛古道），登行470余级石梯至老君坡，然后折向观前石梯，再上427步就抵达山门月台。老君洞又称古涂洞，传说是涂山女居住的地方，当年大禹娶涂山女，新婚燕尔即踏上治水的征程，正是从这里出发的。

老君洞原名广化寺，是一座佛教寺庙，在三国时已有殿堂，正式建于隋末唐初，明朝成化十六年（1480年）重建。明万历九年（1581年）与真武山的涂山寺交换，改建道观"太极宫"，人称"老君洞"。山门上刻有"上清仙界"四个字，牌楼上绘有太极图。

南岸老君洞庙门

清乾隆四年(1739年)，北京白云观的朱一品道长云游到重庆，见老君洞因战乱年久失修，颓废不堪，于是留任道观住持，招徒传代，为道教全真龙门派在重庆地区的传衍起到了重要的作用。

清咸丰六年(1856年)，李复昆为巴县的道门领袖，苦心募化，兴建邱祖殿，培育周围墙垣，兴办庚申斗会，八年(1858年)，重修正殿和西殿，新建文武阁；九年(1859年)，建王爷亭以培风水；十年(1860年)，立斗姆阁，老君洞从此由废而兴。

清同治元年(1862年)二月，大兵临境，老君山四周皆扎大营，观中道长卷单逃去，张复林与李复昆坚守五月余，诚心哀恳，并仗神力，方获保全，同年九月，建玉皇殿，塑祖师、十元帅、灵祖金身，并建桂苑、池塘等处。清同治三年(1864年)，李复昆冠巾后，培植祖堂、抱厅、乐楼；居士金烁乐捐巴县洞青场田土，并在庄上设立义学。所得资产除束脩外，其余作观内生活使用，道观面貌开始为之庄严，规模更为光大。

清光绪三十四年(1908年)，老君洞扩建，进入鼎盛时期，成为远近闻名的名山古观。

进入民国时期，由于军阀混战，社会动荡，出家人不能出世自保，各地寺庙大多萧条衰败。但老君洞一路走来，却辉煌依旧。究其原因，一是得益于当时的住持道长晏园珪。据说晏道长袍哥出身，武艺高强，三教九流都敬畏他三分，因此，他主持老君洞事务30载，老君洞一直平安无事；二是得益于川军师长、重庆卫戍司令王陵基。王陵基的母亲是个虔诚的信徒，王陵基孝顺，为其母亲在老君洞的斗姆阁上加修了一层念经楼，并题赠"天外一人"匾额悬挂楼檐，这犹如给老君洞罩上了一把保护伞，各色人等绝不敢在此有半点造次。

大殿"老而不老"匾意味悠长

老君洞环境幽静，林木参天，浓荫夹道。整个道观依山造殿，凿壁成像，自山门起沿峭崖、陡壁呈"玄"字形层层布置，盘旋而上，直达山顶。观内有三清殿、真武殿、灵祖殿、三丰殿、斗姆殿、文武殿、七星殿、吕祖殿、慈航殿、玉皇殿、财神殿等13座殿堂。

老君洞道观以其深邃的山景和道教玄妙的传说，使朝山进香的信徒和游览观光的宾客络绎不绝。观内有许多极富观赏和研究价值的文物和楹联题字，也吸引来不少文人墨客和社会名流。大殿前的九龙浮雕，刻画细致，技艺精湛；大殿内的对联"先天后天，本无道外之道；无极太极，妙有玄中之玄"韵味悠长；斗姆阁右侧石刻草书"犹龙"二字，笔走龙蛇，倒映池中，二龙戏珠，妙趣横生；三丰殿石壁上整块多幅的"渔"、"樵"、"耕"、"读"和"文王访贤"、"伯牙抚琴"、"观音救八难"等浮雕，莫不形神兼备，栩栩如生；山顶奇绝的岩壁之上，浮雕着一只四蹄腾空的青牛，更是令人遐思不已……

顺着青牛旁的山脊石梯而上，即是"南天门"，这里是老君洞的制高点。登临此处，犹如登上天宫的"南天门"，跨进一步，似乎便可得道成仙。我等没有古人成仙的痴想和福分，却有古人永远也无法想象的眼福。站在南天门，视野开阔，重庆城尽收眼底。远处，渝中半岛犹如一个瑰丽而奇特的山水盆景，从朝天门到菜园坝，呈椭圆形状被长江如托盘般轻轻托起；中间，南滨路犹如一条镶满珍宝的彩带，随意地摆放在山水之间；脚下，老君洞道观在朦胧中渐渐睡去……

▶ 双桂堂到华岩寺 ◀

——佛脉相承源流长

走近双桂堂，山门前有一副极有趣的楹联："二株嫩桂久昌昌，正快时人鼻孔；数亩荒田暂住住，稍安学者心肠。"

此联为双桂堂开山师祖破山禅师亲手所书，准确地描绘了"双桂堂"之名的由来及双桂堂的庙内环境。双桂堂之所以叫"双桂堂"，正是因为庙内有

梁平双桂堂禅师

破山禅师亲手栽植的金桂、银桂各一株。

传说这两株桂树是月宫中的嫦娥亲手培育,嫦娥借观音的净瓶水为之浇灌,派遣神燕去天河衔来肥泥为之壅土,用王母娘娘的云剪为之修枝。在嫦娥的精心呵护下,这两株桂树枝繁叶茂,生机勃勃,煞是惹人喜爱。在一个农历八月十五的中秋之夜,嫦娥将它们抛向人间,两株桂树带着满枝的清香飘荡到宁波天童寺院内。密云法师佛袍一扬,轻轻接住这两株桂树,并将它们交给弟子破山,让他带回蜀中,兴建佛寺,传授佛法,并称:"桂树生根之处就是你安身之地。"

破山俗姓蹇,字懒愚,四川大竹人,生于明朝万历二十五年(1597年)。自幼读书勤奋,聪慧过人,懂书画、善琴棋。19岁时出家,遍游名山大川,博览佛教经典。万历四十七年(1619年),云游至湖北黄梅县破头山,就此停住念禅三年,深有所悟。后长年在宁波天童寺跟随密云禅师学法。

得到师傅指令,破山身背两株桂树上路了,艰辛跋涉几个月,进入蜀中。一日,他落脚在梁山(今重庆梁平县)的万竹山歇息。半夜时分,山间突然霞光四射,钟鼓齐鸣,四周的村民闻声而至,只见一个和尚正打坐念禅,身旁两株桂树已落地生根,清香四溢。从此,破山和尚就在双桂落地之处建立禅院,并取名"双桂堂"。

双桂落地生根之处。经过破山禅师及其徒众的齐心协力,双桂堂迅速发展壮大,"双桂道风大振遐迩",被称为"双桂法派",除川、黔、滇外,陕、鄂、湘及江浙诸省均有其传法弟子和接法寺庙,双桂堂被赋予"西南丛林之首"、"西南祖庭"、"第一禅林"、"宗门巨擘"等殊荣,饮誉佛门内外。

然而天有不测风云,这两棵桂树,其中一株在前几年突然枯亡,当年寺内

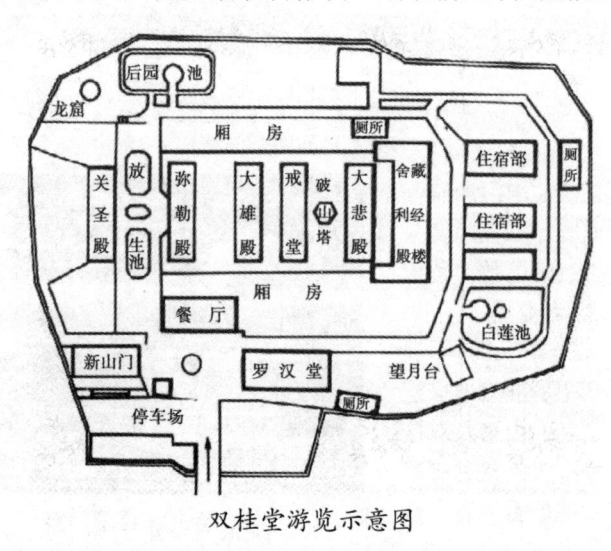

双桂堂游览示意图

就连连遭灾；另一株至今健存，并且枝叶网织，浓绿如云，每年金秋时节，桂花挂满枝头，香飘数里，人们争相观赏。

破山禅师有一位弟子，唤做圣可和尚。在建造华岩寺之前，圣可和尚住东水门的报恩寺，其"法名远播，缁俗钦仰"。

华岩寺的华严洞

相传圣可游历到大老山（今九龙坡华岩乡），被这里的风景吸引，决定修建一座寺庙，弘扬"双桂道风"。大雄宝殿选址之处，恰好是居士杨继芳的祖坟墓地。圣可亲至杨家说明化地建庙之事，杨继芳问需要多少地，圣可朗声答道："一袈裟之地足以。"众人惊诧，一袈裟之地何以建庙？只见大师将身披袈裟向空中抛去，袈裟随风升腾，舒展天际。时值烈日当空，袈裟将日光荫蔽罩于大老山70余亩地，圣可笑曰："老衲即需这块阴凉宝地建庙……"大家恍然大悟。杨继芳拱手赞同，连呼："阿弥陀佛！"

此后，圣可和尚餐风沐雨、呕心沥血，为筹集资金而募化十方。为筑殿宇，凡一砖一瓦，为植繁荫，凡一草一木，为兴祖庭，凡一事一物，无不尽心尽力，躬身亲为，备受艰辛。历时8年，"华岩寺"终于建成。开山伊始，十方僧众云集达三千人。

康熙癸亥年（1683年），圣可和尚正当壮年，可是他却急流勇退，选好继任者，将方丈的法杖传给了可拙和尚，并拒绝了其他寺庙的邀请，安安心心退居华岩寺"季尔关"，足不出户，闭关修行，专心著书立说。有《语录十卷》《百颂二卷》《破山和尚语录序》《募米缘引》等著作传世。

18年后，即康熙辛巳年（1701年）冬月初九，圣可抱病召集众僧，书偈云："过去佛何曾灭，现在佛祖几时灭，未来佛祖亦不灭，心心万里一条铁。"书毕掷笔曰："珍重大众，老僧无为乡捉铁鹞去也。"言罢合掌微笑而逝，享年73岁。

圣可大师仙逝后，众僧将其肉身盘坐于一大陶缸中（即"肉身缸"），葬于华岩寺后毗卢顶上。（华岩寺又称华严寺，因寺南侧有一华严洞而得名，民间传说古洞中石髓下滴成水花，故称华严；又传清初圣可和尚挂锡于此，夜梦五色莲花大如车轮，因有华严之名。）

陈万宝庄园

——西部民居瑰宝

在距离涪陵城42公里的涪陵区青羊镇,平坝开阔、溪流纵横,青山掩映中有一座百年老庄园——陈万宝庄园。一百多年前,一位叫陈万宝的人修建了这个庄园。庄园已发现的"三大谜团"至今仍未"破解"。

一是修建时所耗近万立方米的优良大型石料、基石,料场在什么地方,又用什么工具运输;二是两口百年不干的水井,从未干涸,清澈见底,始终装满,也不溢出,原因为何;三是该庄园内不见漏洞,外不见出口,无论雨有多大,院内从不见积水,也令人称奇。

滚滚长江自西向东奔腾而去;滔滔乌江从北向南走来。两江的交汇处,就是举世闻名的榨菜之乡、巴国故都涪陵。

据涪陵地方志记载:陈万宝,清代涪州安镇坝人。早年以贩卖米粮起家,后转而经营鸦片的种植、贩运和销售,成为当时川东最大的富豪。拥有土地40多万亩,地跨涪陵、南川两县,年收租谷40余万石。在清朝同治、光绪年间,他为自己及其子孙修建庄园达十四处之多,累计建筑面积在10万平方米以上。在这些庄园中,建筑水平最高、保存最完好的,当数修建于1862—1874年的石龙井。

石龙井占地10.55亩,房屋为穿斗式木结构,两重堂四合院带附院的一楼一底建筑,四周是低矮的平房,中间是学校模样的高楼,透露出一股残旧。大门紧闭,墙面上的游客指南和建筑介绍已经斑驳,这里来的人很少。当初,这里的恢弘建筑曾震慑整个川东地区。隐约间,似乎能看到当时热闹的气息:庄园一侧的马厩里一排整齐的马儿们在吃草,有的马正驮着沉重的稻谷向外行走,而庄园的主人陈万宝正

陈万宝庄园廊室

一脸严肃地点算着粮仓里粮食的数量，那头，女眷们在花园里嬉戏，时而能传出小孩读书的声音……

属于两个世纪前的繁华在现在看来已经凝固在时间隧道里。我们的到来，只为再一次走进这座建筑

陈万宝庄园四合院

物，探寻凝固在它身上的音乐。进门，又是一道门，然后是长廊，很多柱子承载着两层高的重量。有的柱子被虫蛀了好多洞，长廊里，倒在一旁的木板和石头上还能看出"毛主席语录"的印记。这里是"破四旧"时期的重点要"破"的对象。但看得出，这座建筑物很顽强，虽然它现在仍处于废弃状态，却任凭风吹雨打，任凭蛇虫鼠蚁的吞噬，仍然屹立不倒，似乎在等待着什么。

▶ 四知堂传奇 ◀

——名镇双江画像

在离重庆主城区184公里的潼南县，有一座双江古镇。此镇是中国第一批国家级历史文化名镇，那一批的10个古镇中还有乌镇、周庄等如今鼎鼎有名的旅游胜地。

双江镇被"一江两溪"环抱，"一江"指的是涪江，"两溪"说的是浮溪、猴溪。此地有着丰富的历史文化遗产：不仅川戏、书法、剪纸等民族文化流传深远，还有着难得一见的清代民居建筑群，其中尤以前国家主席杨尚昆故居"四知堂"闻名遐迩，一代伟人就诞生于大院的西轩正厢房。早在20世纪50年代，四知堂就被我国古建筑大师梁思成誉为："我国古代民居中不可多得的精品，可与北京什刹海媲美。"

说起"四知堂"三字的来历，这其中就有一段杨氏经典掌故。杨氏祖先杨震在东汉时曾任荆州刺史，后调任东莱太守。在他前往上任途中，路经昌邑，县令王密原是他保荐的荆州秀才。王密为了感谢杨震的知遇之恩，于半夜深更赶来，以十斤黄金相赠，而杨震当即拒绝收下。县令便说："暮夜无知者。"

杨震立马厉声呵斥道："天知、地知、你知、我知，所为无知？"县令深觉羞愧难言，携金而走。于是，杨氏后人就将家宅取名为"四知堂"，以彪炳其"清白传家"的先辈遗风。

四知堂庭院

潼南双江镇四知堂的选址，也颇具传奇色彩。清末，杨尚昆的曾祖父杨世绥到双江镇经商并成为当地大户后，考察了多处位置，才决定在长滩子修建住宅。在中国传统的建筑文化中，讲究建筑与周围环境的协调统一。在原生态的自然环境下，有节制地利用和改造自然，选择创造出最适合人居和发展的建筑环境，以达到人与自我、人与自然、人与社会的最佳和谐境地。长滩子，是猴溪在此造就的一块冲积小平川，大院便在这块平川边沿的"半边坡"脚下依山而造。正因为左有葱茏的龙家高坡和逶迤的半边山，像一条腾飞的巨龙从空而降；右有茂密的松林坡，似一头雄狮昂首而坐。一泓碧流，水缓滩长，回绕其间，"山主贵，水主财"，恰似一块"一品当朝，玉带缠腰"。

建于清同治元年（1862年）的四知堂是木结构悬山顶建筑，占地四千多平方米，以"四知"的"四"字作为建筑总体布局和组合形式。大院是杨尚昆曾祖父杨世绥迁到双江镇发迹后建造的老屋。杨世绥曾诰封通奉大夫，因此在建宅时就遵循了"三品通奉大夫"的府第规格设计，整体的建筑风格按照清代"步步递进、层层升高"的传统习俗建造而成，同时也遵循主人的"耕读传家远"、耕种与读书两不误的庄园模式。这个典型的"一进三"的清代民居建筑，正中是由前后大厅和两旁左右厢房围合的院坝，而左右两边侧门进去是对称的天井和两边的耳房，每面的天井都是两进，天井内光线充足。从耳房、厢房到前后大厅、客堂、屋外，这房间之间就由青瓦盖顶、脊饰精美的走廊相连。居住其中的人穿行其间，即使下雨天，也能"雨不湿鞋"。

杨世绥去世后，杨氏大家庭分家，作为杨家祖屋的"长滩子大院"当时为二叔公住宅。后来，杨尚昆的祖父与父亲一家临时搬回那里居住。于是一代伟人便诞生在此，并在此度过咿呀学语的童年，开始了波澜壮阔的漫漫人生。

中国名城掌故丛书
● 重庆掌故
Chongqing Zhanggu

言子俚语

雄起

"雄起"是全中国最出名的重庆言子。同样是给人鼓气,但比喊"加油"来得更为带劲、更适合男性。

有好事者追溯古书,说"雄起"一词至少在汉代就已有,"有人雄起,戴玉英,履赤矛。"这里"雄起"是崛起的意思。这多少有点牵强附会。其实重庆人口中的"雄起",最开始是形容男性生殖器的勃起,一如贵州话中的"弹起",进而演变成为鼓动男人遇事不要虚火,要勇往直前我做主的口头词汇。巴蜀文坛泰斗流沙河先生还曾为这种生殖崇拜正名:"雄起乃大雅,对应是雌伏。"

而外地人知道"雄起"一词,多是从甲A联赛开始。在成为球场"加油"同义词之前,"雄起"却更多隐藏着不怀好意的怂恿和激发血性的挑唆。在重庆人的市井生活中,"雄起"是好事的围观者怂恿别人跟挑衅者干上一仗、挑唆男人在女人面前要抬得起头、说得起话的最好语言工具。

有雄起的时候,也就有雄不起的时候。重庆不少男人在老婆面前,在精神气质上却通常是雄不起的,所以就只好与"炣耳朵"为伍了。

乱劈柴

重庆人爱说"乱劈柴",尤其是酒桌上划拳时。顾名思义,乱劈柴就是劈柴时乱劈一气,形容做事不按常理出招,不讲规矩,乱有乱着。

行酒令时,几个人喝得晕头转向的,拳头一伸,化掌为斧,"来来来,乱划拳,乱劈柴!"那动作活像在用"开山"(斧头)劈柴,只是麻起的,脑壳不够用,劈得不够稳、准、狠,没路数,也没章法。离开酒桌子,工作和生活中的乱劈

柴就有点具体了。出租车拒载或绕弯路，中药铺抓药认钱不认病，随处摆摊弄得满街污水，不该收的费还在收，统统都是乱劈柴。看到兄弟伙的女朋友长得乖，见色起意，那也是乱劈柴，不是每次都情非得已。

最令外地人不理解的是，有些重庆人"乱劈柴"时也乱得理直气壮，还以此来宽慰自己甚至是标榜。所以墨家学派创始人墨子说过：木材劈不开，错不在墨线。

▶ 捡炮活 ◀

占便宜之心从古至今皆有，所谓的"捡炮活"主要就是指占到了便宜。

柿子拣软的捏，正好下手。也正因为有这种贪便宜的心理，所以这个词汇现在常见于形形色色的促销广告中。房地产公司高喊：捡炮活了！房子买一层送一层！百货卖场明示：捡炮活了！买200送200。甚至路边的10元店都在以"跳楼价"牵引着那些想捡炮活者的目光和神经。不过天下没有免费的午餐，没有无缘无故的爱，也没有无缘无故的恨，那些捡炮活者一不小心就会陷入卖家的圈套中，那个时候就会发现：原来这些炮活还不炮活呢。

"捡炮活"，还有挑那些轻松容易事情做的意思。比如高考时，作文出的题目正好是模拟考试时做过的题目，不用去抠脑壳，直接快速立意快速落笔完成，轻松加愉快，这也叫捡了一个炮活。

灯晃

如果要形容一个人不定性、在外游手好闲、不务正业，"灯晃"二字就很形象。

古人是用油灯来照明，夜来风起，不管是风动还是心动，总之灯光是晃动了。光影跳处，人心思动，无论此时是在为考取功名苦读抑或是煮茶论英雄。而灯晃来晃去，于是就总有些见不得光的地方存在。所以难怪，灯晃也指干了一些见不得光的事情。灯影晃出窗外，所以灯晃者绝对不会宅在家里，在外也绝非是一个人在战斗，常常是成群结队。隔壁邻居家的儿子，毕业后就只爱跟社会上的朋友往来，不去工作，也不求上进，女朋友像走马灯似的换来换去。但灯晃的少年终究会有晃不动的时候，要么是油尽灯灭，要么就是添油闭窗、拨亮灯芯，灯光不再摇曳。

灯晃也并非一味贬低他人，视其不堪。熟人之间见面时，也经常会开开玩笑，"到哪里去灯晃了来嘛"。搞不清楚是羡慕，还是嫉妒。

打望

打望，字面意思是"打量着观望，实际为看帅哥美女，让眼睛得以滋润的审美活动"。这个解释，详见于观音桥广场连接北城天街的通道口，那是有关方面专门为"打望"正大光明树立的一个注解牌。

重庆最著名的打望地，以前只有解放碑商圈，现在扩展到了各区的商圈。那回，广西的樊帅哥到重庆来报考四川美院的研究生，在八一路好吃街一边站着吃"好又来"酸辣粉，一边打望美女，口水滴答的："你们重庆人真幸福，美女太多了，考不考得起，我都不想回去了。"

重庆人还流行集体打望,一群动机各异的男人经常相约,成群结队去过过眼瘾,发乎情而止乎打望。而重庆的美女们大多数不怕被打望,更开始反过来打望男人。现在,升级换代的一种打望形式开始出现,那就是街拍。几个背着单反相机的男女,一见有打扮入时的俊男美女过街,就赶忙上去打招呼开拍,"我们是某某街拍网的"。真是独乐乐,不如众乐乐。

食色性也,"打望"是很多外地人在重庆非学不可的本地方言和审美活动。放心,你永远都不会审美疲劳。

落教

为人仗义、厚道,言出必行,热心帮人,不为难别人,那就是"落教"。反之,就是"不落教"。所以说"落教",跟人品有关。

有种说法是,"落教"原为"落轿"。这个词据说来自于新姑娘(新娘)出嫁时。人有三急,坐轿出嫁的新姑娘有时也会遇到。知书识礼的新姑娘就会提出"落轿"要求。但本着对新人娱乐至上的轿夫们,反倒会趁机捉弄一下轿中人。这种不与人方便、损人又不利己的行为叫做"不落轿";反之,就叫"落轿"。

事实上,"落教"这个词在找人帮忙的时候,也确实是使用频率最高的。对方如果爽快答应了,就很"落教",如果推三阻四、婆婆妈妈的,就是"不落教"。

因为标准的不同,有时候"落教"与否见仁见智。比如邹二毛火烧火燎地找到同乡何幺妹:"堂客管得严,借300块钱江湖救急,下周发了工资就还。"何幺妹自认为很落教,马上找别人借了300块钱转借给他。一周又一周,一月又一月,这笔债拖起了。何幺妹觉得对方有点不落教,一催再催。邹二毛也抱怨连天:"这点钱都在催,太不落教了。"

常见的词句组合是:"你娃硬是不落教哦"。加重语气,让人深思二回求到我时,哼!

▶ 千翻 ◀

形容一个人淘气、不听话,爱捣乱、爱折腾,还爱搞点小破坏,带有些许贬义。

有一首古诗说,沉舟侧畔千帆过。此千帆非千翻,但多少重庆人小时候没有千翻过呢。有一种望文生义的解释是:翻滚一千次,可想而知有多闹腾。只能当做是有此一说。

千翻,主要是形容小孩子的专用语。当小娃儿的时候,家属楼里的尹四狗最无厘头的一次千翻就是:过年前邀约了一帮小兄弟伙去偷晾在窗外的自家腊肉香肠,半夜三更,成功得手,江风渔火,烤熟下肚。回到屋头,尹四狗听到自己的老汉正在咆哮,"哪些背时娃儿把我屋头的香肠腊肉割了一大半走了"。大人谈论起"千翻娃儿"时,"背时"这样的恶评和诅咒总是如影随形。

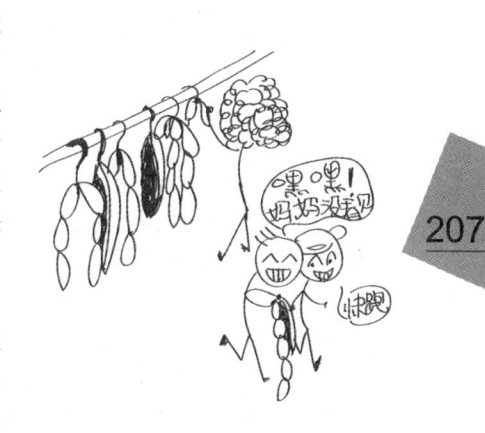

"千翻"二字,用于成人世界里,有时会成为暧昧之事的隐晦调侃。"兄弟,看上去无精打采的,昨晚上又千翻了嗦?"所以,对重庆言子不能只知其一,不知其二。

▶ 洗白 ◀

如果用现在流行的英文解释的话,那就是"Game Over",玩完了,结束了。也宛若对电脑硬盘的格式化,将磁带的记录抹掉,洗白,一切都归零。

上场打乒乓球,三下五除二就被高手洗白了,最惨的当然是被剃了个光

头,一分不得;钱包里揣了几百块大洋,到商场走一圈就洗白了,一分不剩。这样的洗白是彻彻底底,绝不拖泥带水。

"洗白"有时候还用于形容一个人的去世。但有调侃的成分在里面,对逝者不太尊重。慎用。只不过想来也形象哈。

▶ 日白 ◀

最常见的是形容一个人很能说,喜欢说大话,说谎话,吹牛皮不打草稿,上不挨天,下不沾地。

日白是一个贬义词。大众总爱以此来嘲笑那些说话不着边际的人。每一个地方,还总有一些因日白而出名者。如果此人姓罗,那就得外号"罗日白";此人姓何,那就得外号"何日白"。每个日白都有他们的大话故事,也有他们不为人知的落寞。村里有个一文不名的钟日白,二十年前就靠着一张巧嘴骗娶了当地的一枝花,最后这个不安心务农的"钟日白"几经创业,居然还真的让他混成了"钟百万"。所以现在看来,日白者说不定也是有想象力和前瞻性的人,只是碍于现实条件暂时无法实现而已。

特别提一句,日白还有"很厉害、很强大"的意思。例句:都是打篮球的,有的人居然一路打到了省队,真是太日白了。

▶ 宝器 ◀

外地人初到山城,听到满耳的"宝器"声,会很惊讶。何为宝?何为器?

翻开《辞海》,宝,玉也,玺也。再看《老子》,"大器晚成",器,人才也。但当"宝器"二字从重庆人嘴巴里说出时,却完全不是那么回事。"宝器",讽刺的是那些像活宝一样,爱出洋相又带傻气还感觉特别好的人。

做事稀里糊涂——"宝器";多管闲事的——"宝器";说话不分轻重——"宝器";发了点小财就显摆——"宝器";对牲畜也喊幺儿——"宝器";看到红灯还踩脚油门——十足的"宝器"。完整的用法是意味深长地来一句:"你娃完全是个宝器",简单点:"你个宝器!"最简单:"宝"。

其实"宝器"介于骂与未骂之间,看似咬牙切齿,实则伤人不重。有时还暗含一种作用:逗自己威风,也给对方一个台阶下,两人争执,只要一句"宝器"出口,多半也就是鸣金收兵的意思了,武戏也就唱不下去了。有时也常针对自己,例如经常发现做错事,大骂自己"宝器",这种时候,多半就是一种后悔的感觉了。

除脱

小黄开着一辆9座的面包车,硬是塞进了17个孩子,刚出幼儿园大门就被交巡警逮了个正着。小黄辩解:"这都是老板叫这么干的,与我无关哟。"交巡警教育道:"驾驶人忽视交通法规,把孩子安全当儿戏,同样不可饶恕!"最终,小王被罚款2 000元,扣12分,还除脱了驾驶资格。

这是2011年底全国整顿校车安全,发生在重庆某县的一个案例。听到这个处罚结果,当场就有家长叫好:"不除脱他的驾驶资格,他就有可能除脱孩子们的生命呀!"

重庆言子里"除脱"一词,内涵大概等同于"洗白",即没有了、完蛋了、结束了的意思。"除脱"是个动词,其主体可针对物品,比如:请了几天病假,工

作被除脱了；这个月的工资，到商场走一趟就除脱了；才买的新鞋子，穿第一回就除脱了……总之，都是些悲催的事情。

如果"除脱"这个词针对的主体是人，那就更具有重庆言子的神韵。这种情况下，"除脱"就相当于北京话里的"灭"。但"除脱"显然比"灭"更具有动感，更符合重庆人尚武豪放的个性。举个例子，当威胁某人要结束他的生命时，北京人说："我灭了你！"重庆人说："老子除脱你！"两相比较，重庆话掷地有声，孔武有力，强调的是过程，而北京话则文质彬彬，韵味婉转，强调的是结果。

有一次坐公交车，一个扒手正在对旁边的美眉下手之际被我发现了，见这个扒手矮小瘦弱，周围似乎也没有声援的同伙，我自恃160斤的体重还可以冒充一下强壮，豪气顿生："狗日的不学好，信不信老子除脱你！"此时汽车刚好到站，扒手恶狠狠地瞪了我一眼，径直下车去了。

▶ 扫皮 ◀

俗话说：人活一张脸，树活一张皮。树剥了皮要死亡，人不要脸，活着也就失去了价值。"扫皮"一词，大概就是根据这个意思产生的。

重庆人自尊心极强，有恩报恩，有仇报仇，敢爱敢恨，爱憎分明，最怕被人扫皮。曾经有一个重庆崽儿，从外地出差回来到达陈家坪长途汽车站，刚下车就被一帮骗子霉住了，鬼使神差地用自己的手机换了几张黄色光碟。骗子得手后作鸟兽散，重庆崽儿顿时清醒：这下扫皮了，在家门口被骗了！重庆崽儿哪里忍得下这口气，发誓要抓住这帮骗子："我就不相信你们从此收手了！"于是他天天在陈家坪蹲点，到车站附近的老家属区走访，有一天，硬是在一个老茶馆里发现了其中一人，他不动声色请来警察，将骗子一举擒获。

都说重庆妹儿长得乖，可是重庆妹儿有一个极大的缺点，开口就把脏字带，"老子"、"龟儿"如同家常菜。外地人了解重庆地域文化的，善意地称重庆妹儿"辣妹子"，不了解的，则评价为"没有教养"，这不但是扫了重庆妹儿自己的皮，还扫了重庆人民的皮，扫了重庆这座城市的皮。所以呀，不管是重庆妹儿还是重庆崽儿，不要以为豪放粗犷是重庆人的本性，就肆无忌惮地任意放大。

抗战时期重庆有个著名的"傻儿师长"范绍增，一次落难的时候身无分文，这个"老袍哥"心生一计，来到一家理发店，叫剃头匠将头发和眉毛全部剃光。剃头匠照办了。可是"范傻儿"却不"依教"了："咂，把眉毛剃了是扫皮的事情哟，啷个说？"剃头匠有口难辩，最终赔钱了事。"范傻儿"因此渡过了难关。

▶ 扯把子 ◀

幺妹：莽娃，看到干豇豆去哪里了没得？

莽娃：好像是到贺德转家里去了哟。

幺妹：你娃又扯把子，我才从贺德转屋头回来！

何谓扯把子？在重庆方言里本意是扯谎、说假话、哄人骗人的意思，后来又引申为扯、喜剧、莫名其妙、过分、可恶……总之，只要用法得当，可以表达任何意思——这正是重庆言子的魅力所在。

前不久，朋友李二娃在路边一青年农民处买了一篓土鸡蛋，提回家向婆娘炫耀了一番，婆娘直夸二娃能干、买得便宜，还奖赏了一个"啵啵"。二娃喜在眉头，甜在心头，跷起二郎腿看电视，等到婆娘做好晚饭后好生喝两口。突然听到婆娘在厨房一声尖叫："二娃，你来看这个鸡蛋味道啷个不正常呢。"二娃飞奔进厨房，鸡蛋还在锅里煎着，从外形也看不出什么异样，只是仔细一闻，鸡蛋却散发出一股塑胶的味道。"遭毬老，买到传说中的人造鸡蛋了！"二娃无奈地摇摇头，"这才扯把子哟！"

去年元旦，李二娃到成都去参加了他大学同学的婚礼，回来后见人就要摆一摆他的见闻。大学同窗再次相聚，都拖儿带女的，自然异常兴奋，大家都放得开，一阵风卷残云把桌子上的菜全部吃光了，叫服务员给每个人上一碗酸菜肉丝面当主食。谁知服务员说："不得行，这个不能打在婚宴开销里面。"孩子没有吃饱，大家也顾忌不了这么多了，就说自己买单。服务员当时就把眼睛都鼓圆了。"这个婚宴好扯把子，吃碗酸菜肉丝面还要自费。"每次说到这里，二娃都要总结一句。

▶ 扎起 ◀

锣鼓"咚咚"响，圈子扯圆了。江湖艺人抱拳绕场一周，感谢前来"扎场子"的支持者："虎瘦拦路伤人，穷人当街卖艺。今天哥几个到贵宝地求生活，多谢各位弟兄为我们'扎起'。"

这里的"扎场子"和"扎起"其实是一回事，都是重庆方言，意思是"捧场子、给面子"，引申为"鼓励、支持、帮忙、制止捣乱"。

重庆人一说扎起，便自带了一副雄赳赳气昂昂的架势，一看就知道是那种有实力、有气力、有能力的样子。朋友遇到麻烦了，喊一声"扎起"，三五个兄弟伙、四五个姊妹伙便挺身而出，有钱的出钱、有力的出力，为朋友两肋插刀。重庆人说话做事简单直接，哥们义气，朋友感情，同学、老乡情谊，不用多言，全在这一声"扎起"里。

眼看年关将近，吴老板外债还没有收回来，员工的工资都发不起，更不要说过年钱了，急得犹如热锅上的蚂蚁："哪个对得起跟随我多年的兄弟伙哟？"此事被平常最贴心的几位中干知道了，大家一商量："老板为人耿直，平常都嘿'落教'，关键时刻，哪个都要给他扎起。"于是号召全体员工放弃年终奖，工资过了年再拿，自己掏腰包回家过年，"给老板扎起，就是给自己扎起！"

▶ 背油 ◀

"背"这个字，有两层不同的意思，一是用脊背驮，比如通常说的背柴、背书包、猪八戒背媳妇等,另一层意思用以比喻负担,比如读书的时候最讨厌妈和老汉说的一句话:"好好学习哈,你背负着全家人的希望哟。"靠,各人有各人的生活,为啥子要把你们的希望寄托在我的身上呢?

在重庆话中,"背"如果和"油"字组合在一起,就不仅仅是背背菜油、麻油、机油、汽油或者色拉油那么简单了。重庆言子"背油"的意思是指过多地耗费时间、精力、感情、钱财等。"做这个菜要十二道工序,好背油哟!"重庆人恁个说,外地人往往搞不懂。

那天陈先生在渝北区加州花园旁一家宾馆底楼大厅等人,突然一个外地口音的男子上来"搭飞白",自称是安徽黄山一家宾馆的副总,来重庆办事,买了一些高档茶叶送人却没有送出去,准备处理了回家。说着就到停在大厅外的一辆黑色宝马车上拿来茶叶给陈先生看。陈先生放松了警惕,花了200元钱买了据说价值3 000元的茶叶。结果拿回家一泡,茶叶竟全部是枯树叶。陈先生哭笑不得:"现在的骗子也太下血本了吧!为了区区200元,连宝马车也开来了,背不背油哦?"

老张在副处这个位子上一坐就是10年,成了差点连"坐板疮"都长起了的"老板凳"。老张其实早就明白"不跑不送,原地不动"的道理,以前只是想保持自己做人的底线,不愿这么干,现在眼看年龄已过50,再不快马加鞭,就没有机会了。他往局长家里不知跑了多少趟,"米米"(钞票)不晓得除脱了好多,眼看就要晋升为处长了。局长却忽然因为收受贿赂、贪污公款被关进了鸡圈。老张后悔不迭:"早知有今日,何苦当初恁个背油嘛!"

▶ 妖不倒台 ◀

"妖",不仅仅指神话传说里的妖魔鬼怪,还引申为神态不正常(妖里妖气)或艳丽(妖娆)。妖,如果始终屹立不倒台,那就不得了啦,不是神通广大的老妖怪,就是千年不老的老妖精,让人躲之唯恐不及。

办公室有一位女同事,老公是某某局的局长。这位女同事经常在办公室

里显摆："哎呀，我老公前两天到巴黎出差，又给我带回来一个 LV 包包，家里本来就有两个了，买这么多回来做啥子嘛！"另一位女同事赶紧奉承："你老公对你好好哟。"等"LV"刚刚跨出办公室，这位女同事立即变脸："呸！不就是个局长嘛，有啥子妖不倒台的呢？"

女儿正在地板上搭积木，父亲过路时不小心将女儿即将完成的杰作碰翻了。女儿不依不饶、又哭又闹，非要父亲给她恢复原状。父亲被闹得"婆烦"了："哭啥子哭？屁大点事情，硬是妖不倒台！"

小侄女从乡下到城里来玩，特别喜欢吃火锅。有一天吃火锅的时候我告诉她，重庆有个地方的火锅，有一间屋那么大，可以几十个人围着锅儿同时吃。侄女眼睛瞪成了"二筒"："恁个大的火锅，妖不倒台哟！"

▶ 夹毛驹 ◀

"我想辞职，主动下课了。"张三已经有了七分酒意，瞪着发红的双眼向裥裥裤朋友李四抱怨。

"不可能哟，你幺姨妈的妹夫的堂兄好不容易把你安排进这家单位，才不到两个月哟！"李四更恼火，起码有八分醉意。

"唉，天天遭夹毛驹，日子难过呀。"

"哪个叫你一天到晚日不拢耸的嘛，以为自己有多大的背景，妖不倒台。"

"主要是我们领导嘿弯酸，经常医我的闷鸡。"

外地人看到张三和李四这段重庆味十足的对话，肯定云里雾里，不知所云。这里的"夹毛驹"，就是穿小鞋，也可理解为坐冷板凳。在重庆话里，"夹"含有欺负人、整人、压榨人的意思，"驹"本义是指小马儿，这里可以理解为新手或者是处于弱势的人，"毛"在重庆话里也是弱、笨之类的意思。合起来讲，

"夹毛驹"通常就是指老手欺负新手，上级压榨下级，内行整外行，刁难别人，让别人过不去。

眼看就要到教师节了，王幺妹两口子却因为给不给娃儿的老师送礼发生了争执——

"娃儿才读一年级，我坚决不赞成给老师送礼。报纸上不是说，这个坏风气，都是家长自己搞出来的吗。"

"你懂个屁，我们不送，万一其他家长都送了，那娃儿岂不是要遭夹毛驹！"

公交车司机黄师傅这天有点霉，早上刚出站就被交巡警拦住了："对不起，麻烦你下车测一下酒精含量。"

"遇得到哟，清早八晨的测酒精含量，是不是夹我的毛驹哟。"黄师傅不以为然，下车后拿起仪器一吹，105毫克！

"对不起，你已达到醉驾的标准！根据《中华人民共和国道路交通安全法》，你将被处以拘役。"交巡警向黄师傅敬了一个标准的礼，说道。

"你们这是夹毛驹哟，我是昨天晚上喝的酒哒嘛。"黄师傅明显没有了底气。

▶ 下课 ◀

在1996年那个硝烟弥漫的甲A足球职业联赛的赛场上，直辖前隶属四川的重庆及其球迷，自然把四川全兴队当成了主队，当全兴队再次"阳痿"而主教练余东风依然"举而不坚"时，愤怒的重庆球迷集体喊出了一声惊世骇俗的"下课"，从此这个简洁有力的词语风靡大江南北。

重庆人生性幽默风趣、豁达乐观，头脑中没有那么多正统观念，敢于藐视传统，嘲笑权威，富有表达能力和创造能力。他们利用丰富的联想和机智的调侃，巧妙地把政治上的失势"下台"，同校园里学生的"下课"相譬喻，这就从内涵上拓宽了职位上变动的意义，使它从原来狭窄的政治领域扩大到学校乃至人

生的舞台。

"下课"一词生动别致,经广大的球迷传播,很快走出足球领地,走向社会生活的方方面面,成为当今中国各个领域里使用最为频繁的词汇之一。现在,工人下岗称之为"下课",干部离退休称之为"下课",玩游戏输的一方叫"下课",辞职叫主动"下课",甚至连夫妻离异也戏称为叫对方"下课"。

哦,对了,下课这个言子,一定要用干净利落的重庆话、最好由重庆男人从喉咙里吼出来,才具有那种特殊的神韵。如果是用拖泥带水的成都话或不温不火的普通话说出,就像火候不够的烤红苕——不㶽不硬,半生不熟。

▶ 猫刹 ◀

重庆人性格刚烈,脾气火暴,三言两语不对,就会砣儿锭锤、真刀真枪地干起来,用重庆话说,就是"猫刹"得很。

这天"李天棒"到解放碑去灯晃。刚走到大世界酒店门口,就看到惊心动魄的一幕:一辆的士径直冲过50级梯坎、3层转换平台、接近40度的斜坡、10余米高的垂直落差,平稳地降落在来龙巷极其狭窄的人行通道上。李天棒连呼"猫刹",还要加重语气"确实猫刹",一激动,竟然一脚踩在旁边同样看热闹的"小平头"锃亮的皮鞋上。

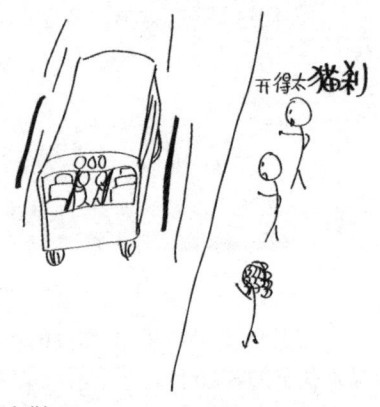

李天棒回过神来,赶紧道歉:"对不起!对不起!"

哪晓得小平头根本不依教:"对不起?对不起值几个钱?"

李天棒毛了:"老子都是天棒,你还跟我比猫刹。今天踩了你的脚,你又能啷个?"

两个天棒崽儿正要动手,被赶来处理车祸的交巡警及时制止了。

"猫刹"这个言子,没有褒、贬之分,在不同的语境中,表达的感情色彩也有所不同。比如,单位来了一位留学生,同事们常常在背后议论:"毕竟是'海归',硬还是要猫刹些!"这显然是赞扬、是褒奖。再比如,李天棒的邻居教育娃儿:"不准去和李天棒裹哈,猫刹得很,惹不起。"这显然是蔑视、是贬义。

杂皮

重庆妹妹硬是怪,不爱帅哥爱杂菜。在重庆街头,经常可以看到这样的场景,一群游手好闲、其貌不扬的小杂皮,个个身边都挽着一个身材高挑、面容姣好的美女,招摇过市,让大妈们硬是想不通:"啧啧,恁个乖的妹儿,为啥子非要跟这些烂人混在一起嘛?"

这里的杂皮、杂菜和烂人,意思都差不多,指的是游手好闲、不务正业的人,有点类似上海的"瘪三",北京的"痞子",东北的"地癞子"。

但重庆言子里的"杂皮",显然又不仅仅局限于此。重庆人对"杂皮"的态度,是既爱又恨、暧昧不清的。比如重庆人常说:"这个崽儿'杂'得很。"一方面瞧不起此人,说他不地道、不按江湖道义出牌;另一方面也隐隐有些艳羡此人有能力,路子广、方法多的意思。所以,重庆的"杂皮"特别多,动不动就称呼人家为杂皮:年老的叫老杂皮,年轻的叫小杂皮,姓李的叫李杂皮,姓王的叫王杂皮……

重庆人对"杂皮"的态度为什么如此复杂呢?源于杂皮这个群体所散发出来的一些共性——肆无忌惮、敢爱敢恨、蔑视权威——这不正是从巴人时代延续至今的典型的重庆性格?只不过,在今天工业文明的冲击和外地移民的稀释下,重庆人这种鲜明而嚣张的个性,越来越稀缺了,仅仅在这个被称为"杂皮"的特殊群体中得以张扬。

难怪,解放前嗨袍哥相互扶助的,是重庆杂皮;

在"文革"武斗中,敢于开着坦克上街的,是重庆杂皮;

为了心爱的女人,敢与麻风女热恋的,是重庆杂皮(见莫怀戚的小说《白沙码头》)。

癞疙宝吃豇豆

——悬吊吊的

癞疙宝是啥子宝呢？外地人不明就里，以为重庆人口中的癞疙宝，真是个什么奇珍异宝。这是外地人不熟悉重庆的语言习惯而产生的误会。重庆话生动、形象、幽默、有趣，喜欢把什么都说成"宝"，比如"宝器"，如果某人对你说："你娃真是个宝器哟！"这并不是在夸奖你"宝贵得像一个国家机器"，而是在调侃你"傻乎乎的"。至于癞疙宝，既是癞子，又疙里疙瘩的，肯定不会是什么好东西。

不信，你自己看嘛，蟾蜍满身布满疙瘩，而且背上皮肤乌一块紫一块的，让人一看见心里就发麻，所以重庆人就给它取了一个形象的名字——癞疙宝。它在民间还有一个名字——癞蛤蟆。对的，正是那个大名鼎鼎的、想吃天鹅肉的癞蛤蟆。癞蛤蟆没有吃成天鹅肉，这一次，改吃豇豆了。豇豆长呀，一口两口都吞不下去，所以癞疙宝吃豇豆，总是剩那么一段吊在嘴巴外面，上不沾天下不挨地，悬吊吊的，让人心里很不踏实。

2008年汶川大地震时，我正在解放碑的办公室里，突然感觉办公楼在晃动，惊抓抓地跑到门口，格老子的又没有动了，"难道是年龄大了脑壳昏了？"边想边往办公桌走去。突然又是一阵摇晃，我的妈呀，是不是发生地震了哟？转身就往楼下跑，心里头就像癞疙宝吃豇豆——悬吊吊的。

有一次到外地出差，去菜园坝的路上发生了大堵车，出租车一路过五关斩六将到达火车站时，离发车时间只有五分钟了。我一路狂奔进站，看到火车已经缓缓启动，就近找了一节车厢一个箭步跨过去，乘务员连拉带拽帮助我上了车，此时，火车已经提速离开站台。这真是癞疙宝吃豇豆呀——悬吊吊的，如果再晚一秒钟，肯定赶不上火车了。

大阳沟的鲫壳

——死的多活的少

在重庆,如果你不知道"大阳沟",那你OUT了,肯定不是"老重庆"。大阳沟在老重庆人心目中的地位,决不亚于解放碑。

大阳沟在哪里?就在解放碑的边上,曾经是重庆最大的农贸市场。形成于20世纪40年代,1956年公私合营。占据了今天五一路全部,北至江家巷,南达新华路,是一个典型的马路市场,两旁钢架棚屋,高高的屋顶,四周通风,屋顶有透亮的玻璃瓦。每天像赶场,特别是过年过节,摩肩接踵,重庆各区县的口音,在这里大荟萃。

大阳沟市场之所以在重庆人心目中至今还占有一席之地,不仅因为这里曾经是重庆物资最丰富、品种最齐全、价格最低廉、市场最繁荣的地方,而且是重庆商业系统率先改革开放的前沿阵地。20世纪80年代,大阳沟市场开始承包经营,以前在国营公司里卖菜的、划黄鳝的、杀鱼的、卖调味品的……纷纷承包各自负责的小摊位,成了重庆市第一批个体户。大阳沟市场也一跃成为中商部命名的全国十大菜篮子市场之一,盛极一时。

从国企大锅饭,转化为为自己打工的个体户,大阳沟的经营户们干劲十足,每天天不亮就起床,午夜还在准备进货,足迹遍及全国各地。那个年代,有一个特别的词汇来形容发家致富的人——万元户,大阳沟催生了重庆首批万元户。

大阳沟卖鱼的给人印象最深刻,大盆小盆的,顺街边摆了长长的一溜,一到下午,由于缺氧,盆子里的鱼死了一大片,白翻翻的。特别是鲫壳(不知为何,重庆人硬是要将鲫鱼称为鲫壳),更是死的多活的少。所以,了解行情的大妈们,最喜欢半下午去大阳沟"捡炮活"——这个时候的鱼价格最便宜,死而不僵,拿回家马上处理,和鲜杀的没有什么区别。

依托大阳沟先富起来的一批人,普遍文化程度不高,还没有做好当有钱人的准备就突然变成了有钱人,很多人要么得意忘形,要么无法适应,从而染上了赌博、吸毒等恶习，最终走向破落。到 1997 年大阳沟拆迁时，这些曾风光一时的万元户，犹如大阳沟的鲫壳——死的多活的少，很大一部分被打回了原形，终点又回到起点，让人不免欷歔。

当然，也有小部分经营户做得更大了，成就了一番事业。对了，重庆至今有名的老四川、胖子妈、王鸭子等品牌，都是从大阳沟走出来的。

▶ 猫抓糍粑 ◀
——脱不了爪爪

重庆江津有一个中山古镇，古镇的石板烤糍粑非常有名，软糯香甜，趁热吃，堪称美味。关于这种风味独特的糍粑，古镇还流传着一段有趣的故事——

相传当年孙悟空大闹天宫，二郎神奉玉帝之命前去捉拿。两位尊神一路斗法来到中山古镇，始终不分高下。二郎神心生一计，摇身变成一个水灵灵的村姑，把当地的特产香糯米蒸熟舂成糍粑，团成蟠桃状。然后找了一块光滑的青石板放到火炉上，把团好的糍粑放到上面烤起，再把黄豆炒熟磨成黄豆面撒在上面，黄灿灿香喷喷的，真像一个个蟠桃。青石板被火一烤，滚烫滚烫的，但却不变色不冒烟，一点儿也看不出来。

孙悟空果然就被"蟠桃"散发出的香味吸引过来了，他用火眼金睛一看，一下子就识破了村姑是二郎神变的。孙悟空艺高人胆大，摇身变成了一只猫，跳上青石板，抓起两个黄灿灿的"蟠桃"，一屁股坐在青石板上就开啃。谁知"蟠桃"的滋味还没尝到，屁股底下就感到火辣辣的。他两个爪爪赶忙一甩，想丢掉两个"蟠桃"开跑。谁知那"蟠桃"又粘又烫，硬是甩不脱。孙猴儿一急，顿时现了原形，连滚带爬跑到笋溪河里，凫水过河朝竹林跑去。只听身后传来一阵哄笑声：真是猫抓糍粑——脱不了爪爪哟！

重庆人用这个言子来比喻"脱不了干系"，告诫人们做事要三思而后行。比如偷鸡摸狗的、欺行霸市的、为非作歹的，最终都是猫抓糍粑——脱不了爪爪！

茅厮头打灯笼

——找(屎)死

在重庆广大的农村，如厕的地方叫做"茅厮"。这个称谓，大概来源于全国人民都还没有富裕起来之前"茅厮"的简陋外观——农村卫生条件差，各家各户都在房前屋后、东侧西边，总之，只要不是正对着大门的地方搭一个茅草棚，挖一个坑就算成了；或者直接在猪圈旁边挖一个坑，每次出恭，所有的秘密，都被哼哼唧唧的大肥猪尽收眼底。讲究点的人家，还要在坑上盖一块木板，一般在屎尿下坠的地方斜靠一块木板，防止"浪花"溅起来弄脏了屁股；不讲究的人家，直接在坑上搭上两根木棍，前面弄出一个浅浅的水槽了事，人站在上面晃晃悠悠的，如厕就成了一个技术性很强的活儿——既要保证肠道畅通，还要注意身体平衡，免得一不小心掉下去成为落汤鸡。

在茅厮里头打灯笼，要么是在如厕，要么是在找东西。可是，茅厮里面会有什么东西呢？除了"米共田"，还是"米共田"，重庆人说话不拐弯，直接称之为"屎巴巴"。茅厮头打灯笼，自然是找(屎)死了。

一次搭朋友的车去自驾游，晚上在高速公路上突然迎面开来一辆逆行的车，远光灯射得人眼睛都睁不开。朋友吓得赶忙减速靠边让此"大爷"通过，气得他边把喇叭按得山响，一边大骂："不要命了呀，真是茅厮头打灯笼——找(屎)死！"

细娃儿穿西装

——大套

小的时候，最喜欢干的一件事情是穿上父亲的西装，对表弟表妹们发号施令。可以想象，西装肯定是大了，用重庆话说就是"活摇活甩"的。再配上我那神气活现的神情，常常逗得大人们哈哈大笑："这还真是'细娃儿穿西装'咃。"那时候觉得大人们都"怪眉日眼"的，细娃儿穿西装有什么好笑的呢？

直到进入高中，青春期逆反，父亲说什么都给他顶过去。有一次期末考试没有考好，父亲善意地提醒："下次一定要细心呀，都快要高考了哟！"我想也没想就一句话顶过去："我本来就很细心，高考有啥子关系嘛！"父亲终于被激怒了，顺手抓起一根拖把棍子就是一顿暴打："你现在是细娃儿穿西装——大套得很咃，几天没有修理你，要上天了。"这是我最后一次被父亲棍棒教育，结果是深刻理解了"细娃儿穿西装——大套"这个重庆言子。

重庆话骂人不带脏字，常常是三言两语，被骂的人还没有反应过来，其实已经被骂了，而且骂得淋漓尽致。比如这"细娃儿穿西装"，并不是提醒你衣服大了，而是在骂你"大套"，也就是大肆、放肆、肆无忌惮的意思。

开车在公路上依次行进，突然从后面穿出一辆车到前面插队，重庆人性格火爆，自然不"依教"："咃，大家都走得好好的，你硬还是细娃儿穿西装——大套些迈！"猛踩一脚油门，汽车如离弦的箭直冲过去……只听得"轰"的一声，哦嗬，两辆车来了个亲密接触。

肩膀上放烘笼

——(挼)恼火

随着电热毯、空调、暖手器的普及，一个老物件——烘笼——离我们越来越远。"烘"是它的功用，"笼"是它的外形，合在一起就有了"烘笼"这个名字。重庆人说到"烘笼"，喜欢在后面加一个儿化音，就成了"烘笼儿"，听起来感觉更加温暖。

烘笼儿的结构分为两个部分，里面是一个陶钵，简陋的用泡菜坛子的上盖或者土碗，外面是用竹片或柳条等编成的笼子。冬天，将烧得红红的炭火放到里面的陶钵、土碗或泡菜坛盖子里，然后盖上薄薄的柴灰，可以保温2—4个小时。这可是以前家家户户必备的物品，特别是农村，每人提一个，随身携带，再也不怕冬天的寒冷。老人还喜欢在上床

之前把它放到被窝里,与电热毯的功能差不多;有小孩的人家,也用它给婴儿烤尿片、尿裤子等。

使用烘笼儿时,要么提在手上,要么偎在外衣里,要么踩在脚下,如果有人将它放到肩膀上扛着,不是发神经,就是遇到了大麻烦。重庆人扛东西不说"扛",而是发明了一个特别的替代字——"(挼)"。肩膀上放烘笼儿,那自然是(挼)火了!重庆方言(挼)、恼同音,(挼)火即恼火。重庆言子表现力丰富,单一个"恼火"就有三层意思,一是指困难、辛苦、麻烦、难办;二是指遇到棘手的事情心里烦躁、不爽;三是形容愤怒、气恼。

比如说,春节期间,老张穿了双新皮鞋出门会朋友,刚走到车站就被人踩了一脚。正恼火之际,对方不但不道歉,反而责怪老张的鞋子硌了他的脚。老张望着对方"估吃霸赊"的样子,只好自认倒霉。他强压着恼火的心情,去寻找擦皮鞋摊。可是,春节期间,擦皮鞋的人都回家过年去了,擦皮鞋成了一件恼火的事情。

一句话里出现这么多"恼火",你是否感觉肩膀上放烘笼——恼火呢?

解放碑的钟

——不摆了

2005年的一天,细心的市民给重庆的报社打热线电话:"解放碑的钟怎么不动了,是不是坏了?"哦,解放碑的钟——不摆了。老一点的重庆人,趁机就打趣提起了这句歇后语。

自从20世纪40年代以来,解放碑的钟可说是标志物中的标志物。最开始,这钟是气派非凡的摆钟,整点准时敲出的钟声,连朝天门都听得到。进入20世纪70年代后,这大摆钟不但越走越不准了,有时还干脆就停摆了。于是乎,这句歇后语开始在市民中流行起来。

"不摆了"是何意。摆,在重庆人口中有"说话"、"聊天"的用法;不摆了,是一种很劲的说法,形容一个东西好得来都没法用语言来形容。这种自我夸耀或是羡慕妒忌的程度,又怎一个"惨"字了得。当然,重庆话当中的"惨"跟"悲惨"没得关系,可看做是形容程度极其之深的一个语气副词。若论"不摆了"的夸张程度，可能还要超过超级女声某评委那著名的"VERY VERY VERY GOOD"。例如，到老灶火锅店点上一锅老油底料，那最正宗的麻辣烫味道，简直是不摆了。

解放碑的钟，后来就由机械摆钟换成了石英钟，现在使用的更是劳力士电子大钟，1个母钟，4个子钟，通过GPS接收卫星传送的格林尼治标准时间。精准是绝对精准了，几百年出入可能不到10秒。但永远都摆不起来了。

▶ 较场坝的土地 ◀
——管得宽

两口子打架，隔壁邻居跑来劝架。好心不一定有好报，这隔壁户没想到对方不领情，反倒是得了一句冷言冷语，"你手伸得太长了，管得宽"。

在重庆城，这句歇后语完整的表达是：较场坝的土地——管得宽。这较场坝的土地，招谁惹谁了？

古人信鬼神，认为阳间和阴间对应存在。而土地一职，应该是管理阴间的鬼神中最低级别的官员了。他们各管一方，并受阳间的当地人设立神祠供奉，也就是常说的土地庙。但重庆较场坝这地方，却是没有土地庙的。较场坝之所以得名，就是因为这个地方，以前只是清朝时候川东地区武秀才考试的考场而已。这个空旷的巨大坝子，除了考试期间外，平时空无一人，又哪来的土地庙呢？可武试期间，这里却是人气高涨。原来各地考生云集，万家瞩目，所以一大批商户就看准了商机在此搭棚经商，这期间也就有了临时的街道，甚至还有热闹的夜市。

经商之人尤其崇信鬼神，较场坝没有土地庙，就只有就近寻找土地庙祭祀，恰好临近的关庙街口有一个。于是，这关庙街口的土地，在武试期间也就兼管起了较场的业务。时间一长，人们就默认了这关庙街的土地，也就是较场坝的土地了。

"管得宽"，暗讽的是狗拿耗子，多管闲事，不该你管的，你却来管了。但

"管得宽"，总比没人管，或者是明明有人管却不来管，更受人欢迎一些。

月亮坝儿耍弯刀

——明砍

正所谓明枪易躲，暗箭难防。耿直的重庆人不兴"暗箭"这一套，喜欢明里来明里去。想象一下，晚上月光如洗，在开阔的土坝里（而不是丛林、屋里）耍起弯刀，明人不做暗事，重庆人要的是"明砍"，此处"砍"，是"侃"的谐音。

看到一个人欲言又止，吞吞吐吐，半天放不出一个屁，性急的重庆人这个时候就忍不住了，有啥子你要说啊，你不说我哪个知道也，有什么就"明砍"嘛。月亮，坝儿，弯刀，是不是有点古龙"天涯·明月·刀"的武侠风范？说不定是和巴人尚武的传统有关吧。尤其是遇到对方隐晦的言语中，有挑衅的成分时，用上这句言子，就能主动挑开话题，先发制人，镇住场面。

但明眼人都看出来了，此情此景，对方把你一切动作都一目了然于胸，还怎么伤人呢。所以，可见这种"明砍"的行为，更多也只能是虚张声势、故作镇定而已。不战而屈人之兵，上上策也。

瓦片里头装稀饭

——二流

瓦片看似微不足道，但在中国家庭的地位可不低，至少3 000多年前的周朝时就已将它用于屋顶防水。瓦片半个圆筒形的造型，让它翻个面后，临时也能客串下容器。当瓦片装上稀饭，稀饭数量不多的时候还能应付，但稀饭装多了就两边流出来，挡都挡不住。于是乎，这就引申为"二流"的意思了。一

且听得到此话,你还千万别当真,以为是在表扬你有二流水平,搞得不好是说你未入流。

谁说重庆人就不会拐个弯来骂人了。有些重庆人弯酸起人来,就不是一般的人。比方说你半壶水响叮当还不给脸面。主办方号称邀请了欧洲顶级的足球队来打友谊赛,经常看欧洲五大联赛不睡瞌睡的超级球迷看完出场名单后,一针见血,"瓦片里头装稀饭——二流"。

同样是瓦片里头装稀饭,还有人解读为"顾了这头,顾不了那头"。家里的保姆同时照顾两个婴儿,这边刚准备喂奶,那边又哇哇大哭起来,保姆这个"瓦片",真是哪头都顾不了。

▶ 肚鸡眼打屁 ◀

——(腰)妖里(腰)妖气

肚鸡眼为何物?外地人搞不大"醒豁",但重庆人恐怕连三岁的娃儿都晓得:"肚鸡眼嘛就是肚脐。"

肚鸡眼是娘胎里供应胎儿营养的唯一通道,但对于成年人来说其实没得啥子实际用处,更不要说打屁了。但是重庆人非要拿肚鸡眼打屁来说事儿。腰杆里放出来的气体,那只能是腰(妖)气了,所以就有了"肚鸡眼打屁——(腰)妖里(腰)妖气"的说法。这个言子有两层意思,一是明知不可为而"估倒"为之,按照重庆人的说法,就是"妖圆得很";二是明明不该干的事情却非要去干,"妖圆十法的"。

重庆人爱打扮,敢打扮,本无可厚非。经常可以在街上看到惊世骇俗的壮举,一个满脸皱纹的大妈,非要扎着两个小辫子装天真,大冷的天穿着一身鲜艳无比的露脐装扮清纯,露出十八梯似的呼啦圈,刺得周围的人眼睛都睁不开。

重庆土著见怪不惊,遇到这种情况,大不了自言自语"肚鸡眼打屁",听者自然心中嘹亮——"妖里妖气",然后眉毛一翘、心头一笑。外地人哪里见过这种阵仗,惊得嘴巴张成汤圆,心里头雷翻阵仗!

中国名城掌故丛书
● 重庆掌故
Chongqing Zhanggu

大案探秘

重庆大轰炸惨案遗址

反抗列强的重庆教案

鸦片战争后,西方教会在不平等条约的庇护下,向中国派遣了众多传教士。随着西方列强和资本主义势力对中国侵略的加深,传教士也开始从沿海地区深入到中国内陆地区。这些外国传教士中的绝大多数是披着宗教的外衣,干着各种侵略勾当及危害当地人民的坏事;他们或强迫百姓入教,侵占百姓土地,掠夺百姓财产;或霸占文庙、祠堂等公用设施;或占据要津,充当间谍四处活动,搜集政治、经济、军事、文化、社会情报危害中国,从而引起了中国人民持续不断的驱杀教士教民、捣毁教堂的反洋教斗争。在1858年到1886年的近30年中,重庆市区发生了两次大的反抗西方教会案,史称重庆教案。

1860年,《北京条约》签订后,原在四川已有相当基础的巴黎外方传教会即以重庆为据点,设立主教,管辖云南、贵州、四川等各省的教务。之后,美会、圣公会、伦敦会、公谊会、浸礼会、英美会等外国教会,相继侵入四川,大肆发展教徒,扩充教会势力。

第一次重庆教案发生在1862年,法国公使提出将重庆城内的长安寺给予川东主教改建为天主堂。消息一传出,当即引起了重庆绅商的强烈反对。法国方面坚持其无理要求,并向清廷施压。清廷害怕引起挑衅

曾被起义军捣毁的马跑教堂

反洋教起义地之一的大足龙水镇

事端,就令四川省尽快将长安寺交给天主教会,但朝廷此举却引发了重庆民众"打教"。

1863年3月,上千的团勇和群众,将天主教最大的真元堂及教堂设的医馆等捣毁。事发后,四川总督及成都将军立即将川东道吴镐撤职,并采取措施防止事态扩大。最后,法国主教范若瑟与重庆绅商于1864年达成协议:天主教不再要求将长安寺改建为教堂,重庆绅商付给范若瑟15万两白银作为赔偿,对打教者也不予深究。

三年后的1886年,由美、英传教士购地建屋事件又引发了第二次重庆教案。

1885年冬,美、英教士分别在重庆鹅项岭、凉风垭、丛树碑购地建教堂、住所,遭到民众强烈反对。1886年7月1日,数百武童生及群众将美、英传教士在上述三地所建房屋全部捣毁。事后,成千上万群众又将城内教堂和教会建的医院、住宅捣毁,并与恃教欺民的教民罗元义发生冲突。

罗元义指挥教会武装打死群众11人,打伤22人,群众更加气愤,四处"打教"。在武童、民团的带动下,商人罢市,武童罢考,群众将重庆城内所余教堂及教会所建之各类房屋全都打毁。由此引起了川东30余州县反洋教的风潮以及毗邻重庆的鄂、黔各县的打教事件。事发后,英、美、法公使向清廷大肆要挟。川督只得派员至渝与重庆地方官会同处理此事。经过与对方的反复磋商,最后以处死凶手罗元义及民众首领2人,以银赎回英、美教士所购之地,并向英、美、法教会赔款白银26万余两结案。

这两次教案是外国列强凭借不平等条约在中国领土恣意妄为,引起中国广大人民的不满与反抗,双方发生的激烈冲突。它是在两次鸦片战争后民族危机空前严重的情况下发生的,具有鲜明的反帝色彩。这些教案在重庆、四川乃至中国南方都产生了巨大影响,它们是"义和团运动"的前奏。

万县惨案的来龙去脉

1926年,中国北伐战争节节胜利,各地工农革命运动风起云涌,空前高涨,外国列强的在华势力遭受沉重打击。英国政府加紧了干涉中国革命的步伐,以巩固其在长江流域的势力,不仅调遣大批军舰来华示威,在我东南沿海制造血案,还纵容其商轮在中国内河寻衅肇事,以浪沉中国木船,淹死中国人民为儿戏。

1926年8月29日,英国太古公司的"万流"号商轮在四川云阳长江江面有意疾驶,浪沉了杨森部载运军饷的木船3艘,杨森部官兵和船民50余人淹死,饷银8.5万元和枪械50余支沉入江底。

杨森当时刚刚就任吴佩孚委任的四川省省长职,对此愤怒异常。他找到中共派到杨森部工作的朱德、陈毅商议。朱德和陈毅二人告诉杨森:反对帝国主义的暴行,是杨森部官兵和四川人民的强烈愿望,必须采取强硬态度和坚决措施,才能加强杨森的军中威望和政治影响。

哪知一波未平,一波又起。杨森在沉船事件发生的当日,曾派出轮船和检查长率兵8人调查云阳沉船事件经过,不想又遭到停泊在万县的英国军舰"柯克捷夫"号的袭击,重伤数人,"万流"号商轮也在英舰掩护下逃离万县。

当晚,英国商轮"万县"、"万通"号抵达万县,杨森当即派兵将两轮扣留,并同时致电重庆海关监督,要求向英国驻重庆领事提出抗议,并赔偿损失。杨森又分电各方,详述英国轮的肇祸经过及扣留"万通"、"万县"两轮原因,并提出"惩祸首、赔损失"的要求。

可英方不仅未满足中方的要求,反而调遣军舰云集万县,企图用武力夺回被扣英轮。直到9月4日,英国领事向杨森发出通牒,限24小时内将"万通"、"万县"两轮放行。次日,英舰"嘉禾"号、"威

万县惨案民众受难地:较场坝

万县惨案肇事军舰:"柯克捷夫"号

警"号和"柯克捷夫"号进迫万县江岸,强行靠帮跳舷武力劫夺被扣的轮船,并开枪打死守卫英国商轮的杨森部士兵。

杨森部队按事先的命令给予回击。英舰竟然丧心病狂地开炮轰击万县人口稠密的繁华市区近3个小时,发射炮弹和燃烧弹300余发,中国军民死伤以千计,民房商店被毁千余家,造成"万县惨案",又称"九五惨案"。

事发后两日,朱德、陈毅推动召开万县各界万人抗英大会,并组织万县惨案后援会,通电全国,要求严厉制裁英帝国主义,为国雪耻,为死难同胞复仇。中共重庆地委书记杨闇公等共产党人联合国民党左派人士,在重庆成立"万县九五惨案后援会",发出快邮代电,发动和组织群众,掀起抗英高潮。随后,重庆举行了大规模的抗英示威游行。

但是到了9月23日,杨森秉承吴佩孚"和平了结此案"的电令,不得不下令释放了"万通"、"万县"两轮,并压制人民的反英示威运动。最终,万县惨案后掀起的群众性抗英爱国斗争,被北京政府和军阀的妥协政策所断送。

▶ 骇人听闻的大轰炸惨案 ◀

1941年6月5日下午6时左右,雨后初晴,当重庆的市民们正准备吃饭乘凉时,突然空袭警报长鸣。得知日军的飞机要来空袭,人们携带行包,纷纷涌向防空隧道的入口。由于袭击突然,疏散来不及,因此,防空隧道内聚集的人特别多,显得十分拥挤。除了两旁的长条板凳上坐满了人以外,连过道上也站满了人群。洞内空气异常浊闷。

晚上9点钟左右,日军飞机进入市区上空,开始狂轰滥炸,霎时间爆炸声此起彼伏,繁华市区顿时变成废墟。由于人多空间小,再加上洞口紧闭,洞内氧气缺少,人们开始觉得呼吸不畅,浑身发软。地面上日机的轰炸仍在继续,而洞内的氧气越来越少,连隧道墙壁上的油灯也逐渐微弱下来,这时婴儿和孩童们终于忍受不住了,大声啼哭起来,气氛顿时紧张,有些人开始烦躁不安,举止反常。

随着二氧化碳增多,洞内部分油灯已经由于缺氧而熄灭,人群骚动得更加厉害了。面临死亡,沉默的人们再也按捺不住性子了,开始拼命往洞口拥挤。由于洞门是由内向外关闭的,因此,人群越往洞口挤,门越是打不开。守在洞外面的防护团员只知道日机空袭时,禁止市民走出防空隧道,而对洞内所发生的危险情况一无所知。

洞内的人发疯似的往外挤,人们喊着哭着往外冲,可是洞门依然紧闭着,无法打开。洞内的氧气在不断减少,洞内人群的情绪更加急躁,他们拥挤在一起,互相践踏,前面的人纷纷倒下,有的窒息死亡,而后面的人浑然不知,继续踩着尸体堆往外挤,惨案就这样发生了。

后来洞门被打开,霎时间,洞内的人群如同破堤的河流一样冲出洞门,一部人因此而得以生还。有人回忆当时的情景和感受说:"后来,木栅门不知怎样打开的,守在外面阶梯上的防护团也跑掉了。人流穿过闸门,犹如江河破堤,拼着全力往隧道口上冲。我和两位同学因年轻力壮,用尽力气随着人

大轰炸惨案

大轰炸纪念遗址

流挤出木栅门，昏头昏脑地上了阶梯，终于来到地面上。当时我到底是凌空、是滚爬、还是被人流夹住推出来的？实在是闹不清楚。只觉得一出洞口呼吸到新鲜空气，浑身都感到凉爽、舒畅，瞬即又迷惘、恍惚，似睡非睡、似醒非醒地躺下了。我那时没有手表，昏睡了大约半个小时又苏醒过来，只听见隧道里传来震耳的呼喊和惨叫声。我从地上爬起来一看，自己躺的位置离隧道口约30米，周围有百来人，有的正在苏醒，有的呆呆地站着，然而，再也不见有人从隧道口里走出来。我低头一看，自己的上衣已经被扯破，纽扣大部失落，帽子丢掉了，肩上挎包所装的信件、相片、日记本也全部不见了。东西是损坏、丢掉了，但我总算挣脱了死神，回到了人间。"

日军的空袭还在继续，飞机呼啸着从空中冲过，扔下无数的炸弹和燃烧弹，地面顿时一片火海。经过4个多小时的折磨、挣扎，将近午夜时分，洞内凄厉的惨叫声逐渐减弱，很多人躺在地上，气息奄奄，面色由红色变成紫蓝色，口角的唾沫由白变红渗着血丝，不少人已无声地扑倒在别人身上。

空袭持续了将近5个小时，当日军的飞机离开陪都重庆时，防空大隧道已是死一般的沉寂，听不见活人的声音。到处都是死难者的尸体。其凄惨情状正如当时重庆市市长吴国桢所说："洞内之(难民)手持足压，团挤在一堆。前排脚下之人多已死去，牢握站立之人，解之不能，拖之不动，其后层层排压，有已昏者，有已死者，有呻吟呼号而不能动者，伤心惨目，令人不可卒睹。"很多死者都是挣扎到生命的最后一刻才含恨离开人世的。他们有的面部扭曲，手指抓地，有的仰面朝天，双手垂地，有的皮肤抓破，遍体鳞伤，十分悲惨。

6日凌晨，防空警报解除后，国民政府当局开始组织人处理善后事宜。从隧道内拖出的遇难者尸体成垛成垛地放在洞口……

这次，日机空袭持续时间很长，进入隧道的人又太多，里面缺乏通风设备，许多市民被闷死在隧道中，死亡人数近万，酿成了骇人听闻的"大隧道惨案"。

国民党中将雾都遭诛

程泽润为四川隆昌县龙市镇人，出身贫寒，中学没有毕业就考入保定军官学校，毕业后在川军中一步步从排长、连长、营长、团长至师长。

程泽润后来毕业于早期的陆军大学。抗战前国民党政府为了拉拢四川军阀刘湘等人，曾派程泽润回四川活动。程泽润又是军政部部长何应钦的主要幕僚长之一，他们之间关系颇为深切。

抗日战争爆发后，何应钦为了加强兵役工作，提升程泽润为中将兵役署长。当时役政制度弊端太多，民间强拉壮丁，怨声载道，程泽润虽作了一些努力，但未见成效。他认为役政弊端是从上到下的，故常以"上梁不正下梁歪"之类言语抨击当局，对孔、宋家庭也多有指责，而对何应钦却备加赞颂。蒋介石要打击"拥何"力量时，自然就把程泽润当枪靶子了。

1944年初夏程泽润被捕后，何应钦表面保持镇静，只是托人带信希望军法总监何成浚手下留情。遇见蒋介石时对程泽润事只字不提，以免涉嫌。程泽润的家属四处奔走，设法营救，先后找过代参谋总长程潜、军令部长白崇禧以及从前线回来的傅作义等人。蒋介石的侍从人员均以"委座尚未息怒"为由，拒不传见。

此事很快为四川各高级将领知悉，他们多方进行营救，邓锡侯、王陵基、王缵绪、唐式遵、潘文华、杨森等川军高级将领联名请求蒋介石从宽处理，并请冯玉祥将军出面向蒋介石说情。蒋介石一概置之不理，并催促军法部处决程泽润。不久，军事委员会参谋总长兼军政部部长何应钦被调任陆军总司令（何是贵州人，这次调任陆军总司令，实际上是遭蒋介石排挤离开重庆）。何应钦到贵阳后，立即打电报给蒋介石，请调程泽润出任陆军总司令部中将参谋长。蒋介石知何应钦

程泽润的上峰：何应钦

为程泽润解围，不同意调程泽润前往，于是程泽润仍被囚禁于军法部，而且开释无望。

鹿钟麟看各方营救无效，他想尽力挽救程泽润，由军法部把讯问情况和该部意见签呈送蒋介石。签呈大意：程所犯之罪，尚未构成处决条件，请予从宽处理。军法部送上签呈后，不久蒋介石发下手谕，批示要军法部"立即处决"。军法部接到蒋介石的批示后，感到很为难，认为处决程泽润有些过分，但又不敢违抗蒋介石的命令。怎么办？没有办法可想。最后军法部决定让程泽润回家几天，与夫人和女儿相会团聚。但军法部决定保密，暂不向程泽润说出即将行刑之事。

程泽润被暂时释放回到家中，与爱妻和女儿会见时热泪盈眶，悲喜交集。程泽润与家人团聚10天左右，就又回到军法部去了。程泽润哪里知道，他这一去，竟是与爱妻、娇女的永别呢！

行刑地点在重庆南岸，时间1945年7月。在行刑之前，监刑官问程泽润有什么话要交代家属，可以代为转达。程泽润问监刑官：他为什么要受处决，犯了什么法，根据哪条法律？监刑官听了一愣，只好说："程署长，这是委员长下的批示手谕，要我们立即执行。"一面把蒋介石的批示手谕取出给程泽润看。程泽润至此终于绝望了，他知道蒋介石既然这样做，再说也无用，但他的心仍是不服的。戎马生涯数十年，竟然落得如此下场，这是他最痛心的。他在感到绝望之后，不想再说什么了，他等待着行刑。监刑官一再催问交代的话，他才提出：不要打烂头部，要求保住整尸。监刑官接受其请求，立即下令行刑。

真是：中将生命如草芥，戎马半生终遭劫。

枪声过后，一个魁梧的身躯终于倒下了，一位执掌全国兵役大权的风云人物，竟作了枪下之鬼。程泽润被处决后，其家属前来领尸埋葬，爱妻、娇女痛哭不止，这使多雾的山城，增添了几分悲凉。程泽润死后，全家人很长时间处于悲哀之中，后听说程泽润的夫人回到老家江苏，曾在沪经商。

在重庆参加劳务的国民党军队新丁

震惊中外的较场口血案

重庆城的较场口，很久以前就是热血男儿挥拳弄棒舞枪的地方，军队操练、武状元选拔都是在这儿比试，它是川东习武之士向往的"圣地"。

较场口也是正义与邪恶、英雄和无赖争锋较劲之处——

公元1600年正月，明朝兵部右侍郎李化龙调集三省兵力，分八路征讨杀人如麻的叛将杨应龙，就是在这儿登坛誓师，发兵启程；

公元1644年6月，农民军首领张献忠也是在这儿，砍了明朝瑞王朱常浩的头，还要了重庆府贪官陈士奇等人的命；

震惊世界的"重庆较场口大隧道窒息惨案"，让世人永远记住了日本法西斯的罪恶暴行；

抗战胜利后发生在1946年2月10日的"较场口血案"，历史又将记下谁的功与过、是与非呢？

1946年1月10日，国民党在军事失败和人民反内战的形势下，被迫同中国共产党签订了停战协议，宣布停止内战。就在这天，政治协商会议在重庆开幕。重庆各界热爱和平的人士为了促进政治协商会议的圆满成功，使会议作出了废除国民党一党专制，建立民主联合政府等有利于人民的决议，成立了"政治协商会议陪都各界协进会"。协进会多次召开各界民众大会，宣传民

主政协,抨击独裁专制,得到了广大民众的积极参与,也遭到国民党特务和流氓打手的捣乱破坏。

1月31日,政治协商会议成功闭幕。为了庆祝这一盛事,重庆23个群众团体成立了"庆祝政治协商会议成功大会筹备会",拟定于2月10日上午9时在重庆较场口广场举行庆祝大会,并推选了郭沫若、马寅初、李公朴、施复亮、章乃器等20余人组成大会主席团,李德全为总主席,李公朴任总指挥。

然而,2月10日上午,国民党却早有预谋地另外组织了一个所谓的"主席团",其成员有吴人初、潭泽森、刘野樵、周德侯、庞仪山等,他们提前登上了主席台。会场的通道及两侧不仅布满了七八百名特务打手,他们雇佣来冒充各会会员的流氓也纷纷涌进会场压阵。

李公朴

周德侯悍然宣布开会,并大声叫喊:"我们选举占中国人口百分之八十的农会代表刘野樵担任总主席!"中统特务刘野樵竟然抢到扩音器前准备发言。这突如其来的形势,让筹备会的组织者既震惊又气愤,李公朴立即上前阻拦这一行径,却遭到一群冲上主席台的特务的围攻殴打并身受重伤。郭沫若、施复亮、马寅初等纷纷上前制止暴行,也遭到毒打。郭沫若头部受伤,眼镜被打落在地。施复亮全身受伤。马寅初穿的马褂也被特务打手剥去。在广大工人、学生的抢救下,郭沫若、李公朴等人才得以脱险。而在场的与会者也有60余人受伤。当共产党代表周恩来、王若飞和著名爱国将领冯玉祥等赶到会场时,特务们才四散而去。

当晚,中国民主同盟召集紧急会议,推举周恩来、张君劢等四人赴蒋介石处当面交涉事件真情,并带去周恩来、沈钧儒、梁漱溟、罗隆基联名写给蒋介石的抗议信,对国民党暴徒的行径进行了严厉的抨击。然而蒋介石却远赴上海。他们随即前往国民党秘书长吴铁城处交涉,要求彻底追查事件真相。

第二天,重庆市农会常务理事刘野樵却恶

较场口庆祝大会现场

人先告状,反倒向重庆地方法院控告李公朴、章乃器、朱学范、陶行知、施复亮等五人"公然扰乱集会并伤害他人身体"。然而,经过法庭辩论,所谓"被告者"李公朴等民主爱国人士明显受伤才是真正的受害者,当案件真相大白于天下后,法庭只好不了了之。

然而,事件之后国民党不但没有追查事件真相,惩办凶手,维护正义,反而倒行逆施,指使特务于1946年7月11日在昆明大兴街学院坡,将这次庆祝大会的总指挥李公朴秘密杀害。

"较场口血案"的发生暴露了国民党破坏政协决议、坚持独裁内战、践踏人民民主权利的真实面目,为国共两党第二次合作的破裂和发动全面内战拉开了序幕。

陪都"焚毒"之谜

抓捕运毒贩毒是治安部门长期的任务。抗战陪都为了"国际观瞻",设了关卡,严加检查。因此,许多贩毒者为了过关,化整为零,从陪都之外的小县、小镇翻山越岭逃避检查关卡。这些亡命之徒铤而走险在所不惜,常常是夜半三更把毒品悄悄运进市区内。还是难逃被擒的厄运:这里破获贩运鸦片50斤,那里又截获吗啡若干……

1946年重庆市第一届民选参议会上,有人一再向市长和警察局长提出质询:抗战期间,这些破获没收的毒品哪里去了。为了有一个交代,以平参议之愤,市政府决定禁毒节仿效林则徐公开烧毁搜缴存放的毒品。

重庆的日报、晚报连日大肆宣传。6月3日上午9点,市中区的较场坝中间像砖一样黄

吸食鸦片场景

"瘾君子"的困境

色纸包的鸦片烟，堆起像座小山一样。围观的群众人山人海，水泄不通。上百个警察在现场维持秩序，市警察局督察处长和本区分局长到场指挥焚烧。警备司令部司令和宪兵团长均亲临现场，由国民党市党部委员和市参议会议长、参议员等检查陈列的毒品后，并由党部主任委员讲话，宣扬林则徐精神，一套官方形式之后，点火焚烧。

当晚的晚报和第二天的日报都按照中央社（重庆分社）的稿件发了焚毒新闻，几千斤毒品在熊熊大火中化为灰烬。这既宣称了"禁毒"，也纪念了林文忠公老祖宗，同时也向市民作了一个交代，这真是一举三得的好事。

可是"好事"却没有让市民满意。第二天，一家晚报副刊文章，一位自称"瘾君子"笔名的作者，写了一篇文章，标题是《大失所望》。文章说："我是老烟（鸦片烟）哥，听说要禁烟，我高兴极了，跑到较场口围着焚烧的鸦片烟拼命呼吸，以为可以过一次老瘾！可是我失望了，大失所望。我虽深呼吸，一点鸦片烟味道都没有，简直是受骗！几千斤鸦片哪里去了？"

这位"瘾君子"真有其人，是当时说评书的名艺人。这些鸦片是真是假是骗不了这位"老瘾哥"的。半年后，这位警察局长调离重庆，焚毒内幕被人传了出来：几千斤鸦片是假的，禁毒那一天，参议员、市党部委员检查时，面上一层是真的，大约几十斤，下面全是假的。将真假鸦片一起焚烧以掩人耳目，平息舆论。这堆百分之九十以上的假鸦片，是当时警察局长委托义字袍哥大爷冯什竹（他在重庆公开吸鸦片烟）派人用泥巴和锯末作为砖块充当鸦片。他说："烟土、烟土，用同样包装，真品赝品有何区别。"

真的鸦片呢？早已换成黄金装进了警备司令和警察局长的腰包。

恶人束士侠毙命记

抗战期间，南京、武汉相继失守，大批逃难的民众纷纷涌向重庆。抗战胜利后，这样众多的人群要"复原"，重返家乡，交通落后的重庆就紧张起来。这个时期，上下乱成一团，随之而来的是社会动荡和人心不安，治安不振，盗贼四起。

最混乱的一带要属西郊区（磁器口、沙坪坝、小龙坎、化龙桥一带）。其中一名叫束士侠的人罪恶累累，民怨极大。束士侠及其门徒的恶行，可说罄竹难书。控告束士侠的状子，雪片似的飞向陪都的宪兵队、警察局、卫戍司令部、军统局渝特区。几年之内，他把陪都社会秩序搞得到了不可收拾的地步，终于引起了社会公愤。那时，重庆各报登了《重庆教育界的社会风纪呼吁》。

束士侠是抗战期间武汉失守后逃到重庆来的下江人，经人介绍，到了21兵工厂当工人。但他不安心于工人这样的工作，骗称是裕丰纱厂总经理束士芳的"堂弟"，混进了裕丰纱厂当上加油领工。他野心极大，一方面用小恩小惠拉拢手下小工，另一方面加入青帮。他要做陪都的黄金荣、杜月笙，便在裕丰纱厂招收门徒，同时向社会上发展，入帮来者不拒，两三年间，吸收门徒五六千人。很快，他成为化龙桥至磁器口方圆数十里的一霸，出入均有几个军官队员前呼后拥。排场大，开支自然不小，钱从何处来？门徒孝敬的远不够，就要靠敲诈勒索、估吃霸赊、偷盗抢劫，无恶不作。

早在1942年，由于他好逸恶劳，长期旷工被工厂开除。他马上指使厂内门徒借故恣意闹事，并殴打护厂警卫，抢去警卫人员步枪。抗战胜利，各行各业裁减职工，裕丰纱厂也把平日表现坏

重庆卫戍总司令王缵绪

的一些人解雇,这些人恰好是束士侠的门徒。束士侠乘机闹事,借口救济失业工人,向裕丰纱厂"借"资100万元。许多工人为保"饭碗"加入青帮,非其门徒备受欺凌。细纱乙班女工杨文玉因得罪其门徒,被束士侠的恶徒多人毒打,将她腰杆打断。

束士侠及其一党,估吃霸赊强拿之事,多得不可胜数。为应付庞大开支,束士侠还令其爪牙于偏僻路段拦路抢劫。当地派出所明知乃其所为而不敢对其采取行动。高家花园樊某家资殷实,因住地偏僻,被束士侠爪牙陈朗初率人入室抢劫,资产被抢劫一空。

束士侠一干人的恶行在社会上引起了极大的动乱。在南京的蒋介石得悉这一情况,指示重庆主持西南军政事务的重庆行营主任张群到重庆来办理此案。重庆卫戍总司令是陆军上将王缵绪,王缵绪作为四川军阀,得张群的指示后,立即叫办公室主任史伯英、第三组组长陈攸序前来商议"行动方案"。

王缵绪等人反复磋商,制定"捕束方案"。警察局刑警处长谈荣章把卫戍司令部的"传票"交给西郊区区队长江如山,异常慎重地对他说:"传讯束士侠是总司令亲自交办的,限三天归案,不得有差错。"

江如山接到指令后,反复思量,决定对束士侠采取智擒、诱捕一策。于是他派与束士侠拜过把子、磕过头的弟兄姜宏康执行诱捕。姜宏康答应把束士侠"诓"来。这一计划果然顺利将束士侠扣押。第二天清晨,便由刑警处派来的人员,用吉普车秘密将束士侠押到市中区来龙巷的刑警处关押。

束士侠在监狱关了七天七夜,军法处提审三次,最后判处死刑,立即执行。王缵绪怕"劫法场",到处实行戒严。6月16日凌晨4点,束士侠被五花大绑,用中吉普载至军法处,由军法官秦万本验明正身,插上写有"杀人犯恶霸束士侠"的标牌,监斩官坐吉普车殿后,押至较场口广场,把束士侠放在一块石阶上,执行枪决。据说开了三枪,当场毙命。

曾经的来龙巷

"不食奇人"的国际闹剧

1947年夏,重庆发生了一件奇怪之事,虽然重庆现代史上曾发生过不少奇闻怪事,但是这件事,无疑是最荒诞离奇的,此事还在全国引起了不小的轰动。也许你听过爷爷辈的老人讲过这件奇事——杨妹九年不吃饭。

有奇闻当然有奇人,"奇人"就是一位名叫杨妹的农村姑娘。这位当时年方18岁的乡村小妹是川东石柱县桥头区人,据说有9年不吃饭还健康地活着,被称为"不食的奇人"。1947年3月,石柱县女参议员、桥头区区长、女舵把子佘德瑜把杨妹当做"稀世奇人",护送到重庆城向当时的重庆市市长杨森"献宝"。

"我们杨家出了这么个奇人,很了不起!"杨森接见了杨妹之后,为杨妹举行了记者招待会,还出面邀请名流学者、罗汉寺的长老、天主教的神父、基督教的牧师和中西名医10多人组成委员会,专门研究"杨妹九年不食之谜"。

奇闻立即在粮食奇缺、物价飞涨的各个城市引起了轰动。上海、南京各报都以头版报道这一千古奇闻,杨妹的照片出现在各大报上。国际媒体也纷纷关注,美联社驻华记者莫德森专程从西安飞来重庆,英国驻华记者毛恩则从南京赶来重庆采访"人类的福音"。美国邀请她出国,还派医学专家来重庆,参加研究涉及人类生存的"杨妹不食之谜"。

"杨妹研究委员会"以三周为期,对杨妹实行严密的观察和研

农家女杨妹

究,派有记者参加的医护人员日夜护守监视观察,杨妹每天的体重、体温、脉搏、有没有大小便等——在报上公布。连续两周的观察检验结果,她没有吃任何食物,每日饮水一杯,无大便,隔天小便一次,量少色灰白。

果然是奇迹!报纸宣传更为起劲了,南京国民政府新闻局派出大员来渝,英国也来电邀请杨妹出国,本地军阀邓锡侯也接见杨妹并赏大洋20元。初来重庆的杨妹,一身村姑打扮,现在已身价百倍,戴上金项链、穿华丽的旗袍艳装,关在一间楼房里,像动物园里的猴子一样供人参观采访拍照,日夜有人守护。

三周的观察时间很快过去了,研究会发表的结果,杨妹仍然是没有进任何食物,每天睡眠很好。可是在第22天的晚上,正当市长和女政客佘德瑜兴高采烈地为宴请一个美国人,举杯庆贺"奇迹"时,被饥饿和精神折磨得十分虚弱、精神恍惚的杨妹,突然闻到楼下大厅宴会上飘来鱼肉佳肴的诱人香味,她从床上坐起,掀开被单,偷跑下楼在花园墙边发现一个喂狗的盆。

当她正伸手抓着狗食往嘴里吞时,被躲在假山后的守护者发现,镁光灯一闪,摄入镜头。

据当时报纸的刊载是:监视人从她身上发现了藏着的花生米,专家们从她牙缝中发现有菜叶和食渣。闹剧被戳穿,舆论哗然,报纸都以"揭穿九年不食之谜:杨妹偷吃狗食"为题发表了消息。

杨森十分狼狈,为挽回点面子,仍以"杨妹食量极少,这种超平常人的耐饿仍值得研究"为名要送杨妹出国。把杨妹当做政治资本的女参议员佘德瑜不敢再玩火了,她偷偷地带着杨妹回去了。

"杨妹是个贫困不幸的农村姑娘,幼年父母双亡,是叔父收养了她。但家里其他人厌恶虐待她,使她长期处于半饥饿中,肠胃萎缩,加以精神上折磨刺激,生理上造成间歇性的畏食。"后有人在小报上著文揭开了"杨妹不食"之谜,杨妹这种情况导致她常常十天半月不吃或吃得很少,只喝点水。其实,间歇期一过,她就要饥饿寻食。

▶ 轰动全国的"李民案件" ◀

戏曲舞台上那个贪图荣华富贵,不认结发妻,千古留骂名的陈世美,已成为腐化堕落分子的代名词了。想不到,西南解放后,贵州省绥阳县就出了个进了城、变了质,大闹婚姻改组,抛弃了在战争年代同甘共苦的妻子,用欺骗、

迫害等卑劣手段犯重婚罪的腐败分子李民。此案，由受害人向邓小平政委控告，引起邓政委的震怒，交西南最高人民法院审判，《新华日报》发表社论，成为轰动一时的《李民案件》。

重庆解放，欢迎解放军进城

1952年春天，邓小平政委还在西南大区主持工作。有一天，收到一名妇女的诉状，控告遗弃她母女犯重婚罪的贵州省绥阳县县长李民。邓政委看完这位妇女长达7页的诉状，十分愤怒，要求最高人民法院西南分院立案审理。

1949年底严冬，李民从遵义出发，率接管中队，骑着高头大马进入绥阳县城。全城锣鼓喧天，到处张贴迎接李县长赴任的标语。那时干部奇缺，他当上县长还兼法院院长，县委书记还未到任，也由他代理。老战友开玩笑说："老李，你成了绥阳的太上皇了。"说句老实话，进城初期，李民还是兢兢业业，克己奉公的，再忙还写封信给妻女报个平安。

李民当上县长不久，一起进城的战友发现他变了。特别是1950年下半年，从城里刮来一股闹婚姻改组风。李民看中一位芳龄十九，年轻貌美，刚从师范毕业出身资本家的女教师之后，就春心萌动，神魂颠倒，定下心宁愿付出代价，也要弄到手。第一步将姑娘调到县政府办公室当秘书，便于游说；当姑娘家庭不愿女儿做"二婚、填房"，姑娘死活不从时，李民就实施第二步，利用自己法院院长的权力逼其家属就范。最难以逾越的障碍还是怎么使妻子同意离婚。

李民深知妻子丁华是个妇女干部，其家庭在地方很有威望，生性刚烈的她是不会饶恕他的。李民就利用他手中的权力和骗术，耍起"瞒天过海"的欺诈手法，以绥阳县法院的名义伪造证明和公函，骗取山东肥城县法院开出与丁华离婚的证明。李民自以为得计、如愿以偿，便"梅开二度"同年轻美貌的城市姑娘洞房花烛。

哪知，他的骗局很快被揭穿。山东肥城的女干部丁华，不畏路途艰险带着女儿，千里迢迢，赶到贵州绥阳。得知丧尽天良的李民真的已与年轻姑娘

邓小平处理公务

成婚，她当即气昏在县城街头。李民自知罪行败露、丧心病狂地不仅拒不认妻女，还以丁华是神经病人，命令法院法警将丁华母女押出县城进行迫害。丁华母女在贵州，人生地不熟，孤单无助，在李民的权势下不仅无处申冤，而且还有被暗下毒手的可能。

性情刚烈的丁华，当机立断摆脱监视，深夜牵着女儿逃出绥阳县境，直奔重庆，向邓小平政委上书鸣冤。

邓政委十分重视李民案件，抓住这一典型案件来教育西南党员和干部。1953年1月2日，公开判处李民重婚犯罪案的大会在两路口重庆铁路局大礼堂举行，西南和重庆各级党政军机关代表近2 000人参加。

公审会场气氛庄严，最高人民法院西南分院依法判处李民有期徒刑5年。这一判决伸张了正义，维护了党纪国法，刹住了婚姻改组的邪风。遵照邓政委的指示，《新华日报》作了连续报道，并发表了《从李民事件记取教训》的社论。还报道了贵州省、遵义地委和绥阳县有关领导机关和责任人的检讨，挽回了在当地造成的恶劣影响。受害人丁华写信给邓政委和报社：感谢邓政委为她伸张正义。我们西南服务团不少战友都参加了公判会，深受教育，至今难忘。

子虚乌有的"人民大礼堂金顶案"

张家德是谁？重庆人知道他的并不多。尤其是跟重庆市人民大礼堂——这个在重庆家喻户晓、外地人到重庆也非去不可的标志性建筑——相比，知道的人就更是少得可怜了。但若再次提到人民大礼堂，现在的人们理应知道两者之间的"特殊"关系。

参观过重庆市人民大礼堂的人,无不对其标志性的金顶印象深刻。20世纪五六十年代,还曾一度有人盛传:大礼堂修建过程中有严重问题,总工程师就是因为贪污了一些用于建造金顶的金子,被"枪毙"了……张家德,就是当时受命主持大礼堂设计和建设的总设计师与总工程师。

世人常常说,技艺高手在民间。然而,在民间也不乏添油加醋、乱点鸳鸯谱的传言高手。这个传言中的"人民大礼堂金顶案"真相究竟是如何的呢?

首先,让我们揭开眼见未必为实的真相之谜。坊间曾传闻重庆市人民大礼堂的顶部是用纯金做成,重达10吨,重庆人称为金顶,实际上金顶根本不是纯金做的。金顶里面是以木头造型,中间有楼梯,外面敷设的是混凝土和装饰砖,砖面上刷的只是一层薄薄的金粉。

其次,必须以正视听的是,张家德先生乃四川威远人,毕业于南京大学工程系,早年供职西南设计院,大礼堂完工后不久调到建设部的建筑设计院,于1982年5月20日在北京因病逝世,享年69岁。这位建筑大师后来还亲自参与了北京人民大会堂、国家博物馆等北京十大建筑的设计。重庆市人民大礼堂是他最杰出的代表作,载入了世界建筑史册。他的塑像,如今就伫立在重庆市人民广场通往大礼堂绿树掩隐的静幽小道旁。

至此,"人民大礼堂金顶案"的讹传已是不攻自破了。那么,人们不禁要问,张家德是怎样成为这项宏伟工程的总设计师与总工程师的呢?

故事还得先从重庆市人民大礼堂(原名西南行政委员会大礼堂)的修建之初谈起。1951年初,西南军政委员会在刘伯承、邓小平、贺龙三位首长的主持下做出决定:广泛征集方案,在重庆建一座可容纳数千人的大会堂及附设招待所。

西南设计院年仅39岁的建筑工程师张家德精心设计的方案融汇中西,力排众议入选。他设计的大礼堂是一座仿明、清宫殿建筑,呈现了鲜明的民族特色,其主体参照北京天坛祈年殿,金碧辉煌,雄伟壮观。同时建筑又充分吸收西方建筑艺术精华,在内部采用半球形钢架撑起一个大跨度的穹顶。大礼堂1951年6月破土动工,于1954年4月历时3年建造竣工,工程总造价430万元,占地99亩,建筑面积2.5万平方米,中心礼堂、南楼、北楼组成,礼堂高65米,有五层挑楼,可容纳

大礼堂总设计师、总工程师张家德

4 000余人。

重庆市人民大礼堂在此后的半个多世纪里,一直成为重庆重要的政治文化中心,毛泽东、周恩来、刘少奇等国家领导人,以及美国前总统福特、英国前首相希思等外国贵宾先后来到过这里,亚洲议会和平协会第三届年会闭幕式、亚太城市市长峰会文艺演出、重庆市的人大会议以及政协会议等都在此举行,众多国内外知名艺术团体也曾在此演出。

尽管人民大礼堂中途遭遇过两次失火,"文革"中还被作为封建流毒加以批判,所幸并无大碍,经过整修后依旧辉煌屹立。1987年,英国出版的世界建筑经典著作《比较建筑史》首次将我国当代43项建筑工程载入世界建筑史,重庆市人民大礼堂列为第二位,仅次于北京友谊宾馆。《中国大百科全书》、《当代中国建筑史》中,重庆大礼堂也被列为中国代表性著名建筑。

2006年底,张家德的子女将珍藏了55年的建筑设计方案原图,交给重庆市人民大礼堂作永久收藏。当年,正是这张彩绘在一幅长3.91米,宽1.63米白布上的设计图,彻底打动了西南军政委员会的领导们,由此开启了一座惊世建筑的伟大故事。